T0246731

La felicidad de correr
cuesta arriba

NEFELIBATA

Mark T. James

La felicidad de correr cuesta arriba

Traducción de Consuelo Gallego

Duomo ediciones
Barcelona, 2023

Título original: *La gioia di correre in salita*

© 2022, FullDay srl
publicado gracias el acuerdo con ST&A, Albardonedo Agencia Literaria
and jr literary agency
© de la traducción, 2023 de Consuelo Gallego
© de esta edición, 2023, por Antonio Vallardi Editore S.u.r.l., Milán

Todos los derechos reservados

Primera edición: septiembre de 2023

Duomo ediciones es un sello de Antonio Vallardi Editore S.u.r.l.
Av. de la Riera de Cassoles, 20 3.º B. Barcelona, 08012 (España)
www.duomoediciones.com

Gruppo Editoriale Mauri Spagnol S.p.A.
www.maurispagnol.it

ISBN: 978-84-19521-71-2
Código IBIC: FA
DL B 14.373-2023

Composición:
David Pablo

Impresión:
Grafica Veneta S.p.A. di Trebaseleghe (PD)
Impreso en Italia

PRÓLOGO

¿Por qué el día de mi trigésimo sexto cumpleaños, en lugar de estar en un famoso restaurante de la City, me encuentro en lo alto de una colina que domina un horizonte de viñedos, en una comarca llamada las Langhe, que hasta hace unos meses no podía ni localizar en el mapa? ¿Cómo es que a mi lado, en lugar de mi novia Susan, hay un perro que me mira y mueve la cola? ¿Cómo es posible que yo, Mark T. James, de un metro ochenta y cuatro de altura, dos licenciaturas en Oxford, cuarenta y siete de pie, genio de la informática, esté sin ordenador y lleve un par de zapatillas de correr rojas?

Me encuentro en la única plaza de Mombarcaro, en el punto más alto de las Langhe, donde, aunque parezca imposible, hay un lugar exacto desde donde se ve el mar. Los barcos de los pescadores de Liguria están justo aquí debajo, suponiendo que las distancias sean las del corazón y no kilómetros reales. De ahí viene el nombre del pueblo: de la montaña y de los barqueros. Me subo al banco y allí está, lo veo brillar entre las ramas de los árboles que las heladas y el invierno han deshojado. Descubro finalmente el vestigio de mar, o quizá sea solamente su reflejo. Está allí mismo, y me emociono.

Miro a mi alrededor y leo el nombre de la plaza: Libertad.

Esbozo una sonrisa. ¿He llegado a la libertad? No lo sé.

Solo sé que he llegado aquí corriendo, cuesta arriba.

El cielo está despejado, sin una sola nube. Se ha levantado viento, olfateo el aire, percibo algo nuevo, un regusto a salitre. Es el mar que llega hasta aquí empujado por el viento, un olor salado que me llena los pulmones a medida que las ráfagas se hacen más fuertes. Me refugio en el bar desierto. Tengo al perro cerca debajo de la mesa. El camarero me saluda sonriente, me dice «Bienvenido», como si me estuviera esperando.

A través de la ventana me llega un poco de sol, y envuelto en esa agradable calidez me quedo disfrutando del placer, no solo físico, que me proporciona cada subida.

Pido un poco de agua y el camarero me sirve también un vaso de vino Barolo.

No es fácil de explicar ni tampoco de comprender cómo he terminado en las Langhe. ¿Tendrá algo que ver con esa especie de carcoma que llevaba años royéndome el corazón? No obstante, mi vida en Londres iba viento en popa a toda vela, todo era fácil, todo era cuesta abajo...

Capítulo uno

—¿Te importaría cambiar algo, aunque sea solamente por una vez? Nic defendía que las novedades nutren y que la rutina vacía, en el sentido de que hacer siempre las mismas cosas lleva a la vacuidad, a la nada. Para mí suponía lo contrario: me alimentaba de hábitos, detestaba las novedades, excepto aquellas que descubría con mi ordenador.

—¿Cambiar el qué?

—El lugar y el día de nuestro paseo, otro lugar y otro día.

—El martes por la tarde es el único día que puedo. —Sentía vibrar el móvil en la mano. Eché un vistazo. Bien, nada importante. Y me paré junto al monumento dedicado a Wellington frente al cual pasábamos todas las semanas—. Siento tener solamente los martes —me disculpé—. Y además Hyde Park está detrás de mi casa, a dos pasos.

—En Saint James hay ardillas. Coges la moto y llegas en un abrir y cerrar de ojos.

—Nic, monto en moto los domingos, lo sabes de sobra. —Y ya me veía alejándome de Londres en la soledad del campo donde, cuando nadie me veía, me quitaba el casco para sentir la velocidad en la cara. Mi moto. Mi corcel. Para describir mi Brough Superior SS100 del año 1928 necesitaría un capítulo aparte, y para explicar lo que significa para mí tendría que desnudar mi alma.

Perteneció a mi bisabuelo. Le había puesto nombre, Dolly, decía que era su amante favorita. Tendría unos once años cuando me dijo que Dolly sería para mí y lo dejó por escrito en su testamento. Murió poco después y fue el dolor más profundo de mi vida. Cuando me monté en ella por primera vez, se me saltaron las lágrimas: era mía, ¡pero a qué precio tan alto! Encontraba consuelo sacándole brillo a Dolly cada día, como él me había enseñado: yo la lustraba, la encendía, la escuchaba, la halagaba, y ella, a cambio, derrochaba aventura. Mi bisabuelo había sido el mejor amigo de Thomas Edward Lawrence, el arqueólogo, el oficial de inteligencia, el llamado Lawrence de Arabia. Corrían juntos por la campiña de Dorset, cada uno con su Brough Superior, y a menudo se las intercambiaban, pues la de Lawrence tenía algunos años más. Años de correrías. Entonces uno de ellos se marchó. No mi bisabuelo, que poco después del funeral del amigo se hizo católico, el único en una familia de anglicanos. Me decía que si quería correr en moto tenía que hacerlo los domingos porque así me protegían los ángeles, los de verdad, los que hay pintados en las iglesias católicas. Y yo le replicaba: «pero Lawrence murió un domingo». Y él contestó: «por eso mismo». ¡Bah!

Y mientras tanto Nic:

—Entonces, ¿vienes en tu moto al Saint James? Por una vez...

—Nic, perdona, pero los martes no cojo la moto, ni tampoco los demás días de la semana.

Solamente montaba en moto los domingos, era mi ritual, estrictamente personal. Y corría. Como hacía mi bisabuelo.

Nic, a pesar de ello, no daba su brazo a torcer:

—Sí, de acuerdo, pero por una vez usa la moto otro día.

Era tenaz, capaz de agotarte, con tal de convencerte.

—Las ardillas, ¿entiendes? Los árboles son otra cosa cuando tienen ardillas, huelen distinto, tienen otras hojas, otros aires, otras vibraciones. —Y siguió con su perorata sobre la esencia de los bosques con ardillas, asegurando que estaban mucho más vivos que los bosques sin ardillas.

—Susan ha fotografiado una, hace dos días. Me ha mandado la instantánea. —Y no sé cómo se me ocurre plantarle el móvil en las narices y añadir aburrido—: Mírala. ¿Satisfecho?

–No me tomes el pelo. –Nic volvió la cabeza hacia otro lado–. Te lo digo en serio. –Entre otras cosas no soportaba que tuviera constantemente el móvil en la mano–. Guarda ese chisme en el bolsillo. ¡Cuántas veces tengo que decírtelo! Echó a andar, sin abrir la boca. Se había ofendido. Me sorprendía que se molestara con tanta facilidad. Estábamos caminando de nuevo. En silencio. Le miré de reojo: cabizbajo, el perfil humillado del que se siente arrinconado, él, el famoso violinista solicitado por las orquestas más importantes de todo el mundo.

–Venga, Nic..., ¡estaba de broma! –Empezaba a arrepentirme, no enseñes una ardilla en el móvil a tu mejor amigo convencido de que un árbol es más árbol si acoge un nido de ardillas–. Soy un gilipollas, perdóname. Ya sabes que los árboles, las ardillas y la naturaleza en general nunca me han importado gran cosa, no pretendía tomarte el pelo.

–No te preocupes –murmuró–. De todos modos, sí, eres un capullo, un gran capullo. –Y tras unos momentos, haciendo otra pausa y escrutándome con el ceño fruncido, como si yo fuera una partitura musical compuesta por un incompetente–: Pero dime una cosa... ¿Te gusta la vida que llevas?

–¿Qué quieres decir?

–Lo que quiero decir es: ¿dónde quieres llegar, eh?

–Quién, ¿yo?

–Mírate, Mark. –Nic se rio desdeñosamente–. Ni siquiera eres capaz de responder.

Era una tarde de finales de invierno, el sol era débil, pero yo no lo notaba, sentía una vibración en el bolsillo, mi respuesta estaba toda ahí, en mi móvil, en mi ordenador, en mi vida de bróker: me llamaban *The Wolf*, El Lobo, como el de Wall Street, y estaba a punto de alcanzar la cima de mi éxito.

Mucha gente me preguntaba cómo podía ser amigo de alguien como Nic Leviné, un músico sin duda extraordinario, decían, pero raro y antipático, de esos que detectan al instante el fallo en lo que dices y en lo que haces, básicamente un pesado con talento. Susan no podía soportarlo y cuando lo invitaba a cenar a nuestra casa se excusaba diciendo que tenía mucho trabajo o una jaqueca que requería soledad absoluta. Para Nic tampoco Susan era santo de su devoción, decía que era demasiado *snooty*, engreída, y cuando se la presenté me preguntó, llevándome aparte, que si además de llevármela a la cama, la montaría en mi moto. Le respondí que Susan jamás se subiría en una moto y él, con su odiosa sonrisita, comentó: «¡Exacto!».

La verdad es que para mí Nic es Nic, y punto. Tras la muerte de mi bisabuelo, un mes después más o menos, llegó a clase un nuevo compañero, con estrabismo, de tez amarillenta, tirando a regordete y con una mueca de disgusto que parecía que acababa de meter el pie en una cloaca. Nicholas Ul. Leviné. El profesor nos informó de que era una especie de genio matemático y, para hacer que nos cayera aún más simpático, añadió que a los once años y medio era ya un violinista excepcional. Los demás intentaron intimidarle, pero los codazos, las patadas y los rodillazos que le propinaron pronto dejaron claro que Nic ¡también era campeón de *muay thai*!

Se convirtió en mi compañero de pupitre. Durante el primer mes no nos dirigimos la palabra –yo tenía fama de no ser muy hablador–; lo que no sabía entonces era que mi tía y su padre eran colegas en la universidad y que mi tía le contaba todo lo que hacía y dejaba de hacer, y que su padre, a su vez, hacía lo mismo con Nic. Sabía un montón de cosas sobre mí, yo de él no sabía nada. Una mañana, durante la clase de literatura alemana, Nic puso ante mis ojos una nota de papel escrita a mano con su letra torcida: «¿Cuándo dejarás de lloriquear por tu bisabuelo?», y luego una segunda nota: «No querrás seguir siendo un gilipollas eternamente». Solo Dios sabe por qué aquellas palabras fueron un bálsamo: bajo su relativa crueldad se podía leer entre líneas un inesperado interés por mí y por el dolor que me estaba abrumando. Aparte de mi bisabuelo, ¿había alguien más que se hubiera dado cuenta de que yo existía?

No tardé mucho en dejar de sentirme el último de la última fila, y con el alivio de quien vuelve a respirar, en el reverso de la primera nota escribí: «Una semana más y se acabó», y en el reverso de la segunda: «No, en absoluto», y le entregué ambas, con la tranquilidad que se tiene con un viejo camarada.

Justo una semana después, Nic vino a mi casa con un montón de libros y cuadernos, anunciando a mi fría tía Daphne que vendría todos los días a hacer los deberes conmigo, y cuando ella sin mediar palabra se volvió de espaldas para salir de la habitación, añadió un *Du alte Hexe*, vieja bruja, que tía Daphne fingió no oír, pero sobre todo no entender, a pesar de que el alemán era su lengua materna, algo que Nic sabía perfectamente.

A partir de aquel momento cambiaron muchas cosas en mi vida. Por decir alguna, Nic consiguió hacerme entender las matemáticas y mis desastrosas notas subieron vertiginosamente, mientras que yo le enseñé a estudiar Historia, con H mayúscula, que a Nic, inexplicablemente para mí, le parecía mortalmente aburrida.

De vez en cuando, de buenas a primeras, Nic asumía cierto aire inquisidor y empezaba a hacer preguntas que yo mismo nunca me había hecho, me desorientaba y a menudo no encontraba las respuestas. Eso es lo que sucedió aquel día.

—¿Y tú qué contestarías en mi lugar?

—¿En tu lugar? —Y sacudió la cabeza sonriendo bonachón, como si yo le hubiera planteado una cuestión descabellada—. Es decir, ¿si yo fuera tú? —Otra sonrisilla condescendiente—: ¿De verdad quieres que me ponga en tu pellejo?

—Sí, venga.

¡Tenía que aceptarlo para no mandarle a paseo!

—Si yo fuera tú, me desharía de la vida fácil y escogería otra...

–¿Qué quieres decir? –Y de repente me sobresalté porque algo caliente y blando se había abalanzado sobre mi pierna, y luego la apretó con fuerza gritando entusiasmado «*daddy, daddy*».

¿Qué edad tendría? ¿Tres años? No lo recuerdo bien, no sé nada de niños, pero me incliné hacia el penacho de pelo color zanahoria que se agitaba por debajo de mí. En aquella cara redonda leí el triunfo de quien ha atrapado a su presa balbuceando un «papá, papá» mientras diez deditos de acero me destrozaban el muslo.

–Pero...

Me devolvió la sonrisa con los dientes apretados, haciendo burbujas de saliva, feliz.

Daddy, daddy...

–¡Lo siento!

Con toda la calma del mundo, venía hacia nosotros un chico grandullón, en pantalones cortos con parches llamativos y las palabras «He sido yo» escritas en la camiseta. Se moría de la risa:

–Me distraigo un momento y mi campeón se me escapa, ¿verdad, Phil?

Cogió al niño, lo estrechó contra su pecho y echó la cabeza hacia atrás para evitar que Phil le metiera los deditos en los ojos con otro *daddy, daddy* igual de entusiasta.

–Ha sido culpa de tu cazadora de motorista –el hombre aludía a la que yo llevaba puesta–, la mía es exactamente igual que la tuya. –Pasó una mano por la melena de su hijo–. Él es pequeño y se confunde... Aunque la tuya es más vieja que la mía... ¿Qué moto tienes? –lo preguntó con condescendencia, como dando por hecho que comparada con la suya la mía sería un cacharro.

Le dije el modelo y él se echó a reír:

–¡Caramba! –susurró entre dientes mirándome con desconfianza, como si le hubiera mentido. Se dio la vuelta para marcharse mientras el niño se giraba hacia mí agitando una manita: *bye, daddy*.

–Nunca he entendido por qué llevas esa vieja cazadora motera incluso cuando no vas en moto –dijo Nic poniéndose en marcha–.

¿O debo sospechar que te pasas el día montado en tu Dolly en lugar de estar diez horas al día pegado al ordenador?

Me encogí de hombros, en silencio.

Al rato añadió:

—No me negarás que ese mocoso era una monada.

¿Creías que Nic iba a dejar pasar la oportunidad de hacer algún comentario jocoso?

—Exactamente el hijo que cualquiera desearía tener –rebatí anticipándome a él, sabía perfectamente dónde quería ir a parar.

—¿En serio? –dijo él con un gesto deliberadamente incrédulo.

—¡Por supuesto!

—¿Y aquel muchacho? –insistía Nic locuaz–. ¿Míster «He sido yo»? Debe ser un buen padre, ha fundado una familia... ¿Y te has fijado? Es mucho más joven que nosotros, que tú sobre todo.

—Te recuerdo que tú y yo solamente nos llevamos dos meses.

—¿No te gustaría tener un hijo? ¿Qué cosas le enseñarías si tuvieras un niño pequeño? –Un molesto manipulador, eso es lo que Nic era en ese momento–. ¿Y bien? ¿Qué le enseñarías a tu pequeño?

—La filosofía de Platón, supongo –dije muy serio.

Silencio.

—O tal vez a jugar en bolsa... –prosiguió Nic haciendo un esfuerzo por no reír.

Llegamos hasta la verja, mudos.

—Escucha –dije por fin, antes de despedirme. Tenía una pregunta rondándome por la cabeza–: No me has dicho qué debería hacer, en tu opinión, después de tirarlo todo por la borda.

—Estoy harto de ser tu mentor –replicó con el ceño fruncido–. Piensa por ti mismo.

Nos despedimos con cierta frialdad. Me pasaba de vez en cuando con Nic. No muy a menudo, pero a veces sucedía, aunque nuestra amistad no se resentiría por ello, eso lo sabíamos ambos.

Regresé a casa a pie, con la mente puesta en el ordenador y concentrado en el trabajo que me esperaba.

Capítulo dos

El martes era el día dedicado al paseo con Nic, el miércoles, en cambio, era el día que Susan y yo habíamos reservado para la cena étnica, cada semana una comida diferente, nosotros dos solos. Nuestra cocinera las preparaba con una precisión meticulosa y las alternaba, semana tras semana, para volver a empezar de nuevo: vietnamita, india, japonesa... El viernes salíamos con los respectivos compañeros de trabajo mientras que el sábado estaba reservado a las compras y a cualquier acto social. La programación se terminaba el domingo por la tarde, cuando, alternativamente, íbamos a visitar, juntos, una vez a la tía Daphne y otra a los padres de Susan. Imposible combinar ambas visitas, la tía y aquella pareja de sibaritas eran absolutamente incompatibles. La tía Daphne decía de ellos que eran dos paletos con dinero. Los padres de Susan decían de mi tía que era una arpía gruñona y estirada. Cuando Susan me presentó a su familia, brindamos con un Veuve Clicquot que costaba una fortuna; cuando mi tía Daphne se dignó a conocer a Susan, nos ofreció un té sin un canapé ni una galleta, sentados en el salón, en penumbra, con dos Rembrandt auténticos a nuestras espaldas, las únicas piezas supervivientes de la colección del abuelo, dilapidada en su día por mis padres.

La tía Daphne siempre se ha comportado como si la avaricia fuese una virtud, mi bisabuelo le tomaba el pelo y le reprochaba su tacañería.

Los padres de Susan me compadecían: estaban convencidos de que mis padres estaban muertos y que por ese motivo había vivido con mi tía desde pequeño. Dejé que lo creyeran, porque en el fondo estaba seguro de que si hubieran sabido la verdad, es decir, que mis padres me habían abandonado para llevar una vida frívola, persiguiendo un sueño caótico de *hippies* trasnochados y dilapidando el patrimonio de la familia, probablemente me habrían compadecido aún más.

Seguí pensando en el paseo con Nic durante toda la noche y el día siguiente. Aquel miércoles la cena estaba dedicada a la gastronomía vietnamita. De Vietnam, Susan conocía los rollitos y poco más. Durante las primeras cenas, había intentado hablar de aquel país, de la historia y de sus tradiciones, pero a ella no le interesaba la historia y cambiaba de conversación hablando del último desfile al que había acudido o sobre el artículo que estaba escribiendo para la revista en la que trabajaba.

Aquella noche estaba particularmente espléndida. Teníamos por costumbre que para nuestras cenas orientales se vistiese y maquillase como si estuviéramos invitados a un palacio, pero aquel inolvidable miércoles estaba más radiante que nunca: llevaba un vestido plateado, largo, ajustado, que marcaba las curvas de su figura; se puso unos pendientes en forma de serpiente y no sé qué más, quizá un nuevo perfume, porque recuerdo que la atmósfera era embriagadora y que la deseaba. La ansiaba con todo mi ser. Cuando me senté a la mesa habría querido decirle que dejáramos la cena a un lado para irnos directamente a la cama, en cambio, no sé por qué taimada razón, le dije otra cosa, y cuando salen de tu boca palabras que no habías planeado en absoluto, según los mitos griegos significa que Mercurio, el mensajero de los dioses, ha pasado por tu lado y te ha dado un tirón de orejas.

−¿Por qué no hacemos un hijo? −esto es lo que me salió de la boca. Yo mismo me quedé sorprendido, aunque la pregunta tenía bastante que ver, no puede negarse, con las ganas de quitarle en el acto el traje de sirena.

–¿A qué te refieres? –Era como si le hubiera hablado en quién sabe qué lengua ininteligible.

Levantó sus preciosos ojos de la sopa de pescado con jengibre.

–¿A qué te refieres? –repitió.

Parecía que de verdad no había entendido lo que le había dicho.

–Estoy hablando de un niño. –Y como me había esperado una reacción más calurosa, no pude evitar añadir–: ¿Sabes lo que es un niño?

–¿Aquí? –dijo ella; esta vez me había entendido perfectamente, porque levantó la mano y con un gesto elegante señaló sucesivamente el sofá blanco de piel, la vitrina que protegía su colección de porcelana china, las lámparas de diseño que se resquebrajaban con solo mirarlas y los jarrones de cristal con rosas–. ¿Aquí? –seguía con los ojos como platos.

Luego negó con la cabeza y mirándome fijamente con aire de reproche:

–¿Te has olvidado de que por fin estoy a punto de instalarme en el sillón del director?

Y me explicó con todo lujo de detalles que su CEO, con lo gilipollas que era, nunca aceptaría como directora a alguien con un bombo y las manchas de embarazada en la cara, náuseas y puede que hasta los tobillos hinchados. Y concluyó con sorna:

–¡La mía no es una revista para amas de casa!

Bebió un sorbo y luego añadió:

–No, *honey*, no es el momento, y, para serte sincera, no te veo levantándote cada cinco minutos de tu ordenador para ir a preparar un biberón.

Habría querido rebatirle que podríamos contratar a una niñera, incluso dos. Que con lo que ganábamos habríamos podido contratar a una niñera de día y otra para la noche, habríamos podido permitirnos cualquier cosa, incluso cambiar de casa inmediatamente. Pero lo dejé pasar. ¿Qué me esperaba? ¿Que me echara los brazos al cuello diciéndome que no deseaba otra cosa? ¿Qué se me había metido en la cabeza? Sin embargo, sí, me lo había imaginado.

Terminamos de cenar, yo en silencio, mientras Susan intentaba hacerme sonreír contándome, con su habitual ironía, cómo se las arreglaba para eludir las zancadillas de sus colegas. No le faltaba sentido del humor, ni tampoco aquella agudeza capaz de caricaturizar a las personas que no entraban en sus esquemas.

–Sucede en todas partes –me anunció poniéndose seria–, pero especialmente en las revistas de moda pres-ti-gio-sas como en la que yo trabajo. ¿Conoces a las mujeres? Bueno, las mujeres son mayoría en una redacción como la mía, y se odian entre ellas. Nos detestamos. Olvídate de la sororidad, tienes que estar atenta por si alguien te pone veneno en el café, así son las cosas. Si no pongo los cinco sentidos, adiós sillón, *honey*, como te lo cuento. No puedo tener distracciones.

Cuando nos fuimos castamente a la cama, ella con su camisón largo, me apoyó la cabeza en el hombro:

–Antes o después haremos un niño, ya lo verás Mark, algún día, pero no ahora.

Y luego, bostezando, añadió:

–Me has dejado estupefacta..., ¿en serio quieres un hijo? No tienes pinta de padre, tú. ¿O estabas de broma?

No conseguí explicarle que, sin sexo, aquella noche como tantas otras, visto que los niños no los trae la cigüeña, difícilmente habríamos logrado tener un hijo. Pero no le dije nada. Al fin y al cabo, tuve que admitir en mi interior que yo mismo me sentía confuso al respecto, totalmente confundido.

Mientras ella dormía con serena voluptuosidad dándome la espalda, yo permanecía despierto mirando la oscuridad. Sentía que, en algún lugar, dentro de mí, algo no iba bien. No conseguía sacarme de la cabeza las preguntas de Nic, ni sus miradas. No entendía qué me estaba sucediendo, pero seguro que nada bue-

Capítulo tres

A ese miércoles le siguió un jueves igualmente inolvidable. Un formidable, incomprensible y definitivo jueves. Cada jueves desde hace no sé cuántos años, a las cinco en punto daba carpetazo a la agencia financiera para la que trabajaba, Toys & Bulls. La oficina está ubicada en la primera planta de un viejo edificio casi enfrente del Museo de Londres, en el corazón de la City. Los muebles destartalados, las paredes que nunca se habían pintado, las baldosas desconchadas, todo lo que allí había hacía pensar que uno había ido a parar a un antro de mala muerte. ¡Nada más lejos de la realidad! Toys & Bulls era la más dura, la más temible, la más *shark* de las agencias financieras y yo –lo digo sin falsa modestia– era sin duda su pilar fundamental, aunque he de reconocer que mis compañeros tampoco lo hacían nada mal. El jefe era un lince de primera. Se llamaba Chispy. Tenía nariz de boxeador, pero del tipo que solo recibe una buena paliza una vez y durante el resto de su carrera es él quien las da; y tenía una forma de vigilarte como si estuvieras intentando vaciarle los bolsillos. Cuando te llenaba la copa, aprovechando el brindis habitual tras la reunión de los jueves, conseguía que te sintieras como un recadero tratado con benevolencia democrática.

Ese jueves me di cuenta de que algo inusual crepitaba bajo la superficie, algo que los demás sabían y yo no. O, al menos, no todavía. Se sucedían guiños, codazos y sonrisitas entre una broma y la siguiente, o en los más banales intercambios de opiniones sobre las tendencias del mercado.

Hasta que Chispy hizo crujir junto a la oreja su puro, que afortunadamente no fumaba, sino que mantenía atrapado y sin encender entre sus grandes dientes al final del brindis colectivo. Entonces extendió el brazo y me apuntó con el dedo.

–Mi querido amigo Mark –empezó–, tengo una novedad para ti.

Entramos en la sala de reuniones, un poco apartados de la larga mesa sobre la que se apilaban vasos de colores, bandejas de comida, botellas: una mesa preparada para una fiesta. Como siempre, se percibía ese hedor de fondo a cebolla quemada y a casa vieja.

–Hay que aguantar –solía decir Chispy.

Estaba convencido de que tener una oficina como aquella añadía un encanto de piratería a nuestra reputación. Me senté de lado en mi propia butaca de mimbre que había comprado para no tener que sentarme en uno de los desvencijados taburetes disponibles.

¿Una novedad para mí? Yo siempre estaba en el centro de los acontecimientos de la agencia, era el protagonista de los negocios más importantes. Dadme dinero y os lo multiplicaré. Desde hace no sé cuántos años, antes de engancharme al ordenador a las cinco de la mañana, pulía mis antenas, afinaba mi olfato y cepillaba mi cerebro, que considero mi bien más preciado. ¿Había fallado alguna vez? Nunca. Pero aquel día parecía que se me escapaba algo. ¿Por qué nadie me había dicho nada todavía? Después entraron todos, con los ojos puestos en mí.

–¿Por qué no le contáis las novedades a nuestro campeón?

Chispy se sacó el cigarro apagado de la boca.

–Díselo tú, Hermione.

Todos los demás permanecían en silencio.

¿Qué demonios estaba pasando? ¿Había quebrado la agencia? Pero todos sonreían, alguno se regodeaba, como si nada. ¿Habría vendido Chispy? ¿Nos habían comprado? O más bien, ¿habían sido comprados los demás con la agencia y no yo? ¿Se habían salvado los otros y no yo? ¿Cómo era posible, siendo yo el mejor?

–Venga, Hermione.

–¿Que se lo diga yo? –dijo Hermione sofocando la risa. Ella no era bróker, era la secretaria personal del jefe y por ende la reina de la agencia. Era una chica muy guapa, siempre elegante, a veces un poco maliciosa, pero no era en absoluto estúpida, más bien al contrario. Muy al contrario. Era buenísima en su trabajo. Ella tampoco fallaba un golpe. Enseguida comprendió que yo no estaba interesado en ella, así que con el tiempo nos hicimos casi amigos. Se burlaba de mí y a veces intercambiábamos bromas galantes, pero nunca fuera de tono. Nic afirmaba que yo era un mojigato, que ella estaba colada por mí, pero a mí me daba igual, yo estaba con Susan y Hermione era una colega, una bella compañera de trabajo, pero nada más.

–¿Se lo tengo que decir yo? –insistió de nuevo lanzándome una de sus miradas–. No sé, jefe. –Ella llamaba así a Chispy–. Díselo tú, a mí Mark no me creería. –Y me guiñó un ojo.

Bien, aquí pasaba algo gordo, y me estaba empezando a molestar, tenía mucho trabajo. ¿Por qué estaban mareando la perdiz?

–Entonces, vamos al grano –soltó Chispy, levantándose con toda su corpulencia y dedicándome lo que pretendía ser una gran sonrisa–: Somos socios, Mark –anunció–. Tú y yo, socios –enfatizó satisfecho–. Necesito un socio y el elegido eres tú, sí señor. Todo el mundo está de acuerdo. Socio, ¿entiendes? A partir de hoy. Está decidido.

–¿Cómo? –No estaba seguro de haber oído bien–. ¿Socios?

–¡Tú y yo!

–¿Socios?

–Socios. ¡Exacto!

Socios. Me lo estaba proponiendo «realmente». Es más, ya lo había decidido.

Me quedé petrificado, como una merluza congelada. Siempre pasa lo mismo: una emoción trata de aflorar y yo me transformo en un bloque de hielo, en una masa helada, en un casquete polar, en el Ártico y la Antártida. Una emoción quiere desgarrarme y arrastrarme quién sabe adónde, y ¿cómo reacciono? Convirtiéndome en un iceberg. También me ocurría con Susan y en muchos otros momentos importantes de mi vida. Como este, en que me estaban proponiendo hacerme socio de Toys & Bulls. Es tremendamente emocionante convertirse en socio de Toys & Bulls. No voy a entrar en dar detalles sobre lo que significa semejante operación, pero en aquel momento los tenía bien presentes en mi mente, uno a uno. Me quedé allí en mi sillón de mimbre, incrustado en el asiento e inmóvil en mi frialdad. Debería haberme levantado de un salto, haber cogido una botella, esta vez haber sido yo quien sirviera el champán a Chispy y haberle respondido a voces que estaba feliz, debería haberme alegrado porque era algo increíble, debería haberme sentido orgulloso porque había trabajado muy duro para llegar hasta esa meta.

Pero nada, no me alegré, no escancié champán, no mostré ninguna emoción. Me limité a decir:

–Vaya..., de verdad que no me lo esperaba.

Con una ostentosa calma me puse en pie. Pero de repente crecí un palmo, como si lo necesitara. Me sentía excesivamente alto y convertido en el centro de una atención que en ese momento no deseaba.

–¡Uy, mira! –Hermione activó su aguda mirada–. Está haciendo como si nada, pero apuesto a que está a punto de emocionarse.

Y acto seguido empezó a aplaudir, y con ella Chispy, que palmeaba con todas sus fuerzas, y luego se unieron todos los demás, me vitoreaban y me puse a aplaudir yo también, todos juntos aplaudimos y aplaudimos sin parar y todos me rodearon felicitándome y ovacionándome. Alguien musitó una nota de condolencia, en ese momento no supe quién era. Pensándolo bien, tal vez fuera Hermione. Luego, con porte de anfitriona de la casa, pidió al becario, que llevaba solamente unos meses en la agencia, que despejara la mesa y colocó una botella de champán frente a mí:

–Esta tienes que descorcharla tú.

Y repartió copas limpias.

Luego, con el tono de quien sabe más que yo, y mirando a su alrededor, dijo:

–¿Pero veis cómo está cambiando? Solo ha necesitado diez minutos como cuasisocio para sentirse aún más *cool*, con esa cara de gitano y esos rizos castaños...

Justo en ese momento conseguí hacer saltar el corcho del champán. Lo serví en las copas centrando en todas ellas el chorro, sin derramar ni una gota. Serví también al becario, a quien miré a los ojos buscando que no se sintiera como un simple becario sino como parte del grupo. Serví a Chispy, quien la vació de un trago y me la pasó de nuevo para que se la llenara otra vez. Descorché más botellas y seguí sirviendo. Siempre con mano firme. Perfectamente dueño de mí mismo. Los brindis no acababan nunca. Cuando rellené la copa de Hermione, me susurró una broma tomándome el pelo:

–Pero ¿ya te estás poniendo al mando?

Luego se dio la vuelta, hizo un gesto a Chispy, quien asintió tendiéndome la copa vacía una vez más:

–Allá vamos, Mark –gritó alegremente, un poco achispado, como todos los demás–, allá vamos.

–Aquí tienes –Hermione hizo un gesto imperioso con la cabeza al becario, que se apresuró a dejar una carpeta azul transparente sobre la mesa, frente a mí.

–Aquí tienes, todo esto es para ti, jefe –murmuró Hermione.

No, nunca quise que me llamara jefe.

–Son documentos para revisar... –y, lentamente, mi nombre–, Maaark... –Y luego añadió–: Ten en cuenta que todavía no eres socio. Lo serás después de haber firmado todos estos documentos... –Como diciendo «deja de darte tantos aires de grandeza»–. He elegido a propósito el color azul transparente para la carpeta –continuó, apoyándose en el borde de la mesa y cruzando los brazos–. Metafísico, ¿no te parece? La trascendencia... –enfatizó con tono teatral, gesticulando como si fuera una bruja lanzando un hechizo.

Dejé la copa en la mesa.

–Llegó el gran momento –seguía diciendo ella.

Chispy se había puesto a su lado y ambos tenían la mirada clavada en mí.

Los demás no se fijaban en nosotros, estaban charlando entre ellos. Me sentía como si en aquella sala de reuniones estuviéramos solamente Chispy, Hermione, yo y esa carpeta azul con documentos listos para ser firmados. Socio.

Extendí la mano para abrir la cubierta y echar una ojeada.

–Diez años, Mark –dijo Chispy–. Son los términos del acuerdo, ¿entiendes? He propuesto que seamos socios diez años. Una buena temporada, toda para nosotros.

–¿Diez años?

No sé qué entonación les di a estas dos palabras y tampoco sé por qué las repetí, como si no las hubiera comprendido.

–¿Diez años? –Interrogativo.

–Pues claro –exclamó Hermione–. Diez años como socio de la agencia.

Me encontré con su mirada. Me pareció burlona. O quizá me equivocaba. No conseguí descifrarla en aquel momento.

–Diez años –asentí, lo había entendido y me parecía bien.

–¿Sabes lo que significan diez años? –recalcó ella.

–Mucho tiempo. –Sonreí para que quedara claro que estaba de acuerdo con esos diez años.

–Diez años significan un poco más de barriga... –diagnosticó solemnemente Hermione–... y un poco menos de pelo.

–¿Perdón?

–Un poco más de barriga y un poco menos de pelo. –Y ahora en su voz se percibía la ironía, pero sabía que bromeaba solo hasta cierto punto.

–¿Perdón? –repetí una vez más como un mentecato.

–Sí –Hermione se rio socarronamente–..., al fin y al cabo eso es lo que es.

Silencio. Me quedé callado. También los demás dejaron de hablar. Diez años. Un poco más de barriga, un poco menos de pelo.
–¿A qué viene esa cara ahora? –preguntó riendo entre dientes–.
¿Qué te cambia? En nada. Llevas toda una vida pasándote los días pegado al ordenador, solo que ahora te los vas a pasar como asociado, diez años siendo socio, ¿cambia algo? –resopló ella como aburrida.

La imagen de mí sentado frente al ordenador se unió a la de la barriga de más y el pelo de menos.

–¿No tienes nada que decir? –insistió ella.

Negué con la cabeza.

–Venga, brindemos de nuevo –intervino Chispy, y fue él esta vez quien volvió a llenar las copas, incluida la mía.

Hace tiempo, cuando entraba por la puerta, las chicas se daban codazos y se hacían guiños. Le miré como no lo había hecho nunca antes. Era un hombre atractivo, pero solo en ese momento me di cuenta de que había cambiado: Chispy estaba ahí con la copa en la mano como antaño, pero con los hombros caídos, la barriga incipiente, casi calvo y con una papada exagerada. ¿Cuántos años me lleva? Quizá cuatro o cinco. No más. ¡Solo cuatro o cinco! No más. Trabajaba día y noche, y su mujer, cansada de esa vida, le había dejado hacía poco.

Cogí mi copa, brindé chocando una infinidad de copas más, y luego bebí rápidamente un sorbo tras otro, con los ojos bajos, como alguien que está en el lugar equivocado en el momento equivocado, y sin embargo, ese era exactamente el lugar al que pertenecía. El lugar que había soñado ocupar desde que había empezado a dedicarme a esa profesión, por la que había trabajado día tras día durante años.

Cuando oigo hablar de caída del cabello me viene a la mente mi tío Gregory. ¿Quién sino él? ¿Cuántos años habían pasado desde aquel cuarto de baño con el lavabo lleno de pelos negros y canosos? Se desprendían de la cabeza de mi tío y se depositaban allí. Él iba sin gafas y no los veía. Cada vez que tenía que lavarme las manos, la cara o los dientes, los veía, y me horrorizaba: parecían patas de araña surcando el lavabo de cerámica rosa, pelos muertos largos esparcidos por ahí, era algo repugnante. Me daban ganas de vomitar, pero cuando no tienes ni once años está claro que no puedes pedirle a tu tío, que te acoge generosamente, que limpie el lavabo después de usarlo o que se lo mande limpiar a la criada. Quería que durmiera en la habitación junto a la suya, así que utilizábamos el mismo baño. Cuando decidieron que me mudaría definitivamente a casa de la tía Daphne, fue un alivio saber que compartiría el cuarto de baño con el bisabuelo. Mi bisabuelo tenía un gran bigote, pero se había afeitado el poco pelo que le quedaba. En fin, que estaba prácticamente calvo. Le pregunté si uno pierde el bigote igual que el pelo de la cabeza, o sea, si los bigotes acaban en el lavabo, y mi bisabuelo se mostró indignado diciendo que si estaba loco. ¡No, no se caen! Total, en el lavabo de la tía Daphne tampoco había pelos, había ido a comprobarlo en secreto, varias veces, para quedarme más tranquilo. Ella tampoco perdía el cabello.

A cambio, me trataba como a un extraño molesto, mientras que con el tío Gregory nunca tuve la sensación de ser una carga, ¡todo lo contrario! Mi tío le decía a todo el mundo que enseñarme a usar el ordenador junto con todos los impenetrables secretos de internet era para él, un experto excepcional, el mejor de los pasatiempos, algo incluso mejor que un partido de hockey sobre hierba. Y mientras hacía la maleta para mudarme con la tía Daphne, me dijo que lo sentía, y luego me dio un regalo: ¡mi primer ordenador!

Le recuerdo de pie en la puerta, elegante, delgado y con esos cuatro pelos en la cabeza. Delgado, pero con barriga, poco pelo, y solo. Sí, él también respondía a este patrón. Lástima lo del pelo en el lavabo, porque era un buen tipo.

–¿Mark? –Chispy blandía la enésima botella de champán.

–Aquí estoy. –Y le acompañé a la sala de reuniones.

Me llenó la copa una vez más. La vacié sin poder sacarme al tío Gregory de la cabeza. El pobre tío Gregory era víctima del Alzheimer desde hacía años, como si con lo demás no hubiera tenido suficiente. Ya no reconocía a nadie, ni a su fiel sirviente, que le había atendido casi con amor de madre. En cuanto a mí, no sé si me reconocería, pero cuando iba a visitarlo siempre pronunciaba refunfuñando la misma frase: «Ese sinvergüenza de Zuckerberg me ha arrebatado mi gran idea, gran hijo...», luego hacía una pausa, furioso, y daba un puñetazo al aire, y cada vez su cuidador suspiraba.

–¿Sigues entre nosotros, Mark? –Hermione me quitó de la mano la copa que Chispy estaba a punto de volver a llenar–. Ya está bien. –Me lanzó una mirada ceñuda–. ¿Qué te pasa?

¿Qué me pasaba? Tenía un peso en el pecho, justo debajo del esternón, como cuando quieres avanzar y no tienes fuerzas. Bueno, es verdad que no era la primera vez que me sucedía, estaba cansado. ¿O era otra cosa? Me faltaba el aire, había demasiado humo allí dentro. ¿Era eso realmente?

–Cogeré los papeles y me iré. –Recogí apresuradamente la carpeta. Me sentía destrozado, bidimensional, sin contornos. Un garabato en un trozo de papel, o lo que es lo mismo, con un tremendo malestar. Como si por dentro no tuviera nada. Pero tal vez lo único que necesitaba era oxígeno–. Me voy, gracias.

–Te los lees tranquilamente y mañana nos vemos para la firma. –Chispy me apoyó una mano en el hombro–. Hasta mañana, y la próxima vez traes tú el champán... Mañana firmamos y nos tomamos otra copa –balbuceó, borracho como una cuba.

–Mañana, viernes por la tarde –puntualizó impasible Hermione–. A las tres. ¿Te lo apuntas?

–No hace falta, me acuerdo.

–Pero ¿qué te pasa? –Me escrutaba suspicaz–. Algo no va bien. ¿O me equivoco?

Me encogí de hombros. Hice un gesto circular con la mano libre despidiéndome de todos. Con mi carpeta azul transparente bajo el brazo. Dije un educado y seco gracias a Chispy y otro, parecido, a Hermione, quien hizo caso omiso de mí. Salí apresuradamente y bajé rápido las escaleras contando los peldaños como hacía siempre que estaba nervioso y atravesé raudo el portal. Me paré en la acera para tomar aire. Para respirar. Me sentía como si estuviera dejando atrás una catedral que estaba a punto de derrumbarse provocando un montón de polvo y escombros. Y tenía la sensación de haber escapado del peligro justo a tiempo. También yo me sentía como si fuera a desmoronarme. Yo, el *winner* de la situación, piensa un poco, yo, Mark *el Lobo*, ¿por qué me sentía así?

Capítulo cuatro

Me sorprendí de que no fuera ya noche cerrada. Tenía la impresión de haber pasado horas y horas en la agencia. Había llegado a las cinco en punto y según mi tiempo mental tendrían que ser por lo menos las nueve de la noche. Pero no, apenas eran las seis de un jueves de mitad de marzo: los vitrales del Museo al final de la calle reflejaban una luz todavía deslumbrante. Una amiga de Susan, que escribe una columna de psicología en la revista, me explicó que cuando se pierde la noción del tiempo, significa que algo por dentro ha ido mal, y mientras pensaba en esto sin sacar nada en claro de mí mismo y de la turbación que sentía, me acordé de que Susan había invitado esa noche a sus colegas de la redacción, a las más íntimas, por supuesto, incluida la psicóloga. Susan exigió que yo estuviera allí, dijo que si no me veían sospecharían que había problemas entre nosotros y empezarían a murmurar. Tenía que estar allí, «lo entiendes, ¿verdad?».

–Maldita sea –susurré entre dientes.

¡Fue en ese momento cuando me entró un ataque de rabia! Crucé la calle, hasta la acera de enfrente, y me topé con el distinguido cardiólogo que tenía su consulta en el mismo edificio que nosotros. Aquella tarde me saludó alegremente, precedido por su perro, una bestia que ladraba constantemente y que enseñaba los dientes inclinándose hacia mis tobillos cada vez que nos cruzábamos.

–Hoy ya ha intentado morder a dos personas en el parque de aquí detrás –rio el Profesor parándose–. ¿Qué tal le va?

–Ya sabe que no me gustan los perros. Si me permite...

El perro y la correa me impedían el paso. No se movió, se había puesto serio y me examinaba con una mirada interrogativa.

–Disculpe, pero hoy tiene usted una cara... ¿No se encuentra bien? Como bien sabe soy médico y entiendo de ciertas cosas. Usted está mal, se nota que está preocupado, está pálido, tenso, desencajado. ¿Le ha ocurrido algo?

–Va todo fenomenal, gracias –dije mascullando.

En realidad, el Profesor tenía razón, estaba hecho una piltrafa.

–Buenas tardes –farfullé, logrando por fin continuar mi camino.

Y mientras caminaba por la acera, cada vez más encogido, vi algo: una papelera. Miré a mi alrededor, en ese momento no había nadie, ni siquiera el Profesor con su chucho, y con un gesto rápido y furtivo, como si quisiera deshacerme de algo comprometido, tiré la carpeta a la papelera. No entraba del todo y me vi obligado a empujarla entre botellas vacías, latas, bolsas de plástico y otras porquerías. Empujé con fuerza la tapa azul transparente con las hojas firmadas incluidas. Sin embargo, seguía sobresaliendo, la papelera no quería ocultar mi rebeldía.

–Yo tampoco quiero saber nada de ella –dije en voz alta dirigiéndome a la papelera–. Ahí te la dejo. –Y no pude por menos que añadir–: Lo entiendes, ¿verdad?

–Señor James, señor James...

En ese momento oí que me llamaban. Alguien me había visto. Era el becario de la agencia que estaba cruzando la calle y corría hacia mí agitando un brazo en alto, con algo en la mano.

–Señor James..., espere..., se ha olvidado esto. –Se paró a un metro de distancia y alargó la mano hacia mí–: Su móvil...

Jadeaba divertido, como si yo hubiera querido gastarles una broma a todos olvidándome el móvil en la agencia.

–La señorita Thatcher ha dicho que lo ha hecho a propósito, ha comentado que quiere enfatizar su nuevo estatus de socio y que no desea que le incordien, eso es lo que ha dicho la señorita Thatcher.

Señorita Thatcher era el apodo que le habíamos puesto a Hermione, evidentemente, en honor a su personalidad firme y decidida. Y sin embargo aquello era mi móvil.

—A decir verdad, es la primera vez que se me olvida —dije, como si tuviera que justificarme.

—¿Entonces no lo ha hecho a propósito? ¿En serio?

—No, y me extraña habérmelo dejado —añadí estúpidamente, metiéndomelo en el bolsillo—. Gracias, has sido muy amable al traérmelo hasta aquí.

Sí, efectivamente era raro que me lo hubiera olvidado, jamás había dado un paso sin él en la mano, el móvil era mi segunda prótesis, después del ordenador. Y a veces invertía el orden. Esto era lo que siempre me decía Nic. Afirmaba que el violín para él no era una prótesis sino un instrumento, en cambio el teléfono móvil y el ordenador, por como yo los utilizaba, no eran instrumentos, sino prótesis.

Nunca me había parado a pensar en ello.

—Si no le hubiera encontrado aquí en la calle, se lo habría llevado a casa. Yo... —el muchacho dudó mientras retorcía torpemente el borde de su anorak—... yo voy a clases nocturnas, todos los días... Quiero ser como usted, usted es un genio, todo el mundo lo dice, si no tuviera esa cabeza tan privilegiada, el jefe no le habría elegido como socio, esto también lo dice la Señorita Thatcher. —Se mordía los labios y me miraba de soslayo—. ¿Cree que llegaré a ser como usted?

—Mira que ni yo mismo quiero llegar a ser yo —me salió esta frase surrealista que le dejó de una pieza.

También a mí me dejó de piedra.

En ese momento me di cuenta de que se había fijado en la carpeta y la había reconocido, lo que significaba que había comprendido perfectamente lo que estaba sucediendo. Descubrí su mirada desconcertada. Lo observé interrogante.

—Se le ha caído... —aventuró con precaución.

«Buen chico», habría querido decirle, *understatement* de premio Nobel.

–Es verdad, se me ha caído. –Pero no moví ni un dedo para sacarla de entre la porquería para recuperarla. Me limité a mirarla. Tras un momento, no aguantó más:

–Pero ¿qué ocurre? –preguntó en voz baja, como si toda aquella situación le inquietara.

–Es que no puedo –no conseguí pronunciar otra cosa. La única enigmática certeza que me quedaba es que no era capaz de actuar de otra manera–. Simplemente no puedo.

–Entiendo –dijo él, que a saber qué habría entendido, dado que ni yo mismo entendía absolutamente nada–. Pero –dijo preocupado–, pero hay que empujarla un poco más adentro. –Y con un repentino golpe hundió definitivamente la carpeta azul entre la vorágine de basura–. Ya está. –Se restregó la mano por el pantalón para deshacerse de los vestigios de la fechoría–. Así ya no se ve... y, si se lo replanteara, no sería capaz de rescatarla de ahí dentro.

Giró sobre sus talones y se marchó corriendo. Luego se paró y volvió sobre sus pasos. Yo todavía estaba junto a la papelera con la cabeza totalmente hueca.

–Señor James... –Me observaba con curiosidad.

–¿Sí?

–¿Por qué lo ha hecho, si puedo preguntárselo? –Y señaló a la papelera.

–¡No lo sé! –repliqué con rabia.

–*Sorry* –masculló reculando, como si temiera que me abalanzara sobre su cuello enloquecido, que es como debía estar para haber rechazado la propuesta de convertirme en socio de Toys & Bulls–. ¿Y ahora? –Seguramente pensó que no volvería a poner un pie en la agencia–. ¿Adónde irá?

–Al Museo, ¿no? A aquel de allí. –Y me puse en camino.

–¿Y por qué va al Museo? –Se puso a mi lado.

–Voy a ver la mandíbula del mamut. Aclara las ideas.

–Entonces hace bien en ir allí –dijo el joven, y antes de marcharse me miró una vez más–: No diré nada en la oficina. Hice un gesto de agradecimiento y nos despedimos. Él se dirigió hacia Toys & Bulls. Yo hacia el Pleistoceno.

No sé cuántas veces, de niño, me quedaba embelesado ante la vitrina en la que la mandíbula de mamut descansaba en paz, aunque suspendida en el aire sobre un par de colgadores. Hacía novillos los días en que me iba mal y me quedaba allí. La mandíbula del mamut me proporcionaba consuelo, revelándome que nada es eterno, por muy cargado de emociones, sentido y relevancia que uno esté. Incluso de aquello que fue casi un dios, gigantesco y peludo –y aterrador–, no quedó más que un trozo de hueso relegado a un museo y expuesto a la mirada de cualquiera.

En fin, cuando te pierdes observando algo que hace doscientos mil años era parte de un animal y que servía para masticar, ¿cómo no sospechar que, comparado con la inmensidad despiadada e incomprensible del tiempo, problemas como las malas notas, los profesores injustos, la dureza de la tía Daphne y unos padres que quién sabe dónde andarán, son no digo que triviales, pero quizá sí obstáculos abordables?

Fue mi bisabuelo quien me llevó allí por primera vez, en su moto. Un día se paró con Dolly frente al Museo y me dijo que allí dentro había algo verdaderamente digno de ser contemplado, algo que podía servirme de lección. Me cogió de la mano, con su habitual paso ágil, y me llevó hasta la vitrina con la mandíbula del mamut. Nos quedamos allí plantados, sin abrir la boca, ni él ni yo. Permanecimos durante tanto tiempo en silencio frente a aquel hueso amarillento y desconchado que, al final, me entró una angustia insoportable y se lo conté a mi bisabuelo, porque con él no me daba vergüenza hablar de mí.

−¿Ah, sí? −dijo él−. ¿Y qué se supone que tiene que decir entonces esta pobre criatura aquí enjaulada? ¿Esta bestia que hace siglos y siglos estaba tranquilamente comiendo hierba? ¿Debería echarse a llorar? Mark, cada vez que creas que la vida no tiene sentido, ven aquí y verás que estos restos de mamut te hablarán.

Así es como posteriormente volví solo. Las primeras veces, sin embargo, debo admitir que no ocurrió nada. Hasta que un día casi me da un patatús, porque en un destello revelador me di cuenta de lo insignificante que era yo, con todos mis problemas, sinsabores y preocupaciones, en comparación con lo eterno, y de lo inconmensurablemente rica en Tiempo que era aquella criatura de la vitrina. Podía oír cómo me hablaba. O al menos me lo imaginaba, pero lo hacía tan bien que volvía a ella cada vez que me encontraba en apuros.

Recuerdo también que aquella primera vez, cuando abandonamos el Museo y antes de subirnos a la moto, mi bisabuelo me cogió del brazo y, mirándome fijamente a los ojos, me dijo:

−De todos modos, ¿has visto esa mandíbula? ¿Te das cuenta de cuánto se puede envejecer en doscientos mil años?

Volví a pensar en todas estas cosas frente a la puerta de entrada del Museo. Naturalmente estaba cerrado. Cierran a las cinco. Era la segunda vez que llegaba demasiado tarde, la otra vez fue hace mucho tiempo, el día en que murió mi bisabuelo. Había ido allí corriendo convencido de que, de alguna manera, encontraría algún rastro de él. Pero el Museo estaba cerrado. Me senté en el suelo pensando en la mandíbula del mamut en su soledad, en esas salas tan oscuras, y me pareció una situación tristísima. Mi bisabuelo además tuvo la pésima idea de irse mientras yo estaba en el colegio, así que no pude escuchar sus últimas palabras. Cuando le pregunté a la tía Daphne cuáles fueron, apretó los labios y por aquella fisura susurró:

−Sus últimas palabras... −Hizo una larga pausa y luego prosiguió−: Iros todos a tomar por culo, todos menos Mark. −Y lo expresó con tanto pesar que supe que decía la verdad...

Menos Mark, había dicho.

Recordando una vez más aquellas palabras, me preguntaba si yo mismo no me estaría mandando a tomar por saco por haber tirado a la basura, literalmente, la oferta de convertirme en socio de Toys & Bulls. ¿Por qué no buscaba amparo, por qué no iba corriendo a decirle a Hermione que había «perdido» la carpeta? O, tal vez, ¿no debería haber seguido adelante, después de haber tirado la carpeta a la basura, y mandar gustosamente a tomar por saco los documentos, los años que me pasé momificado delante del ordenador amasando dinero para los demás y para mí mismo, pero siempre con un peso en el pecho? Eso es lo que quizá debería hacer. Así que iros todos a tomar por culo, menos Mark.

Atardecía y me imaginaba haciendo compañía a la mandíbula del mamut en aquellas salas desiertas y oscuras. Cero rastro de mi bisabuelo, creo. Hundido también en la soledad de los siglos. Él con la mandíbula del mamut. ¿Y yo?

–Oh, mierda... –respiré profundamente, porque sentía que me faltaba el aire.

Miré el móvil: me habían llegado un par de mensajes y de correos. Los mensajes eran de Susan: «¿Dónde estás? ¿Dónde te has metido, que cenamos dentro de nada?». Sí, la cena con las amigas del (su) corazón. «Ya voy. Llego enseguida».

Luego estaban los correos.

Abrí el primero. Remitente: eresungilipollas@gmail.com. Asunto: «Pagarás por esto». Texto grosero en detalles pero que aludía a grandes rasgos a mis funambulismos eróticos para deleite de Chispy –«sabías que es maricón, ¿verdad?»– y de esa zorra de Hermione, ¡de ahí que me eligiera como socio! Este colega mío no es en realidad un león, pensé, me insulta, pero no da la cara.

Abrí el segundo. Ídem de ídem, también anónimo, este en el asunto tenía un: «No soy tan bueno como tú, claro, como lameculos..., por eso te has convertido en socio», especificaba el texto, deambulando entre hijo de mala madre y pervertido..., aunque en este también se añadía que como bróker daba risa.

Y del tercero ya ni te cuento.

Envidia. De todas formas, nunca me lo habría esperado. Repasé a todos mis colegas, uno por uno. Vi sonrisas, amabilidad, bromas ingeniosas, aire de grandes amigos, palmadas en la espalda. ¿Cómo era posible que todos me hubieran parecido leales, justos y agradables, y que creyera, sin lugar a dudas, que me tenían en gran estima y aprecio? Y respeto. Y admiración. Eran seis colegas míos, y tres de seis son un cincuenta por ciento de serpientes de cascabel. Una decepción inquietante.

Bien, Mark, muy bien. Ya lo has entendido. Hundí la cara en mis manos. Bien, experimenté una tremenda y amarga rabia, pero esta vez hacia mí, hacia mi inmensa estupidez. O ingenuidad. O incapacidad para descodificar la realidad: mi bisabuelo habría utilizado esta expresión. Para decir que no soy capaz de comprender con quién tengo que vérmelas en esta vida.

Me quedé un rato más sentado, absorto en mis pensamientos, y luego tomé un taxi y regresé a casa.

Subí por las escaleras, vino a abrirme el camarero indio que Susan llamaba cuando teníamos invitados o cuando había que limpiar los cristales o ayudar a la cocinera a limpiar a fondo la cocina o, en general, para ayudar cuando hacía falta. Me hizo señas para que me diera prisa, me susurró que la señora estaba molesta por mi retraso, que ella y sus amigas ya se habían sentado a la mesa, y me aconsejó que me cambiara de ropa, que la señora iba de largo y las invitadas también.

–Pero ¿se trata de algún aniversario que se me haya olvidado, Syrik? –le pregunté mientras le entregaba el impermeable. Siempre lo sabía todo.

–No es un aniversario. Se trata del trabajo de la señora. Esta tarde ha conseguido el puesto de directora de la revista de moda.

–¡Fantástico! –exclamé dirigiéndome a grandes zancadas hacia el pasillo con Syrik detrás.

Fantástico. Ella directora y yo con la carpeta de socio en el cubo de basura. Pero en aquel momento, por algún misterioso motivo que mi sensibilidad de elefante no fue capaz de captar, comprendí que difícilmente habría tenido ganas de volver a la oficina y decirle a Hermione que había perdido la carpeta azul transparente.

—Susan se ha hecho con el puesto de directora. Realmente fantástico.

—Por supuesto, yo no le he dicho nada, señor.

—Por supuesto, Syrik. Sin embargo, creo que me pondré el esmoquin.

—Excelente elección.

—El chaqué sería excesivo.

—Sería excesivo, sin duda. —Y mientras tanto sacaba del armario la camisa, los pantalones y todo lo demás—. Si puedo darle un consejo, aféitese.

Antes de entrar en el salón me examinó de pies a cabeza, quitó alguna pelusa invisible de la chaqueta del esmoquin y, finalmente, dio su aprobación con un gesto de asentimiento. Abrió la puerta ceremoniosamente, como si fuera a dar paso al Príncipe de Todas las Indias.

Estaban sentadas en torno a la mesa redonda. Cuatro mujeres superelegantes compitiendo para ver quién brillaba más. Pero Susan estaba espléndida. Intenté percibir el nivel de envidia de las otras tres, sin éxito. Susan me conmovió por la forma en que estaba sentada, totalmente erguida como si sostuviera la corona imaginaria que se había colocado en la cabeza. Ahora que por fin había conseguido lo que soñaba, se sentía una reina. Habría querido abrazarla en el acto para darle a entender que me alegraba por ella, y de verdad que así era. Pero no podía decirle que me había enterado de la buena nueva por nuestro camarero, ni tampoco robarle el placer de ser ella quien me la contara. Así que me limité a inclinarme sobre ella y rozarle la mejilla con un beso, aunque sentí como se ponía rígida: ¿arrumacos delante de los invitados? No habría sido apropiado. De repente se me ocurrió que con el tiempo se volvería como la tía Daphne, alérgica a cualquier forma de contacto físico.

Estaba seguro de que no sería así, a pesar de que una tarde la psicóloga nos había explicado que cada uno de nosotros en la vida tiende a rodearse del mismo tipo de torturador.

—Disculpadme, debería haber llegado antes.

—Estábamos impacientes de tenerte con nosotras —declaró Susan desde lo alto de su trono—. ¿Has visto lo elegantes que nos hemos puesto?

—Estáis estupendas, chicas. —Y di una vuelta en torno a la mesa saludándolas una por una con la sonrisa de macho orgulloso, henchido de autoestima, satisfecho de sí mismo y rebosante de éxito y prosperidad.

No sé cómo conseguí mantener la compostura hasta ese punto, ocultando el desastre que había provocado, la calamidad en la que estaba metido, la ruina de un pobre diablo que decidió tirarlo todo por la borda y sin saber por qué; tan perdido y extraviado que necesitaba ayuda hasta para atarse los cordones de sus carísimos zapatos. Pero en mi defensa puedo decir que jamás habría podido sentarme a aquella mesa anunciando que había rechazado la oferta de convertirme en socio. Que probablemente había mandado a la mierda mi trabajo. En el fondo, todavía no sé qué habría sucedido. Dentro de un momento brindaríamos por Susan, por su increíble cargo de directora. No habría podido monopolizar la atención sobre mí.

—Aquí está él, por fin —exclamó la amiga psicóloga cuando me puse a su lado, aferrándose a mi mano como si fuera un pulpo—. Aquí está nuestro Matthew McConaughey.

¿Cuántas veces me lo habrá dicho ya? Como buena psicóloga, era extraño que se resistiera a darse cuenta de que la comparación con el actor molestaba tremendamente a Susan.

—Virginia, ¡basta ya! —resopló—. En todo caso, será McConaughey quien se parece a Mark, y no al revés.

—Yo encuentro a Mark más interesante —dijo entre risas la dulce Claire, que tenía al otro lado.

Era una Venus de bolsillo, un cuerpo menudo sobre el que resaltaban dos ojos enormes, que dirigía con puño de acero la agencia de publicidad más agresiva del momento. Declaró con voz angelical: —No te pongas celosa, Susan, porque si él no fuera tu novio, yo sabría cómo entretener a Mark..., y creo que también hablo en nombre de Ginny y Samantha.

—Inténtalo y te degüello —amenazó Susan, agarrando el cuchillo. Las cuatro se echaron a reír, mientras yo me sentía como un pez fuera del agua.

—Y por fin ha llegado el momento de dar la campanada, ¡y qué campanada! —Susan hace una señal a Syrik para que saque con elegancia la botella de champán de la cubitera.

—¿La campanada? —Evité cruzar la mirada con Syrik—. ¿Qué campanada? —Y, mientras tanto, esperaba poder simular lo mejor posible el asombrado júbilo de quien es tomado por sorpresa.

Lo logré, parecía imposible, pero lo hice, tal vez porque me produjo un inmenso placer ver a Susan tan dichosa por su logro. Me conmovieron sus mejillas arreboladas por la emoción, sus ojos resplandecientes, su agitación. Mi Susan.

—Soy directora, ¿entiendes? —seguía repitiendo—. Soy la directora..., no te imaginas cuánto he esperado este momento. —Se secó las lágrimas con la punta de los dedos, como una niña pequeña—. Tenía mucho miedo de no conseguirlo.

Sin embargo, sabía cuánto había esperado, porque hablábamos a menudo de ello. Nuestro trabajo solía ser con frecuencia el centro de nuestras conversaciones. Me levanté para acercarme a ella.

—Enhorabuena, Susy. Estoy muy orgulloso de ti. Esto sí se merece un beso —le dije. Y me habría gustado añadir: «Te sujetaré la corona mientras nos besamos, para que no se te caiga». En lugar de eso le susurré—: Te quiero, ¿lo sabes?

Levantó la cara y me sonrió. Oh Dios, ese hoyuelo en la mejilla izquierda. Me volvía loco. En ese momento, mirando a Susan, me olvidé del resto del mundo y alcancé el séptimo cielo. Me incliné sobre ella, sobre su perfume que tan bien conocía. Ella recibió mi beso con los ojos abiertos y los labios apretados.

«¡Venga, Susan, por favor!», pensé. No lo dije, pero lo pensé. Vaya que si lo pensé.

Las chicas, llamémoslas así, aplaudieron. Volví a mi sitio. Brindamos de nuevo, los cinco juntos, las cinco copas rozándose sobre la mesa, luego brindé acercándome a cada una de ellas, después otra vez con Susan y, finalmente, ocupé mi lugar. Esta vez al sentarme me di cuenta de que la camisa del esmoquin, mi espléndida camisa ajustada, me tiraba un poco en el estómago. No, en la barriga. O quizá en la barriga y también en el estómago. En cualquier caso, por encima y por debajo del ombligo. ¿Será posible? Sí, maldita sea, era posible.

Capítulo cinco

El viernes que siguió a aquel jueves, arrastrado por la fuerza de la costumbre, me planté delante del ordenador a las cuatro y media de la mañana.

Era como si todo el doloroso caos del día anterior hubiera sido barrido como el polvo tras las escasas horas de sueño junto a Susan, espalda con espalda, después de desplomarnos sobre la cama, no borrachos del todo, pero sí bastante achispados. Un segundo antes de dormirme me di cuenta de que no le había dicho una sola palabra sobre mí, sobre mi increíble jueves, sobre la carpeta en la papelera de la calle. Nadie lo sabía, aparte de mí. Aparte de mí y ese becario, para ser exactos.

Syrik se había quedado a dormir en la habitación del piso de arriba, que Susan llamaba *waitstaff cave*. Él conocía bien mis costumbres y en el instante en que puse el pie en la cocina, ya había dejado caer los huevos sobre el beicon frito. También sabía que recién levantado estoy de muy mal humor y, por tanto, obraba en silencio. Se movía como un espectro y, en cuanto terminé de engullir el hipercalórico desayuno, me trajo mi taza de café caliente. La cogí y me fui a mi despacho. Mi taza, aquella azul con pececitos, siempre la misma: la taza en una mano y el móvil en la otra.

Y así, como si no hubiera ocurrido nada, a las cinco menos cuarto, mi ordenador, mi teléfono móvil, mi taza de café humeante y yo, estábamos de nuevo reunidos.

Mi silla ergonómica supercara y supercómoda con el respaldo reclinable y los brazos regulables me recibió con su habitual indulgencia, la pantalla del ordenador parpadeó como de costumbre palabras como *hi boy* revoloteando sobre un horizonte ilimitado de bosques, praderas, mar, y luego se abrió donde yo quería ir a parar.

Miraba la pantalla y bebía sorbos de mi café. La Bolsa de Tokio estaba a punto de abrir. ¿Cuánto faltaba?

–Syrik.

–Aquí estoy. –Ya estaba detrás de mí, como si supiera que iba a llamarle.

–El café sabe raro esta mañana. –Seguía con los ojos pegados a la pantalla, pero sentía el estómago encogido y un peso arañándome el pecho, justo a la altura del esternón, como si me hubiera tragado un cangrejo vivo.

–¿Raro? Lo siento, señor, le traeré otro –dijo cogiendo la taza, y salió disparado hacia la cocina. Tal vez fuera debido al exceso de brindis de la víspera, pero no tenía nada que ver. No era eso. Era otra cosa, algo muy serio, pensé con una punzada en el corazón. Algo definitivo, algo que iba a suceder, pero no sabía qué.

Miré el móvil. Ninguna llamada. Ningún mensaje. Todo estaba bien. De hecho, no pasa nada, me susurró bajo el bigote la devastadora fuerza de la costumbre, ¿no ves que todo sigue igual que siempre? Exacto. Tenía los ojos fijos en la pantalla, estaba siendo puntual como solía ser, y puntual como siempre abrió la Bolsa de Tokio. La vieja y querida Kabutocho, «Aquí estás», le dije.

La saludaba así todas las mañanas, con un: «Vieja y querida Kabutocho». Hasta le sonreía. Lo repetí varias veces, como para evocar a la normalidad. Pero aquella no era una mañana como las demás.

«*Oh my goodness...*», suspiré.

–Su café, señor. –Syrik me estaba ofreciendo otra taza de café sobre una bandeja de plata, cada mañana la maldita taza de siempre–. Lo he preparado nuevamente, señor –me dijo ceremonioso.

Me llegó la señal de un mensaje. Era de Claire. Casi me acuesto con Claire una vez. Había venido a visitarnos a Susan y a mí a la playa, en Brighton, durante las vacaciones. Susan se había quedado aquella noche en el hotel con dolor de cabeza, mientras Claire y yo habíamos salido a caminar por una playa alterada por la marea, bajo un cielo gris. No había un alma por allí. Es posible que estuviéramos un poco achispados. El caso es que nos sentamos en la arena y al instante nos encontramos besándonos apasionadamente. Cuando ya habíamos llegado bastante lejos, me acordé de Susan. Lo mismo le debió ocurrir a Claire, porque ambos nos frenamos en seco y volvimos a nuestro ser. La cosa terminó ahí y Claire se lo tomó con desenvoltura. Ella me gustaba porque era intuitiva y seguimos manteniendo una buena relación.

Me escribía: «¿Qué te pasaba ayer? Te ha pasado algo grave, estoy segura. Estabas como un autómata, quién sabe dónde tenías la cabeza. Parecías estar realmente mal, Mark. Nunca te había visto así. Las demás no se dieron cuenta, pero yo sí. Llámame si quieres. Me tienes preocupada».

Ella también estaba despierta a las cinco de la mañana y había pensado en mí. Dulce Claire.

Devolví mi atención a la pantalla. Sin moverme. Tenía miedo de hacer el menor gesto, sentía que mi supersilla ergonómica se tambaleaba, como si estuviera al borde de un abismo. Un simple ademán y podríamos precipitarnos al vacío. Me aferré a uno de los reposabrazos.

–¿Algo no marcha bien, señor?

Es que ahora me estaban volviendo a la cabeza los detalles de todo lo sucedido la víspera y también lo que me había dicho Nic el martes en el parque. Todo, incluido el pelo del tío Gregory, el estómago de Chispy, la papelera de la calle y la mandíbula del mamut. Pero ¿cómo es posible que el jueves estuviera tan seguro de querer borrar de mi vida la palabra «bróker» y el viernes al amanecer la fuerza devastadora de la costumbre remara contra mí?

Pensé que para hacerle frente bastaría con levantarse e irse. Aun así, eché un vistazo al móvil y luego al ordenador. Entonces sentí que ese peso se convertía en una especie de fuerza y me di cuenta de que había tomado una decisión. Que no podía seguir fingiendo.

–¿Sabes lo que está pasando, Syrik?

–¿Sí, señor? –Seguía allí, sosteniendo paciente y perplejo la bandeja de plata.

–Me he metido en el ojo de un huracán... Me refiero a algo así como un giro copernicano, ¿lo entiendes?

Cogí el café de la bandeja que Syrik seguía ofreciéndome. Le di unos sorbos. Era excelente. Después me di la vuelta hacia el ordenador. Apreté una tecla con el dedo índice y miré cómo se apagaba.

–¿No trabaja hoy?

–No. Hoy la Bolsa de Tokio no me interesa.

La pantalla oscura me concedió un alivio infinito. Y esto me dejó pasmado. Es más: me dio miedo. Me levanté de un salto. Respiré hondo porque efectivamente me faltaba el aire y el corazón me latía a mil por hora. Cálmate, me dije. Sabía que no encendería de nuevo el ordenador y eso me ponía nervioso.

El pobre Syrik estaba allí observándome, casi suplicante.

–¿Puedo ayudarle?

–No me interesa la Bolsa de Tokio –volví a declarar, y me sentí como si estuviera blasfemando en la iglesia. O diciendo tacos frente a la reina. O afirmando que me importaba un bledo la Bolsa de Tokio cuando debería estar dedicándome de lleno a la compra y venta de acciones. Y sin embargo repetí de nuevo:

–No me interesa.

–Sí, señor –asintió Syrik y con una sonrisa divertida, quién sabe por qué, añadió–: Exacto, no está interesado en la Bolsa de Tokio.

–¿Y ahora, Syrik? –Me metí las manos en los bolsillos–. ¿No te parece que aquí dentro hace un poco de frío? Siempre he pasado frío en este despacho. Incluso en verano. Nunca ha estado bien caldeado. ¿No te parece?

–Ahora –dijo–, ahora le preparo un buen té.

Le seguí hasta la cocina y me quedé de pie frente a la ventana mirando la oscuridad del pequeño jardín. Oía a Syrik trajinar a mis espaldas. Hacía un agradable calorcillo ahí dentro, y había un agradable aroma a pan recién tostado. En los días de vacaciones mi bisabuelo tostaba exactamente diez rebanadas, cinco para él y cinco para mí. Eran días en los que no tenía nada que hacer. Como hoy, exactamente igual.

–Su té está listo. Si quiere sentarse a la mesa... –Syrik me sacó de mis recuerdos.

Así que me bebí el té, sentado a la mesa, y mientras me lo tomaba procuré recordar todas las veces que había desayunado con Susan, durante la semana: solíamos hacerlo el sábado o el domingo, pero ¿y el resto de los días? Puede que dos veces desde que estamos juntos. Sí, porque normalmente yo me levantaba a las cuatro y me encerraba en mi despacho y cuidado con que alguien viniera a incordiarme. Ella se levantaba a las ocho, ni se le ocurría venir a molestarme, se iba a trabajar todo el día. Nos volvíamos a ver por la noche, en casa, o quedábamos en un bar para tomar un aperitivo. De lunes a viernes, y al siguiente lunes era siempre la misma historia.

Ahora para mí ya no existía la misma historia.

–He olvidado algo. –Dejé allí la taza y volví al despacho. Tenía que decir algo en la agencia. Encendí el ordenador diciéndole en voz alta–: Que sepas que esta vez es la última de las últimas –le advertí.

El mero hecho de tener que volver a poner los dedos sobre el teclado me ponía de los nervios, quién sabe por qué, pero fue con rabia como escribí a Hermione. Le escribí que necesitaba un descanso –cosa que nunca me había ocurrido en muchos años– para distribuir mi cartera de clientes entre mis seis colegas –seis, incluidos los tres de los insultos anónimos–. Sabía que ya estaban sobrecargados de trabajo, pobres almas, ¿sabes cuánto más tendrían que trabajar para mantener el ritmo? ¡Cuánto lo sentía por ellos! Añadí que no se molestaran en llamarme ni enviarme correos electrónicos porque no estaría localizable, y que el miércoles a las nueve de la mañana iría a la agencia para hablar.

Apagué el ordenador y le dije un rotundo «¡Adiós!», que a saber por qué me salió en español. Volví a la cocina para sentarme y terminarme el té, y escribí un mensaje que envié a cada uno de ellos: «Lo siento muchísimo, pero este viernes por la noche no podré estar ahí para la cervecita de siempre en el pub de siempre. Os tocará emborracharos sin mí».

También envié uno a Claire: «No te preocupes, Claire, no pasa nada».

¿Qué más podía decirle?

Regresé a mi despacho, me paré delante de la biblioteca de textos históricos, cogí uno del montón de los que había comprado y no había leído todavía y luego salí a la calle, aún oscura, para caminar sin rumbo fijo, ya que no tenía nada que hacer. Syrik salió detrás de mí corriendo:

–Su móvil, señor. Se lo dejó en la mesa de la cocina.

Y a quién le importa el móvil. No se lo dije, pero me lo vio en la cara.

–Tiene razón, pero es mejor que lo lleve consigo. Por si le llama la señora, ¿no?

Y con eso me dio a entender que, dada su discreción, se guardaría mucho de decirle a Susan cómo habían ido las cosas esa mañana y cuál era la escandalosa novedad.

–Gracias, Syrik, de verdad que no lo necesito.

Susan y yo no nos llamábamos nunca, todo estaba tan programado que no hacía falta. Aquella noche, por ejemplo, ella volvería a las once y media porque, como cada viernes, saldría a cenar con sus amigas y yo volvería algo más tarde, después de las cervezas en el pub con los colegas. Como todos los viernes por la noche. Me dan escalofríos solo de pensarlo.

Aquel día, sentado a la mesa de un bar fuera de mi barrio, me sentía destrozado. Había abierto mi libro –la historia de Aníbal que cruza los Alpes con su ejército de elefantes–, pero no conseguí leer más de una línea.

Intentaba comprender cómo me sentía. Debería estar contento del giro que estaba dando a mi vida, pero la realidad es que estaba desolado, nervioso y asustado. Tenía un enorme lío en la cabeza. Adónde habría ido a parar *The Wolf*... En aquel momento no me importaba estar conectado al mundo. Si alguien me hubiese preguntado en quién me había convertido, pues bien, no habría sabido qué responder.

Así que volví sobre mis pasos, pero no para sentarme de nuevo al ordenador, ni tampoco para coger el móvil. Bajé al garaje. Dolly. Tenía que ver a Dolly. Una presencia amiga, muda y solidaria. No sé lo que habría dado por encontrar allí a mi bisabuelo, con su mono grasiento, que silbaba contento mientras sacaba brillo a los espejos y a todo lo demás de su querida moto y me contaba lo especial que era su Dolly y, en particular, el manillar hecho a mano expresamente para él. La llamaba el Rolls Royce de las motos.

Naturalmente mi bisabuelo no estaba. Dolly estaba espléndida, brillante, sola. E imponente, como si se hubiera erigido en guardiana de mi alma o de mi conciencia. En su lenguaje que solo un verdadero motero puede entender, me dijo cosas como: «Ten en cuenta que no es domingo, chaval, ¿qué diría el bisabuelo si hoy saliéramos a dar una vuelta? Mira, dentro de poco se pondrá a llover a cántaros, por si acaso estás pensando en salir a dar un paseo y, además, te encuentras en un estado lamentable, ya no entiendes nada, será mejor que te vayas a leer la historia de tu Aníbal». Apoyado contra la pared del garaje, más desdichado que nunca, admití que no me apetecía montarme en la moto para dar una vuelta como si fuera domingo.

Los días siguientes fueron una verdadera pesadilla. Para ser más exactos, el mes siguiente. Nic, el único con quien habría podido hablar de mí y de aquella situación estaba de gira por Europa dando conciertos y no me apetecía contarle mis historias por teléfono. Son cosas que solamente se pueden contar mirándose a la cara.

A Susan, en cambio, la miraba a la cara todos los días, pero no lograba hablar con ella para explicarle lo que me había sucedido, así que fingí como si nada hubiera pasado. Aquel primer viernes, por la noche, volví a mi despacho, donde seguro que no me encontraría con nadie, con Aníbal como única compañía. Cuando Susan y yo nos encontramos más tarde en casa mentí diciéndole que lo había pasado bien con los colegas en el pub. El sábado no había necesidad de mentir. El domingo llovía tanto que no pude salir con Dolly, así que me encerré en el garaje para sacarle brillo. Y mientras la lustraba me venían momentos de dolorosa inquietud, me levanté varias veces decidido a ir a hablar con Susan, como si Dolly me lo estuviera sugiriendo, pero no había manera, me quedaba bloqueado y me echaba atrás. Cuando por la noche, en casa de sus padres, brindamos con champán por su ascenso y ella me sonreía con su hoyuelo en la mejilla, me sentí como un gusano por no tener el valor de contárselo todo. Miraba su rostro y su expresión de satisfacción, había llegado a directora, había conseguido todo aquello por lo que había trabajado tantos años, y yo me sentía como si la estuviera traicionando, o incluso peor, porque yo también había conseguido mi meta, esas metas que habíamos soñado juntos, por las cuales habíamos trabajado juntos, y mientras ella seguía sonriendo satisfecha yo no era capaz de decirle que para mí, en cambio, todo aquello ya no tenía ningún sentido.

El lunes me levanté a las cuatro, como siempre, pero luego volví al despacho con mi libro bajo el brazo, seguro como estaba de que Susan nunca entraría allí. De hecho, no entró. El martes, igual. Efectivamente podría haberme quedado en mi despacho a leer, ignorando el ordenador, pero me di cuenta de que quedarme ahí dentro me ponía nervioso. Prefería salir. El miércoles por la mañana acudí a la cita que le había pedido a Chispy y, a las nueve, cuando me disponía a cruzar puntualmente la puerta de la agencia, en el rellano me encontré con el Profesor, que se quedó helado y me miró como si hubiera visto un cadáver:

—Vaya cara, pobre muchacho, ¿qué te pasa?

—Nada, gracias... —susurré, y me dirigí a la oficina.

Volví a encontrármelo con su maldito sabueso, al cabo de una media hora escasa, cuando salí dejando atrás los insultos y maldiciones de Chispy, los sarcasmos de Hermione y las condenadas acusaciones de ambos, convencidos de que lo que había decidido no era dejar mi profesión, como había afirmado —¡cómo se le puede ocurrir dejar un trabajo tan rentable como el de agente de bolsa!—, sino montármelo por mi cuenta, esquilmando a la agencia bajo cuerda todos los clientes que pudiera, además de los que ya tenía en mi cartera. Canalla y sinvergüenza, ingrato y ladrón. En eso me había convertido para ellos.

—Os he oído gritar —el insigne cardiólogo me cortó el paso en el portal, hablándome con el tono de un viejo amigo—, temía que también volaran los puñetazos.

—También yo.

—¿Puedo servirle de ayuda?

—Afortunadamente, no. —Y me aparté de él y de todos los temores que me infundía la placa de su puerta, de su sabueso, de la agencia y del bofetón que me propinaron esas calumniosas acusaciones.

Pero lo peor aún estaba por llegar. No sabía que Hermione fuera amiga de la mujer del CEO de Susan, en Londres. Dentro de cierto ambiente, todo el mundo se conoce más o menos, pero eso no lo había calculado. Así que el viernes, cuando como un hipócrita empedernido simulé volver de mi fingida velada con los colegas en el pub, encontré a Susan en mi despacho. Precisamente en mi despacho, donde ella nunca entraba. Estaban todas las luces encendidas, la puerta abierta. Ella estaba de pie, con los brazos cruzados, apoyada en mi escritorio. Envuelta en su suntuoso vestido de terciopelo negro, con las perlas en el cuello. Tenía una expresión que jamás había visto en ella.

–Susan... –No hacía falta ser un genio para comprender que se había enterado de todo.

–Ha sido muy agradable enterarme por William de lo que todo Londres ya sabe y que yo, por lo que parece, soy la única que desconoce. –La Reina de la Noche tenía los ojos clavados en mí–. Cuando William se percató de que yo no sabía nada, ha sido todavía más agradable.

Así empezó. Y continuó:

–No te lo perdono, Mark. No te perdono que no me hayas dicho nada y que además te hayas ido de la agencia robándoles sus clientes.

Fue entonces cuando me di cuenta de que mi ordenador tenía la pantalla destrozada y el teclado hecho trizas y que mi teléfono móvil, que había dejado sobre la mesa, estaba completamente abollado.

–Esto es lo mínimo..., te mereces mucho más. –Susan había seguido el recorrido de mi mirada–. Lo he hecho con eso. –Y con un movimiento de la barbilla señaló el martillo que había apoyado sobre una pila de libros.

–Mira yo... –jadeé.

–Cállate, no digas nada –espetó–. Lanzar esos cuatro martillazos no ha sido suficiente para que se me pase la rabia... –Se mordió los labios, el corazón se me encogía al verla como nunca la había visto antes, al oírla con esa voz que desconocía–. ¿Tienes idea de lo que se están riendo de mí en la redacción? ¿Sabes cómo hablan ahora a mis espaldas los que ya me odiaban antes? Susan, con esos aires que se da, no tiene ni idea de lo que trama el canalla de su novio... –Cerró los ojos un momento como si no soportara tenerme a tan pocos pasos de ella, luego, llena de ira, me preguntó–: ¿Por qué lo has hecho todo a mis espaldas? ¿Tanto placer has sentido al no decirme nada? –Y finalmente rompió a llorar.

Y ahora, me dije avergonzado, ¿cómo iba a explicarle lo que yo mismo aún no había sido capaz de entender? ¿Cómo iba a convencerla de que ni se me había pasado por la cabeza montármelo por libre y mucho menos robarle los clientes a Chispy?

Intenté hablar, pero ella enseguida retomó su discurso, increpándome:

—¿Por qué tenías tanto miedo de contármelo? ¿Temías que te castigara sin postre después de cenar, como solía hacer tu simpática tía Daphne? —Se llevó las manos bajo las axilas con apremio, como para aguantarse las ganas de abofetearme, y continuó imparable—: ¡Vaya hombre estás hecho..., nada menos que *The Wolf*! ¿Por qué razón debería seguir viviendo con un desgraciado de mierda como tú? ¿Por qué? ¿Por tu aburrida forma de vida, siempre igual, sin nada fuera del programa? —Y para colmo se le ocurrió añadir—: ¿Y tú querías un hijo? Menos mal que no he tenido un hijo con un hombre tan poco de fiar como tú..., pero ¡cómo se te ha podido ocurrir! —Y se precipitó hacia nuestro dormitorio y dio un fuerte portazo para que quedara bien claro que yo no podía seguirla hasta allí.

Me desplomé sobre mi maravillosa silla como si me hubieran dado una paliza y estuviera lleno de moratones de pies a cabeza.

¡Qué desastre!

No fue hasta cerca de un mes después cuando Nic y yo nos sentamos en el banco de Hyde Park, casi a la altura del monumento a Wellington, como si fuera un martes cualquiera. No era la primera vez que nos veíamos desde que había vuelto a Londres. En cuanto regresó se enteró de todo y enseguida me buscó. Y allí estaba otra vez, a mi lado.

Durante un rato permanecimos en silencio, yo con los codos apoyados en las rodillas, retorciéndome las manos. Me agradaba tenerlo cerca.

Seguí con la mirada a un mirlo que daba saltitos en el césped.

—Vámonos, Mark.

El mirlo picoteaba aquí y allá.

—¿Me has oído?

—Mira qué contento está el mirlo...

—No puedes pasarte los días dando de comer a los mirlos. Por lo menos, no los de Hyde Park. Vámonos de aquí.

—Susan me ha dejado hace una semana y se ha ido a vivir con sus padres. Dice que necesita un tiempo para reflexionar. Mejor así. Era una angustia estar juntos, no me dirigía la palabra, en casa la tensión era continua... —Con Nic podía desahogarme y se lo dije todo de un tirón—: Estoy mal, Nic. Estoy fatal, ya no sé quién soy y menos ahora que Susan me ha dejado... —Pero ¿qué palabras podría encontrar para decir que mi corazón estaba hecho pedazos? Me iba dejando el alma por el camino, se me caía por los suelos y terminaba en alguna alcantarilla o en un rincón de aquella casa desierta, por la que vagaba desesperado por las palabras hirientes que Susan me había gritado.

Hurgué en la bolsita que llevaba en el bolsillo y lancé otro puñado de arroz al mirlo. O más bien a los dos mirlos. Se había sumado otro al festín.

—Vámonos, hazme caso.

—Tendrías que haberla oído. Decía que todo podía haber sido fácil para nosotros dos, que todo era cuesta abajo, todo perfecto, que teníamos dinero, nuestra relación, el camino allanado, dos buenos trabajos, y que yo le había arruinado la vida.

A Nic no hacía falta explicarle que a mí esa vida cuesta abajo, del éxito, del dinero fácil, de todo lo que había conseguido y que me había costado tantos esfuerzos, ya no me importaba. Que todo eso que me quitaba el aliento se había vuelto agotador. No necesitaba decirle que tenía como una enorme losa en el pecho, sentía una opresión como si estuviera errando cada elección, sin saber qué era lo bueno para mí y qué me hacía mal, y para colmo había seguido como si nada durante un tiempo: ¿era o no era el lobo? A decir verdad, Nic había visto ya esa losa antes de que yo pudiera sentirla, así que solamente añadí: «En fin, una vida tan fácil que me hizo desmoronarme, así son las cosas. Y sigo sin entender por qué no pude contarle todo a Susan desde el principio».

–Escúchame, Mark, vámonos de aquí. ¿Qué te retiene? Larguémonos.

–Me estoy yendo a la deriva, Nic. He soltado el ancla. –Esparcí otro puñado de arroz y luego, enfadado, añadí–: Susan también me dijo que debería ir a un psicoanalista.

–¡Lo que faltaba! Escúchame de una vez, Mark..., en unos días me marcho de viaje, tengo varios conciertos, compromisos, y estaré fuera durante un tiempo. Ven conmigo. Aquí no queda nada que te retenga. Vente conmigo, anda.

–¿Adónde?

–A las Langhe. Las Langhe están en Italia –resopló con fastidio al ver mi expresión dudosa–. ¿Sabes dónde está Italia? Me imagino que sí, ya que hablas italiano.

–¿Y la moto? –dije al cabo de un rato.

–¿Has oído hablar alguna vez de los mensajeros? Incluso llegan a las Langhe. ¿Y entonces? Date prisa, tienes que decidirte pronto.

Tardé tres días en tomar una decisión, y no fue demasiado. Así que tres días después enviamos a Dolly, que fue de avanzadilla. Enseguida me arrepentí, mi preciosa Dolly, podría haberle pasado cualquier cosa, pero ya no podía echarme atrás, así que me vi obligado a partir con Nic para ir a recuperar mi motocicleta a un pueblo llamado Alba.

Alba, en las Langhe.

Capítulo seis

–¿Qué estás escribiendo?

–Una carta.

–¿Tú también eres zurdo? El abuelo dice que antaño la llamaban la mano del diablo.

Sí, por si no tuviera bastante, encima soy zurdo.

Einstein era zurdo, Van Gogh era zurdo, Charlie Chaplin era zurdo, Leonardo da Vinci y no sé cuántos más, así que cuando en el colegio me ataron la mano izquierda a la espalda para que escribiera con la derecha y descubrí que Einstein había corrido la misma suerte, sentí que me elevaba hacia el firmamento de los grandes y conseguí no derramar ni media lágrima. Sin embargo, a escondidas, seguí escribiendo con la izquierda hasta que por fin llegué, con gran alivio, a esa edad en que nadie podía obligarme a escribir con la derecha.

Estaba escribiendo una carta a Susan. Por segunda vez desde que la conocí le estaba escribiendo con mi caligrafía torcida. La primera carta se remonta a tiempos inmemoriales; acababa de conocerla y quería invitarla a cenar con una carta, una carta de verdad –y no con un simple mensaje de texto en el móvil– ¡a la que no pudiera responder negativamente! De hecho, no lo hizo, y así dio comienzo nuestra historia. La escribí en Londres en el pub que estaba cerca de donde vivía ella, y donde entró precisamente en el momento en que la terminaba.

Apenas nos conocíamos, se sentó frente a mí y yo se la puse delante de los ojos, ella la leyó y me dio un beso. Así, delante de todo

LA FELICIDAD DE CORRER CUESTA ARRIBA

el mundo. De esta manera empezamos Susan y yo. No sé lo que habría dado por volver atrás, a aquel pub, y revivir el momento en que ella entra, me ve, me sonríe, lee la carta y me besa. Ojalá pudiera recomenzar con ella todo desde el principio.

−¿Por qué no le mandas un mensaje de WhatsApp como antes?

−Una carta es una carta, querido amigo, causa mucho más efecto que un mensaje, lo sé por experiencia.

Con esta segunda carta, ¿se materializaría Susan delante de una de las puertas donde Nic, Dolly y yo habíamos aterrizado unos días antes y cruzaría el amplio patio hasta la larga mesa bajo los tilos, donde me encontraba sentado? Levanté la vista, pero, recordándome que la magia no existe, suspiré. Esta vez Susan estaba a miles de kilómetros de distancia. En todos los sentidos de la expresión. Antes de salir de Londres había intentado hablar con ella por teléfono, pero había rechazado la llamada y tenía el móvil apagado. Así estaban las cosas.

−Has puesto *Dear Susy*..., ¿escribes en inglés? −El pequeño se inclinó hacia mí para curiosear−. Al fin y al cabo eres inglés, me lo ha dicho el abuelo. ¿Susy es tu novia? ¿Te has peleado con ella?

−Pero bueno... −protesté y tapé el folio con la mano, siempre la izquierda, abierta. ¿Qué quería esconder? ¿Que había escrito perdóname si puedes, porque no puedo vivir sin ti? Que por otro lado, menuda motivación: ¿una mujer va a volver contigo porque no puedes vivir sin ella? Susan no es una enfermera de la Cruz Roja. Y esta era una de las cosas que más me gustaba de ella.

−De todas formas, no entiendo el inglés −dijo el niño retrocediendo, y se echó a reír enseñando unos robustos incisivos de conejo−. Dime tú lo que has escrito, me gusta meterme en los asuntos de los demás.

−Cosas de mayores −respondí con cara larga.

Sí, estaba de mal humor porque me acosaban la incertidumbre, la culpa, los remordimientos y, por supuesto, la atroz sospecha, que volvía de vez en cuando, de que había cometido un error garrafal al tirar toda mi vida, incluida Susan, a la basura.

–Sí –suspiré–, cosas de mayores.

–¡Vaya mierda! Eso es lo mismo que me dice Nico cuando le pregunto algo...

Y se calló porque Nic, aquí conocido como Nico, se había puesto a practicar, inundando los alrededores con las notas de su violín, ensordecedor en medio de la quietud, para el concierto en mi menor, creo que el opus 64 de Mendelssohn para entendernos, según me había dicho. Yo no tengo memoria para la música. Estaba estudiando para el concierto que tendría lugar en un sitio por ahí cerca, Levice, creo. En cualquier caso, interpretaba algo sumamente desgarrador, lo ideal para escuchar con el corazón destrozado.

–Se mete dentro tu amigo, ¿eh? –El chiquillo señaló hacia la ventana del primer piso, en el ala de la granja donde nos habíamos instalado Nic y yo–. Me llega a las entrañas cuando toca de esa manera. –También al muchacho aquel violín le parecía estremecedor–. Digo yo, ¿de verdad es necesario ponerse a llorar? También la señora que está con Nico, esa de Alba, aquella de allá..., le dijo a mi madre que él era un genio, que siempre iba a sus conciertos, dice que infunde tristeza... Tiene razón, ¿eh?

–¿Qué señora de Alba? –¿Cómo? No sabía que Nico tuviera una señora en Alba. Nunca me había hablado de ella–. ¿Quién es?

–Cosas de mayores. –¡Y me devolvió una mueca burlona, cogió la caña de pescar que había dejado apoyada en la mesa y fustigó el aire–: ¿Por qué no dejas eso y te vienes conmigo? No está muy lejos, ahora es buen momento para los peces, y si no sabes pescar, yo te enseño.

–¿No hay veda de pesca en esta época del año?

–¿Y tú qué sabrás? –Se montó en su destartalada bicicleta, atravesó el patio a trompicones, y yo, que me quedé mirando cómo tomaba el camino bajo el sol entre los prados, habría dado cualquier cosa por estar en su lugar.

¿Era envidia? Qué vida tan despreocupada comparada con la mía... Si nos hubieran tirado al río donde iba a pescar el chaval –el Bormida creo, ¿o era el Tanaro?–, yo me habría hundido hasta el fondo al instante, mientras que él, como una libélula, se habría quedado sobrevolando la superficie, tan contento. Una decena de años, la caña de pescar, la bicicleta, una familia que te adora, las infinitas aventuras del río y del bosque. Estas aventuras, sin embargo, yo también las había vivido, a su edad, cuando mi bisabuelo me llevaba con él a Cornualles. Estuvimos poco tiempo, la época en la que estábamos siempre juntos y juntos nos íbamos de viaje. Envidia y pesar. Luego se murió y como tabla de salvación me había enganchado al ordenador para acabar siendo bróker y convertirme en Mark *el Lobo*. Si haces algo, Mark, debes hacerlo lo mejor posible, me decía mi bisabuelo. Y así lo hice. Pero ahora estaba solo en el patio de una granja en las Langhe, seguía pensando en Susan y ya no sabía quién era, desde luego ya no era el Mark de antes.

¿Por qué, pensé, en lugar de quejarme hoscamente sobre la prohibición de pescar, de la que en realidad no sé nada, comportándome como el típico adulto pelmazo con un humor de perros, no acepté la invitación de Eneas –¡qué nombre tan glorioso!– para ir a pescar con él? ¿Qué sentido tiene que yo esté aquí, atormentándome entre el triste violín de Nic y una carta que nunca podrá convencer a Susan de que vuelva conmigo?

Ya estoy aquí otra vez pensando en ella. Hemos vivido juntos durante nueve años, que no es poco. Durante nueve años me he dormido y despertado con ella, he cenado con ella, he pasado los sábados y los domingos con ella. Todo ese tiempo con ella, exceptuando los momentos transcurridos con Dolly. Y de todos esos años solamente me queda Dolly.

Bajo los tilos, sentado en una enorme mesa con un bolígrafo en la izquierda y una hoja de papel casi en blanco delante, me encontraba solo contemplando mi moto, que brillaba orgullosa bajo la luz de la mañana, aparcada al fondo del patio, con aspecto de encontrarse la mar de bien . «Nosotros sí que formamos una buena pareja», dije amargamente, yo con el corazón hecho trizas –me gustan estas tres palabras, dan una maldita idea de lo que hay– y ella, la moto de época más sensacional del mundo. Dolly es estupenda y siempre está dispuesta a regalarme la libertad, me basta con montarme en ella, arrancar el motor y a correr.

¿Y entonces por qué no volver a Londres ya, visto que donde me encontraba, en ese lugar perdido, lo único que me era familiar era Dolly? También sentía a Nic lejos de mí, que seguía maullando magistralmente con su violín, que no me había dicho ni una palabra sobre la señora de Alba mientras yo me había vaciado el alma con él hasta límites incómodos.

La miraba, allí al fondo del patio, mi Dolly, como si fuese lo único capaz de dar sentido a mi realidad. Dolly, que cuando volví a verla en Alba, me emocionó. Llegó sin un solo rasguño, tratada con guantes de seda por todos los hombres que tenía alrededor y que la consideraban la más bella del reino.

–Menuda moto... –había dicho uno de ellos tocándose la boina en honor a Dolly, sin duda–, qué bien te lo pasas con ella, ¿eh?

–Sí, es una maravilla –confirmé yo–. No hay nada mejor en el mundo que montar en moto.

–No es cierto –sonrió otro que parecía simpático–, hay algo mejor.

–¿Qué es? –pregunté incrédulo.

–Correr –sentenció él–. Correr es mucho mejor, créeme.

–¿Correr? Correr en moto, dices...

–No, correr a pie.

–¿A pie? –Mientras tanto ya me había montado y me había puesto el casco.

–Correr a pie, claro –corroboró–. Correr aquí en las Langhe. Correr por las colinas.

–Anda ya... –me reí, bajando la visera.

Luego arranqué la moto y me fui...

Yo, Dolly, la carretera. Y también alguien más..., tener aquí a Dolly era en cierto modo como haberme traído conmigo a mi bisabuelo. Algo como su espíritu y su alma. La idea era reconfortante, y bien sabe Dios que necesitaba consuelo.

Sin embargo, ¿correr en libertad sobre Dolly en aquel momento me hacía sentir feliz? No, feliz no, extasiado, ¡eso sí! Seguía a la furgoneta de los amigos de Nic, que, lentamente, atravesaba Alba. Habían venido a recogernos a la estación, a él, su precioso violín y nuestras bolsas de viaje. Nic de vez en cuando sacaba el brazo por la ventanilla y me enseñaba el pulgar en alto: ¡lo conseguimos! Y yo le respondía levantando la derecha enguantada con el pulgar hacia arriba. Casi había anochecido cuando dejamos Alba y nos encontramos en mitad del campo. Colinas por aquí y colinas por allá. Viñedos por aquí y viñedos por allá. Estaba a una distancia sideral del mundo en el que había vivido siempre.

Y llegó un momento en que esa emoción que había procurado congelar, desde el instante en que volví a ver a Dolly, se derritió en lágrimas, para gran sorpresa mía.

Sí, porque volver a encontrarme con mi moto aquí era comprender que «realmente» me había marchado de Londres y que mi vida de siempre había terminado. Y lloré. ¡Yo que no lloraba nunca! Por suerte nadie se dio cuenta. Me había levantado la visera del casco y el viento me limpiaba la cara. Era una sensación nueva. Viajábamos por una carretera solitaria que ascendía poco a poco y no nos cruzamos con nadie. Escuchaba el bien conocido rugido del motor, flotaba en el espacio y lloraba. Si la tía Daphne me hubiera visto, habría estado en un aprieto. Cuando rompí a llorar en el funeral de mi bisabuelo, me agarró el brazo con fuerza y me susurró al oído:

–¡Al menos mantén la compostura, Mark!

Recorriendo aquella carretera tan extraña para mí no estaba manteniendo la compostura. Lloraba porque sentía que mi vida se desmoronaba, porque una puerta se había cerrado a mis espaldas, o quizá por algo que todavía no conseguía entender. Cuando llegamos a la granja y yo, en el patio, apagué el motor, había un pequeño grupo de personas a mi alrededor mirándome. Me sentí como un alienígena caído sobre el planeta Tierra.

¿Qué estaba haciendo yo allí?

Pasé los primeros días sin hacer nada, literalmente nada. Estaba desesperado, con unas ganas locas de dar marcha atrás, de anular aquella distancia y de rebobinar la película, hasta el momento en que empecé a destruirlo todo.

Aún conservaba esa sensación y, aquella mañana, sentado bajo los tilos, seguía rumiando y buscando las palabras para escribir la carta a Susan.

Pero no lograba concentrarme. Miraba a Dolly como si fuera mi ancla de salvación y me di cuenta de que, en mi apatía, no la había tocado desde el día en que llegamos. Le había sacado brillo y me limité a deambular por ahí. Eso fue todo. Vi que había cierto alboroto a su alrededor. Así que dejé el papel y el bolígrafo y atravesé el patio con paso decidido.

Me encontré con un enorme gato blanco y negro tumbado en el asiento disfrutando del sol cómodamente, mientras otros dos felinos daban vueltas alrededor, con la cola erguida, exigiendo su turno. No habría tolerado a nadie más sobre el asiento de mi Dolly.

En la granja no había solamente gatos, también había perros, de un par de ellos me mantenía alejado, y ellos hacían otro tanto: creo que entienden cuando no te gustan, y a mí los perros nunca me han gustado. Cuando vivía con la tía Daphne, nuestros vecinos tenían dos: un bulldog y un perro salchicha, y aterrorizaron toda mi adolescencia.

Pero con los gatos es diferente, los encuentro fascinantes. El bisabuelo tenía un gato blanco, Darwin, que desapareció cuando él murió. La tía Daphne, con todos sus defectos, tenía la virtud de adorar a los gatos y tenía dos, uno cartujo y otro atigrado. El cartujo siempre venía a dormir a mi cama y sus ronroneos me acompañaron durante innumerables noches, desde los once años en adelante. Susan, en cambio, y por desgracia, no quería gatos en casa.

–¿Todo bien por aquí? –pregunté al gran gato blanco y negro. Entrecerró los ojos con fastidio, se estiró, bostezó y luego, con un ágil salto, se dejó caer al suelo y se alejó con desdén, pero con la cola erguida, lo que significaba que no le caía tan mal. Los otros dos fueron a sentarse sobre el felpudo de la puerta de la casa y se me quedaron mirando con aire de reproche mientras era yo el que se sentaba en el asiento de Dolly.

Saqué las llaves del bolsillo. Siempre las llevaba conmigo. En el llavero colgaba una moneda diminuta, mi bisabuelo me había explicado que era una moneda de África Oriental:

–Un recuerdo de Lawrence, ¿entiendes?

Sí, entendía. Traía suerte. Al fin y al cabo, el final de motociclista de nuestro héroe había sido glorioso. Metí la llave en el contacto. En ese momento se interrumpió el sonido del violín de Nic.

–Entonces, ¿vienes?

Tenía el sol de cara, pero ¿la persona que tenía enfrente no era el abuelo de Eneas?

–Ven, quiero enseñarte algo. Aquí detrás.

Se trataba de Pietro, el abuelo de Eneas. No era un viejo decrépito, llevaba unos vaqueros y una camisa a cuadros con las mangas remangadas sobre los musculosos brazos, estaba hecho de la misma pasta que mi bisabuelo, era de esos que en vez de envejecer arrugándose se convierten en auténticos *Highlanders*: hombros de héroe griego, vientre plano, fuertes, con carácter, con mente y unos andares que miras con el deseo de llegar a esa edad de igual manera. Este tipo de personas pueden también no caer bien. Mi bisabuelo, de hecho, caía mal a muchas personas, pero no a mí, para mí era y seguía siendo un dios.

Nic me había contado que el abuelo de Eneas también era un buen flautista, tocaba la flauta travesera. Se habían conocido en un taller de música. Compartían la pasión por la música clásica, Bach en especial. La primera vez que cenamos con toda la familia que nos alojaba, Nic y el abuelo de Eneas se enfrascaron en una larga discusión sobre el violín y la flauta en Vivaldi, mientras los demás –hermanos, hermanas, tíos, primos, nietos– charlaban de sus cosas mientras yo sentía que estaba de más, y seguía preguntándome por qué diablos me había dejado convencer para que lo siguiera.

–Entonces, ¿nos vamos? –El abuelo de Eneas manoseaba el casco que tenía entre las manos.

–¿Ir adónde? –pregunté con cara de pocos amigos. Ese tipo me incomodaba. Era la primera vez que me dirigía la palabra.

–Ve con él, Mark, confía en mí. Él sabe dónde llevarte –me animó Nic, asomándose al alféizar de la ventana que nos quedaba justo encima–. Anda, yo tengo que practicar, nos vemos luego. –Y volvió a entornar la ventana.

–De acuerdo –dije entonces–, si se trata de dar una vuelta...

–Sí, porque estoy harto de verte ir y venir por el patio.

«Espera un momento –pensé–, ¿no era de mi exclusiva incumbencia lo que hacía o dejaba de hacer todo el día?».

Él continuó:

–¿Quieres dar un paseo o sentarte bajo los tilos? No has hecho otra cosa desde que has llegado. Y durante la cena estás siempre muy callado. Es hora de acabar con esto.

Y luego señaló la motocicleta.

–Yo también tengo una, una Airone del 48, con el depósito en forma de aceituna, no de cebolla, cosa fina.

«Un buen modelo», pensé. Pero no me apetecía hacerle cumplidos. Cuando uno tiene una moto como Dolly no hace cumplidos a nadie.

–Mi Airone es cosa de caballeros.

«Desde luego no tanto como mi Dolly», pensé.

–La tengo en el granero, pero ahora daremos un paseo con la tuya, ¿te parece?

–De acuerdo.

En realidad, no tenía ningunas ganas.

–¡Venga! –Señaló la pata de cabra–. Vamos.

–¿Adónde iremos? –me resistía. Con el bisabuelo renquear nunca funcionaba.

–Vamos, no fastidies y déjame subir. –Con él tampoco funcionaba. Se encaramó detrás de mí y me dio una palmada en el costado como si estuviera arreando a un burro–. Primero iremos a Alba, luego a La Morra, y después ya te diré. *Anduma*, venga, estate atento a los carteles.

Enseguida se nota cuando sientas detrás a alguien que sabe montar en moto. Y Pietro sabía. Apenas lo notaba, era ligero, como si no estuviera ahí. Tengo que reconocer que era lo que se suele decir un pedazo de hombre. Más que seguir mis movimientos los intuía, se movía al unísono conmigo o, mejor dicho, Dolly, él y yo éramos uno. Él entendía tan bien a Dolly, que casi me molestaba. Es más, me irritaba. Estaba celoso.

Celoso y enfadado. Tanto que empecé a acelerar en las curvas y a tumbarme hasta casi rozar con la rodilla el asfalto, pero él, detrás de mí, se echaba abajo conmigo, con pericia y audacia, sin agarrarse a mí, no sé cómo lo hacía, y en ningún momento dijo ve más despacio, ni cuidado con la curva. Estaba sorprendido y admirado.

Continuaba siguiendo los carteles, malhumorado, y mientras recorría viñedos y colinas me di cuenta de golpe de que aquella rabia que sentía dentro de mí no era realmente rabia, sino un resentimiento profundo, cavernoso, como si lo tuviera con todo y con todos, como si todo y todos me hubieran hecho quién sabe qué. Y aceleré como para dejar todo y a todos a mis espaldas. De Alba a La Morra hay quince kilómetros y me los devoré en un abrir y cerrar de ojos. Él permanecía callado ahí detrás. Cuando me dio una palmada en la espalda aminoré la marcha, y me dijo:

–Ve por allí, hacia Barolo, y cuando empiece el camino de tierra te paras.

Volví a tomar velocidad camino de Barolo como si no hubiera un mañana. Después clavé la moto en el camino de tierra con un gran derrape, como un auténtico imbécil, pero ¿qué más daba? Pietro se bajó de la moto sin hacer ningún comentario, tranquilo como si acabara de levantarse del sillón:

–Aparca ahí, que nadie va a tocarla. Seguiremos a pie, por aquí abajo, serán unos veinte minutos hacia la izquierda.

–Tenemos la moto, vayamos en moto.

–No, vamos a pie. Vemos el paisaje. Vale la pena. ¿Ves qué maravilla? –Y señaló los alrededores, al horizonte supongo.

–¿Y para qué sirve mirar el paisaje? –comenté secamente sin levantar la mirada–. ¿Para qué sirve?

–Para nada –me respondió tranquilamente. También me sonrió. Ahora que lo pienso, tengo que admitir que a pesar de mi actitud mantuvo una sonrisa amigable–. No sirve para nada –me dijo–. Para nada de nada. Como Mozart.

Nos quedamos mirándonos en silencio, luego él emprendió la marcha a buen paso hacia los viñedos.

–Estaba a punto de decirte que eso ya lo he oído antes... –dije en voz baja. Entendí lo que quería decirme, pero ya no me escuchaba. Aparqué a un lado de la carretera. Le seguí de mala gana. Me quité la cazadora, hacía calor.

Es verdad que ya había oído lo de Mozart, era una broma que circulaba por ahí, no sé a quién se la oí por primera vez, pero incluso yo la había soltado en alguna ocasión, precisamente al padre de Susan: habíamos ido a visitarlos, a él y a la madre de Susan, unas semanas antes del *patatrac*, a su horterísima villa de Brighton. Estábamos bebiendo el típico champán caro de costumbre y no sé por qué se estaba hablando del hecho de que todos los domingos me iba yo solo a montar en moto. El padre de Susan –un tipo bajito, con sobrepeso, siempre atravesado y a menudo dispuesto a decir frases con doble sentido– comentó que los domingos no se deja sola en casa a una mujer como su hija, y aquí soltó una risita maliciosa. Luego, sacudiendo la cabeza, me había preguntado qué sentido tenía montar en moto, para qué servía. «Para nada», le repliqué, y añadí, subrayando cada palabra:

–No sirve para nada, como Mozart.

Él no era tonto, había captado el sentido de la frase, recuerdo su cara de indignación, estaba dolido. Cuando nos fuimos, Susan me dijo gritando que bastante complejo de ignorante tenía su padre como para que encima le tomara el pelo con la bromita de Mozart.

Y ahora, exiliado en las Langhe, había tenido que escuchar la misma frase. Caminaba junto a Pietro, pero no lograba dejar de pensar en el padre de Susan, lo estaba viendo cuando vino furioso a buscarme para decirme que era un irresponsable y un traidor por cómo me había comportado con su adorada única hija:

–Le ocultaste que eres un ladrón del trabajo de los demás. –Así era como lo contaban todos en Londres–. Tienes que dejarle la casa, esta casa –gritaba–, tienes que dejarle todo y largarte de aquí, desaparecer. Ha tenido que refugiarse en nuestra casa, pero no es justo, no es justo.

Por un momento temí que me diera un puñetazo. Se fue dando un portazo y fue entonces cuando decidí seguir a Nic hasta Italia y salir por pies. Después de aquella visita llamé a mi amigo por teléfono y le dije que dejaba la casa a Susan, que había organizado todo para pagarle también los gastos, todos, incluidos los sueldos de la cocinera y de Syrik y que enviaría a Dolly por mensajero. Un par de días después yo también me había marchado. El único que se emocionó cuando salí de casa con mi bolsa de viaje fue Syrik. Se puso a llorar:

–Perdone, pero me he encariñado.

¿Se entiende? Se excusaba por haberse encariñado.

De todas formas, aquí estoy, caminando junto a un desconocido, en un lugar aún más desconocido, para ir a no sé dónde. Y volví a acordarme de Syrik, que cuando me iba de Londres quiso acompañarme a la estación con el BMW (también se lo dejé a Susan), luego subió el equipaje a mi compartimento, lo acomodó en su sitio y, antes de bajarse del tren, murmuró:

–Ya ve, señor, lo echaré de menos.

Con la rigidez de un bacalao en salazón que me caracteriza a la hora de mostrar emociones, me limité a darle una palmadita en el hombro, como si fuera el soberano con el último de los criados.

Y ahora que pienso en ello siento, y mucho, aquel gesto mío; habría querido demostrarle más afecto. Desde la ventanilla del tren le vi despedirse hasta que me perdió de vista secándose las lágrimas, mi querido Syrik.

«¿Cómo se puede poner remedio –me pregunté– a esa frialdad tan absoluta que exhibo en algunos momentos?»

–¿Qué tal vas? –me preguntó Pietro. Caminaba un poco demasiado deprisa para mi gusto.

–¿Es necesario ir tan rápido? –respondí. Estaba sudando, y eso que el camino era cuesta abajo.

–¿Rápido? –Pero aflojó el paso.

–¿Falta mucho?

–No.

–¿Cuánto?

–Unos... –Pero no añadió nada más. ¿Me estaba tomando el pelo? Pues claro, seguro que me estaba tomando el pelo, mi aspecto malhumorado debía de divertirle, como era evidente por el tono en que me preguntó–: ¿Todo bien?

Durante todo el trayecto, caminé bajo el sol junto a Pietro, que no abría la boca, rumiando mis negros pensamientos, y sin despegar los ojos del suelo, ¡nada debía distraerme!

Levanté la mirada solo cuando noté que Pietro se había parado. Entonces la vi. Y casi me corta la respiración.

–Pero qué es aquella...

Frente a mí, grandes extensiones de vivos colores salpicaban el paisaje de viñedos y clamaban: soy amarillo, soy rojo, soy verde, soy azul; intensos colores se proyectaban sobre las paredes de una especie de pequeña ermita situada en medio de las colinas por la mano de un artista colosal y delirante.

–¿Qué es eso? –repetí a media voz.

–Un artístico puñetazo en el ojo –sonrió Pietro–. De todas formas, es digno de ver. Esta es la Capilla de las Brunate, también llamada Capilla del Barolo. Da alegría verla, ¿no te parece? No es que hiciera falta entre colinas como estas... –Se agachó para recoger una brizna de hierba–. Veo que estás con el pie cambiado. Prueba a quedarte aquí tranquilamente mirando a tu alrededor. Ayuda, ya verás.

Deslizándome con la mirada entre los colores que parecían saltar desde las paredes de la capilla, me sentí, en efecto, cada vez más ligero. ¿Realmente conseguía apaciguarme aquel maremágnum de inimaginables colores? Al cabo de un rato, me disculpé con Pietro y le dije que no era propio de mí enfurruñarme.

–Desde que llegué, me invade esta tristeza. No me explico por qué.

–A veces ocurre, no pasa nada.

Saltando con los ojos de un color a otro, pensé –con nostalgia– en Susan, en lo mucho que le habría gustado aquella especie de iglesita sin campanario, tan pintoresca, tan extravagante, tan discorde con su entorno. A Susan le encanta la originalidad, lo sabía, adora las cosas que te dejan boquiabierto; cuando se trata de arte, claro, no de lo que sucede de sopetón.

–¿La habéis pintado así vosotros? ¿Los de aquí? Quiero decir, ¿alguien de aquí? –Tiré la cazadora sobre una barda cercana.

–¿Nosotros? Qué va..., dos artistas americanos. Uno pintó el exterior y el otro decoró el interior. Arte contemporáneo. Pero casi siempre está cerrada, ahora solamente se puede ver lo de fuera.

–¿Por qué la han coloreado de esta manera?

–No lo sé. Mira la explicación en tu móvil.

–Mi teléfono no tiene conexión a internet. Ni siquiera puedo recibir mensajes.

Mientras seguía recorriendo aquellos colores, a cuál más acidulado, volví a acordarme de la cara del padre de Susan el día que vino a mi despacho, cuando antes de la bronca se fijó en el ordenador destrozado y en el móvil destripado que había sobre mi mesa. Los había dejado allí, de recuerdo. Y él me dijo:

–Estás como una cabra, ¿eh? Mira lo que has hecho con tus herramientas de trabajo.

No tuve valor para revelarle que había sido su queridísima hija única quien había causado todo aquel destrozo.

Se lo conté a la tía Daphne, cuando fui a visitarla unos días después, ya solo, y el comentario de la tía fue que había hecho bien. Según ella Susan habría podido partirme la cabeza con aquel martillo, y tenía pinta de pensarlo en serio:

–Siempre he visto en ella algo violento, todo sonrisas pero con las garras afiladas por debajo..., y, además, ¿por qué se enfadó? ¿Por qué tenías que haberle dicho que habías decidido dejar tu trabajo? En mi opinión este asunto solo te concierne a ti, no tenías ninguna obligación de informarla. Susan no es tu esposa. –Y diciendo esto se puso a rebuscar en un cajón, del cual sacó un viejo terminal de móvil, de los de teclas, de los que solamente sirven para hacer y recibir llamadas–. No te gastes dinero en comprarte uno nuevo –me advirtió.

Y viéndome algo inseguro:

–Que sepas que es el que él quería, tu bisabuelo, fui yo a comprárselo, con su dinero, por supuesto, quería este modelo expresamente. ¿Lo quieres o no?

Lo quería. Y es el móvil que uso ahora, y no otro. El que había elegido mi bisabuelo para él. Un teléfono solo para llamar, nada de aplicaciones, de parte meteorológico, de redes sociales, nada. Libre, como decimos. Hablo, escucho, y punto. Ya veo en la pantalla quién me está llamando.

–Decía que en mi teléfono móvil no puedo buscar ninguna información. –Estábamos Pietro y yo al sol y frente a la obra de los colorines. La señalé con la mano–. ¿Por qué hacer algo que no tiene nada en común con lo que hay alrededor? Todos estos colores en mitad de un viñedo tan... tan apagado. ¿Lo hicieron para alegrar el paisaje?

–¿Apagado? –Movió la cabeza, incrédulo–. ¿Pero cómo puedes ver nuestros viñedos apagados? –Hizo un gran gesto circular–. Mira qué colores, las viñas, observa los matices, cuántos tonos de verde, la armonía, la variedad..., y el horizonte de colinas es como un océano, ¿es que no lo ves?

Para excusarme farfullé que tenía un pésimo sentido de los colores, que no estaba acostumbrado a la grandiosidad de la naturaleza, que siempre había vivido en la ciudad –lo cual es cierto, que, es más, había vivido entre las cuatro paredes de una habitación –lo cual es aún más cierto– y que solamente salía de paseo cuando iba en moto, por supuesto, pero cuando vas en moto miras más a la carretera que al paisaje.

–Lo comprendo, pero... ¿de verdad crees que mis tierras necesitan que las alegre esta capillita de colores? Son alegres en sí mismas.

–¿Tuyas en qué sentido? Has dicho que son tus tierras.

–Mías..., mías..., lo siento aquí... –Y se llevó la mano abierta al pecho, la izquierda, por cierto–. Son tierras que siento aquí dentro, es el lugar donde he vivido siempre, ¿entiendes? Para poseer estas tierras..., ¿sabes cuánto cuesta aquí una hectárea de viñedo? Una hectárea con viñas de Barolo cuesta unos dos millones de euros.

–¿Hectárea? –Hurgué en mi memoria y, en ese momento, un tañido retumbó en el aire bañado por el sol que se elevaba desde las aldeas circundantes–. ¿Qué es eso? ¿Qué está pasando?

–Mediodía –dijo dando la espalda a la capilla y reemprendiendo la marcha a buen paso o, mejor dicho, a muy buen paso, por el camino de tierra por el que habíamos bajado.

Cogí mi cazadora, me la eché al hombro y le seguí. Ahora era cuesta arriba. Para seguir su ritmo tenía que dar grandes zancadas.

–Eh, espérame. –Pietro subía como una cabra. Conseguí ponerme a su altura–: ¿Y entonces?

–Una hectárea son diez mil metros cuadrados, es decir, un cuadrado con lados de cien metros, ¿me sigues? –explicó sin la menor impaciencia.

–Entiendo. ¿Y cuesta dos millones de euros? –Yo, en cambio, jadeaba, y no por la cifra precisamente.

Tuve que pararme para recuperar el aliento, la ladera a nuestros pies se extendía como un tapiz de interminables hileras de vides y continuaba abriéndose a un horizonte sin fin. ¿Dos millones de euros la hectárea? ¡Así que tenía delante una fortuna! Pero enseguida una pregunta me asaltó el pensamiento: ¿por qué diablos no habíamos cogido la moto para ir a la capilla?

Pietro seguía caminando a buen paso, yo iba detrás con la lengua fuera ¡y desde luego no estaba haciendo una carrera para ver quién llegaba primero! Cuando alcanzamos el lugar donde había dejado la moto, me desplomé inmediatamente sobre el asiento. No había bancos cerca. Estaba empapado de sudor y me dolían las pantorrillas.

—Tengo que descansar un momento —declaré.

Pietro iba de un lado a otro, ¿sería para estirar las piernas?, entonces dijo:

—¿Ves qué extraña es la vida? Hay personas de cuarenta años que parecen de noventa y hay personas de casi ochenta que parecen de cuarenta. —Se paró frente a mí—. Tienes que moverte más..., me refiero a que debes hacer un poco más de ejercicio.

—Bueno, no creo que esté precisamente inmóvil.

—Venga, pues ahora —retomó la palabra— vamos a comer a La Morra. Conozco un sitio..., verás. Yo invito. Dejamos aquí la moto y así después de comer nos damos un paseo para ayudar a hacer la digestión.

Miré la subida que Pietro estaba indicando vagamente con la mano.

—O en moto o nada. —Y me puse el casco.

—Está bien, en moto.

—¿Vamos a comer caracoles? ¿Caracoles al horno? He oído que...

—Los caracoles se comen en septiembre, no ahora. Ya verás, te llevaré a la feria del caracol en Cherasco en septiembre. Por cierto, está cerca de aquí.

—¿En septiembre?

«En septiembre ya hará tiempo que me habré marchado», me

dije. No tenía planes concretos, pero pensaba regresar a Londres con Dolly justo después de los conciertos de Nic. Y ya estaba recordando a Susan con el vestido color sirena, terminando de arreglarse y diciéndome «un par de minutos más y estoy lista, cariño». Y yo me quedé mirándola, ella se rio y me dijo que si no me quitaba de en medio no podría maquillarse bien, que la estaba distrayendo. Una vez recuerdo que me acerqué y la besé en el cuello, podía sentir su perfume, el perfume que reconocería entre un millón, no, entre mil millones. Sentí una punzada de pesar tan aguda...

–¿Dónde tienes la cabeza?

Tenía a Pietro delante observándome, pero con buena voluntad. Dudé. Luego me atreví a hacerle la confidencia:

–Estaba pensando en mi novia.

Eso es, me sentaba bien referirme a Susan como «mi novia». ¿No era esa, en última instancia, la realidad? En definitiva, estaba bastante seguro de que Susan, al igual que yo, pensaba en mí cada día con más pesar, deseando volver a verme, tenerme cerca, o tal vez no, puede que no me echara de menos en absoluto.

–Me gustaría que estuviera aquí. –Resoplé avergonzado, luego añadí–: Hemos tenido problemas. –Y un momento después–: Antes le estaba escribiendo una carta. –Por último, completamente abatido–: No hago más que pensar en ella.

–Lo entiendo. –Y mientras se abrochaba el casco añadió–: Y ahora te gustaría terminar esa carta.

Se montó detrás de mí, y de nuevo me dio ese golpecito en el costado para arrearme que tanto me había molestado a la ida. Pero ahora me pareció un gesto amistoso, un gesto de acuerdo:

–Venga, vamos a casa, ya iremos a La Morra en otra ocasión.

En el camino de vuelta conduje como un buen chico. Tranquilo. Aparqué la moto en el patio, exactamente en el mismo sitio donde la había dejado cuando llegué a la granja la primera vez.

–Ponla un poco más allá.

–¿Por qué?

–Allí hay losas más grandes. Se apoya mejor la pata de cabra.

–Pues no. Su sitio es este.

–Maniático, ¿eh?

Pietro se bajó de la moto con agilidad y declaró:

–Conduces bien. –Se plantó a mi lado desabrochándose el casco–. Eres respetuoso con la carretera. Estás atento. –Se quitó el casco y me sonrió–: Pero me divertí más a la ida.

Se alejó unos pasos y de repente se dio la vuelta:

–Te diré que los zurdos tienen muchos dones: intuición, creatividad, además son inteligentes, buenos para entender el meollo de un problema, e incluso no se les dan mal los deportes.

–Estás hablando de ti, me imagino –suspiré–. Yo no me identifico realmente con esta descripción. Para los deportes, de hecho, soy un poco perezoso.

–También me refiero a ti. ¿Por qué no?

Le seguí con la mirada mientras se alejaba balanceando el casco hacia el ala de la granja donde vivía. Los dos perros corrieron hacia él y le rodearon moviendo el rabo. Y le oí hablar a los perros, diciendo:

–Aquí estoy, aquí estoy, luego subimos la colina.

Como si los perros pudieran entenderle.

Fui a sentarme con Nic, que estaba en la mesa bajo los tilos, y enseguida me di cuenta de que había terminado de estudiar para el concierto porque llevaba una camiseta vieja con la inscripción «W Mozart» y no la camisa blanca que siempre se ponía cuando practicaba con el violín.

Una preciosa camisa de corte elegante, con un violín bordado en el lado izquierdo. Microscópico, afortunadamente. Solía decir que cuando te dedicas a la música clásica hay que vestirse formalmente. Estaba comiendo algo en un tazón de lunares rojos y azules.

–Me ha pasado algo estupendo... –dejé el casco en el banco. Enseguida el gato grande negro y blanco vino a acurrucarse a mi lado.

Le acaricié la cabeza, ronroneó. Buen gato–. Lo que ha pasado es que al principio Pietro me parecía antipático, de esos fanfarrones, pero luego de repente se me pasó el mal humor y ahora me cae muy bien. Justo lo contrario. Vamos, que ahora hasta lo considero un amigo.

–No me digas –sonrió fingiendo incredulidad, metiendo la cuchara en el tazón. De ese tazón que parecía contener bazofia salía un aroma exquisito–. Ve a la cocina, di que te den algo también a ti. Es la hora de comer. –También tenía un vaso de vino–. He visto que estabas escribiendo a Susan. –Indicó el folio que había dejado sobre la mesa, el papel y el bolígrafo y el móvil del bisabuelo.

–Obviamente la has leído –me levanté.

–Obviamente.

Me sirvieron un cuenco de patatas cocidas con trozos de carne, abundante caldo y un generoso vaso de vino tinto. Quien me puso todo esto en la mano había sido la mujer de no sé cuál de los hijos, una tal Rosetta, que desde que llegué no hacía más que decirme: «¡Arriba ese ánimo!», y me daba mi ración de comida para llevármela. En cambio, por la noche, cuando cenábamos todos juntos en la casa, sentados a la mesa, me ordenaba: «Come», poniéndome el plato delante. Pero eso se lo decía a todos.

–Para ti el estofado, para mí el caldo de pollo con verduras –comentó Nic cuando volví bajo los tilos y me senté de nuevo junto al gato que dormía con el hocico enterrado en mi casco.

–¿Ves lo que pasa cuando te conviertes en uno más de la familia como yo? A ti te tratan como a un rey porque no eres de la casa, sino un invitado.

–Y menos mal. –Lo que estaba comiendo era delicioso–. ¿Por qué lees lo que escribo?

–¿Y tú por qué escribes a Susan? Has escrito «perdóname, soy un idiota, no te dije lo de mi trabajo porque temía darte un disgusto...», ahí te has quedado, por suerte.

Bebió un sorbo de vino. Continuó diciendo:

–¿De verdad crees que este tipo de palabras convencerán a Susan para que coja el primer avión y venga a verte?

–Bueno, si no lo hace ella, lo haré yo –repliqué–. Y, por cierto, hablando de ti y no de mí..., ¿por qué no me has dicho que tienes una historia en Alba?

–¿Una qué?

–Una historia... de amor o de cama.

–¿Y tú qué sabrás?

–Eneas. Me sorprende que me haya tenido que enterar por otros... –Y mientras pronunciaba estas palabras me pareció un poco ridículo molestarme con él por algo semejante, así que añadí–: Pero eres libre de contarme lo que te parezca. Siempre que he estado mal te lo he contado, incluso mis entretelas más miserables, y tú, en cambio, nada. ¿La amistad no es un toma y daca?

–Desde luego, así es –asintió él–, se trata de un intercambio equitativo: tú te desahogas y yo te echo una mano...

Vació lo que le quedaba del vino.

–La historia con la mujer de Alba, que por cierto se llama Viola, viene de tiempo atrás, por si te interesa saberlo. Cada vez que vengo a Italia nos vemos. Por lo demás solo hablamos por teléfono de vez en cuando. A los dos nos va bien así. A veces pienso que para que ciertas relaciones duren felizmente, es necesario que cada uno esté en su casa, mejor aún, en su propio país. Cuando vuelves a verte es un gran placer, créeme.

–Perdona, pero si os veis poco, ¿no tienes miedo de que mientras tanto...?

–Ya somos mayorcitos, ¿no? Y tenemos la cabeza sobre los hombros.

–¿Por qué nunca me has hablado de ella? ¿Por qué no contármelo?

–No lo sé... –Se encogió de hombros y soltó una risita. Era la primera vez que parecía incómodo, así que no pude evitar preguntarle si estaba enamorado de la mujer de Alba.

–¿Te he preguntado alguna vez si estabas enamorado de Susan?

–Un montón de veces.

–¡Pero mira qué indiscreto! –objetó riendo y se levantó–: Vamos a llevarnos esto. Luego quiero enseñarte una cosa. De hecho, más de una.

En cuanto aparecimos por la puerta de la cocina, Rosetta cogió platos y vasos y preguntó si queríamos un digestivo o un licor. Estuve a punto de decir que sí, pero en cambio Nic dijo que no y me sacó a rastras de allí.

–De acuerdo. –Me fastidiaba renunciar a mi pequeño placer, pero le seguí mientras atravesaba el patio–. ¿Qué es eso tan importante que quieres enseñarme?

–¡Un momento!

Y seguí tras él mientras se dirigía hacia la zona de la granja donde estábamos alojados nosotros. Lo acompañé hasta la puerta de casa y luego subimos por la escalera. Después lo seguí hasta la cocina.

–¡Aquí está!

–¿Perdona? –dije estupefacto.

–¿No es bonito?

–¡Pero si es un perro!

Era completamente negro y movía la cola. Jugaba con una pelota. Se movía desgarbado y contento y, tal vez creyendo que aún era un cachorro, pasó por debajo de una silla para coger la pelota y la derribó estrepitosamente.

Tenía un par de ojos enormes y era increíble, parecía estar sonriendo.

–Exacto. Es un perro. Un labrador.

–¿Qué hace este perro aquí?

–Se llama Black –dijo Nic, con un tono de obviedad. Como si fuera una explicación.

Capítulo siete

–¿No es una criatura absolutamente adorable? –Y esto no lo dijo Nic. Evidentemente tampoco lo dije yo, ya que el reconocimiento solo podía referirse al perro que, a saber por qué, estaba en nuestra cocina moviendo la cola, ahora, bajo la ventana.

Era una voz femenina, aguda pero musical:

–La palabra «criatura», ¿también se usa para los perros? –preguntó con gracia.

Me di la vuelta. Ahí estaba, en la puerta de la cocina, con los brazos extendidos y las manos apoyadas en las jambas, en una pose un tanto teatral. Lo que más me llamó la atención no fue su cabello oscuro y ondulado, ni sus ojos o su boca. Fue el pequeño violín bordado en el lado izquierdo de la camisa blanca que llevaba, una camisa de corte elegante. Que le quedaba grande. Bien, no sé si llevaba algo debajo, a primera vista parecía que no, de hecho, no, y el conjunto se completaba con una sonrisa satisfecha porque había captado mi desconcierto.

–Perdona –me giré hacia Nic–, eso que estabas impaciente por mostrarme, ¿era el perro o esta criatura? ¿«Criatura» se usa también para una mujer?

–Qué gracioso –dijo ella con una enorme carcajada.

–Ella es Viola –también Nic se estaba riendo–, mientras estabas de paseo con Pietro, he dejado de estudiar a Mendelssohn porque ha llegado Viola con Black. Viola se quedará con nosotros un par de días... Mejor, porque así no tendré que estar yendo y viniendo de Alba para acá y para allá, tengo que centrarme en el concierto.

Así que esta es la muchacha de Alba. ¿Y va a quedarse con nosotros un par de días? «Bien por ella, no me importa», pensé. Pero ¿y el perro? Si ella se queda aquí, también lo hará su perro. Lo miré y enseguida se puso a menear el rabo. «Parece simpático», pensé.

–¿Algo que objetar? –Nic me estaba observando–. ¿Algún problema?

–Ningún problema. –Era lo mínimo que, por educación, podía decir. Luego hice una ligera inclinación hacia la camisa de trabajo de Nic–: Bienvenida, Viola.

–El placer es todo mío –dijo ella, sin dejar de reírse como si fuera una insinuación.

Me volví hacia el perro:

–Y bienvenido, Black.

El perro movía la cola como un loco. Dicen que los perros notan cuando no sientes un afecto especial por ellos. O Black no se daba cuenta, o le daba igual. Me costó cierto esfuerzo dirigirme a él con amabilidad, de ninguna manera podía decir: «Pase señora de Alba, pero el perro ni pensarlo».

Viola se apartó de la puerta y pasó por mi lado, ella y su perfume, que no era el de Susan, con los pies descalzos y las uñas pintadas de color rosa brillante. Una mujer guapa, esta Viola. Fue a sentarse en una de las cuatro sillas en torno a la mesa de la cocina. Aparté la mirada cuando, al sentarse, cruzó las piernas.

–Os dejo solos –me apresuré a decir a Nic, que estaba cortando fruta.

–No, hombre, no, quédate, yo mientras tanto prepararé algo para Viola, ella se echó una siesta mientras comíamos.

–A esta hora yo prefiero solamente fruta, me gusta comer sano –informó con su vocecita aguda–. Nico, corta bastante, así vosotros podéis comer también, que es muy bueno.

¿Le llama Nico?

–No, gracias –dije–, nada de fruta para mí. Me voy a dar una vuelta.

–Ya que sales saca un poco al perro. Que se dé un garbeo por el campo.

–Nic, no, pero te parece..., sabes que los perros y yo...

–¿No te gustan los perros? –intervino Viola sin ocultar su asombro–. ¿No te gustan? –Se echó a reír otra vez, mirando a Nic–: Perdona, ¿a este qué le pasa?

–Lo que me pasa es que viví años aterrorizado por los perros de los vecinos de mi tía –tuve que explicar molesto–. Y por muy bonitas que sean estas criaturas, si puedo las evito. Eso es todo.

–En realidad no hablaba de ti, sino del perro –replicó Viola con una amplia sonrisa.

–No sé cómo es tu perro, pero no quiero ocuparme de él...

En este punto Viola volvió a mirar fijamente a Nic y nuevamente se echó a reír como si hubiera soltado el chiste más gracioso del mundo.

Me escabullí por la puerta, algo molesto por aquellas estrepitosas carcajadas. «Me volvería loco si estuviera con una mujer como ella, que sigue riéndose», pensé mientras bajaba las escaleras apresuradamente. Pensé en Susan, bueno, a ella jamás se le habría ocurrido reírse tan descaradamente. Delante de un extraño, encima. ¡Y vistiendo solamente una de mis camisas sin nada debajo, para rematar!

En cualquier caso, era la amante de Nic, no la mía, por tanto, podía hacer lo que le viniera en gana.

Cuando salí al patio me di cuenta de que tenía al perro pegado a mis talones. Me había seguido y me miraba moviendo la cola con insistencia. Con las mandíbulas abiertas y la lengua fuera. Realmente parecía estar riendo.

–¿Eres como tu dueña? –Apreté el paso con la esperanza de que no me mordiera los tobillos, como el perro salchicha de mi infancia. O me hincara el diente en la nalga, como su digno compañero bulldog.

–Black es un buen perro, que lo sepas –me advirtió Nic asomándose por la ventana.

Por supuesto no era el momento de recordarle a gritos en el patio que me dan miedo los perros, por muy buenos que sean, él lo sabía perfectamente y Susan también lo sabía. Todavía estaba oyendo sus palabras: «Pero *honey*, un perro es un perro, no es un ogro, si no les molestas, no te hacen nada». ¡Jamás molesté ni al perro salchicha ni al bulldog! Hubiera preferido que no mencionara mi miedo a los perros en las conversaciones con los amigos, pero la admiraba cuando se paraba a acariciar suavemente a los animales de algunos de sus amigos o incluso de desconocidos, solo porque movían la cola cuando ella se acercaba. Le preguntaba si no le daba miedo que le mordieran, recuerdo bien su respuesta:

–Si eres simpático con ellos, ellos lo serán contigo, igual que las personas.

La cuestión era, como ya sabemos, que no sentía ninguna simpatía por estos animales.

Debo admitir que el perro de Viola no tenía pinta de ogro, para nada. Pero era un perro. Ni me mordió, ni me siguió por el patio. En cambio, iba por delante, y se detuvo junto al banco al que justo me dirigía para sentarme, frente a la carta inconclusa. El bolígrafo y el móvil de mi bisabuelo seguían ahí. Me miró inquisitivamente.

–Muy bien, sí –le concedí–, efectivamente este es mi sitio.

Me di cuenta de que le estaba hablando igual que Pietro hablaba a sus dos perros. Como si pudiera entenderme. Y movió la cola, dando saltos de alegría, como si de verdad lo hubiera comprendido.

–Vete, vete –le dije.

Se dio una vuelta, luego volvió a sentarse exactamente en el punto de partida. Y me miraba. Agitaba el rabo sin parar. No sé qué le ponía tan contento.

El gato grande negro y blanco seguía ronroneando con la cabeza hundida en mi casco, y de repente se levantó y se lo quedó mirando.

—*Be careful... the cat* —dije, a saber por qué, en inglés, un idioma que probablemente el perro no entendía porque no retrocedió y el gato, con un rápido ademán, le asestó un violento zarpazo justo en el hocico. Sin uñas, eso sí. Si no lo habría dejado marcado. El perro se retiró sin rechistar. En cierto modo, el gato le había perdonado. Encomiable que no se quejara, pensé—. Eso no se hace —reñí suavemente al gato. Me miró con sus desdeñosos ojos amarillos. ¿Qué esperaba de él? ¿No le acababa de decir al perro que se fuera? ¿No apreciaba su decisiva intervención para librarme de esa molesta criatura? Volvió a sumergirse en el casco, mostrándome el lomo: ¡asúmelo! Lo acaricié bajo la apacible mirada del perro, que seguía allí, aunque ahora a una distancia prudencial.

El gato no ronroneó. ¿Acaso los gatos también se ofenden?

Decidí volver a mi tortura: Susan. *Susan darling*, había escrito en el papel. Continué leyendo las pocas frases que seguían. No podía creer que las hubiera escrito yo. Hice una bola con el papel. Cogí otra hoja. Por tercera vez, escribiría *Susan darling*...

Sentía la presencia del perro a mis espaldas.

—¿Por qué no te vas? —dije girándome hacia él—. Me molesta que estés aquí detrás. Pareces un fantasma.

Bueno, quizá Pietro tenga razón cuando habla con sus perros. Seguramente le comprenden. O quizá Black me había entendido porque le había hablado en italiano. Y aunque no se sentía un fantasma, se levantó con evidente mala gana para marcharse. Lo vi trotar con las orejas gachas hacia la puerta de casa, lo había echado de mi lado. Parecía abatido. Es decir, como si estuviera herido. Cuando llegó al umbral se detuvo y se volvió para mirarme durante un prolongado momento. Una mirada intensa, sin rencor. La mirada de quien hubiera querido quedarse contigo. Tal vez se esperaba que lo llamara, pero permanecí inmóvil.

Entró en casa y ello me produjo una tremenda sensación de culpa. «*Oh my goodness!* —pensé—, ¡me niego a tener remordimientos también por el perro! ¿Es que no tengo suficiente con sentirme culpable por Susan?»

Por tanto, escribí *Susan darling* por tercera vez. Y en lugar de seguir escribiendo la recordé aquella mañana, enfadada, mientras decía que tenía que sentirme culpable porque la dejaba sola todos los domingos. Y que su padre tenía razón cuando me dijo que estaba loco dejando sola a alguien como ella.

–Entonces me iré a comer con mi CEO –había añadido–, que lleva toda la vida tirándome los tejos. ¿Entiendes?

Y yo allí en la mesa bajo los tilos, bolígrafo en mano, viéndola decir «toda la vida» aquel domingo por la mañana, mientras me acompañaba hasta la puerta, en camiseta y braguitas, cuando estaba listo para marcharme. Dolly me esperaba en el garaje, ya tenía la mente en otra parte, ya me sentía libre y salvaje, por las carreteras de la campiña inglesa. Retomé la escena de cuando Susan se puso a enumerar los restaurantes donde la había llevado su CEO, donde la había hecho reír con esa simpatía suya... Bien, yo la escuchaba, tan guapa como era, con esas largas piernas bronceadas, pero ¿dónde se había puesto tan morena si nunca habíamos ido a la playa ni a ninguna parte? Y mientras tanto recordé que su CEO tenía avión privado, un Piper creo, y que Brighton con la playa predilecta de Susan estaba muy cerca en avión, tanto que se podía ir y volver en un día, y allí hace sol incluso en abril, ¡además de sus interminables jornadas en la redacción de la revista de moda! Así que en aquella hoja de papel escribí:

¿Recuerdas aquel domingo cuando me dijiste que si no hubiera renunciado a mi paseo con la moto habrías salido a comer con tu CEO? Estabas furiosa conmigo, incluso te echaste a llorar, ¿recuerdas? Al final me quedé en casa, pasamos un domingo maravilloso.

Estuve a punto de escribir también que habíamos hecho el amor de una manera inolvidable, pero me daba apuro, una cosa es hablar de sexo, y otra muy distinta escribir sobre ello. Quizá Nic tenga razón cuando dice que soy un mojigato, una persona demasiado formal, convencional, seguramente aburrido con las mujeres, y por ende también con Susan. Pensé largamente en ello. Entonces escribí:

Un día maravilloso para mí. Fue la única vez que me pediste que renunciara a mi paseo dominical con Dolly. Hoy pienso que aquel domingo tal vez te hubiera parecido distinto, que te decepcioné, que quizá me encontraste aburrido y no tuviste el valor de decírmelo. Yo en cambio tampoco tuve el valor de decirte que había dejado mi trabajo porque muchas veces, en nuestras peleas, me decías que si no hubiera sido uno de los mejores corredores de bolsa de la City, me habrías dejado. ¿Soy aburrido, apegado a mis costumbres, repetitivo? Sin embargo, no puedo perderte.

El gato que estaba junto a mí se desperezó, se tumbó sobre mis rodillas y empezó a ronronear. Me sentí reconfortado porque en aquel momento no tener a Susan cerca de mí, no tenerla ni siquiera lejos, me hacía sentir fatal.

Releí lo que había escrito. Añadí:

Te echo muchísimo de menos. ¿Por qué no coges el primer avión que salga y vienes aquí?

Saqué un sobre de la carpeta y escribí la dirección. Mi antigua dirección, pensé con amargura. Luego me monté en Dolly y me dirigí a Alba para enviar aquella carta que esperaba que, destilara amor en cada sílaba.

Pasé una noche agitada. No lograba dormirme, entraba y salía de un duermevela pensando en Susan, en lo que le había escrito, diciéndome que podría haber estado más efusivo y preguntándome cómo es que, en todos los años de nuestra convivencia, no fui más apasionado. Pero el hecho es que no podía, no albergaba en mi interior el recuerdo o el aprendizaje de palabras de amor y de afecto. Durante el breve periodo que viví con mis padres nunca los oí decirse palabras como «te amo» o «te quiero». Hablaban sobre todo de viajes y de barcos. Pensé en el tío Gregory, tampoco él me dio ningún abrazo ni tuvo una palabra de cariño, aunque gracias al ordenador que tuve a mi alcance me había abierto todo un mundo, hasta tal punto que mucho después se convirtió en mi instrumento de trabajo. Me divertía estar con el tío Gregory, excepto por el tema de los pelos, aunque probablemente era debido al whisky, que siempre lo alteraba un poco. ¡Y qué decir de la tía Daphne! Impensable que se mostrara efusiva y sentimental. Una vez la sorprendí abrazando a uno de sus gatos y cuando se dio cuenta de que la estaba mirando me dijo que me fuera, como si le diera vergüenza. Y también Susan, suspiré, cuando me atrevía a acercarme para besarla me ponía la mejilla con una actitud bastante fría. La primera vez creí que tal vez lo hacía así porque le daba vergüenza, no porque le resultara indiferente.

Solamente mi bisabuelo estaba por encima de todos, él no te decía te quiero, no tenía necesidad de decírtelo, te lo daba a entender, ¡y de qué manera! Desconozco cuál era el secreto de su fantástica manera de tratarme, que me hacía sentir seguro y arropado. De verdad no lo sé. ¿Había aprendido algo de él? ¿Había conseguido hacer entender a Susan que la amaba? Lo dudo mucho. Aquello me hizo echarla de menos de manera dolorosa. Intentaba imaginarme que la tenía durmiendo junto a mí, en esa cama estrecha en la que daba vueltas, insomne. Si hubiera estado allí, solo hubiese tenido que alargar un pie para encontrar el suyo, extender una mano para acariciarle el costado. Pero no. Nada. Estaba triste, ¡profundamente triste! ¿Por qué me encontraba en las Langhe en lugar de estar en Londres, donde me hallaría a un paso de poder verla?

Por un momento tuve la sensación de no estar solo.

Entrecerré los ojos. La luna inundaba el dormitorio. No estaba solo, de hecho. Había alguien.

Pero no era Susan. Era Black. Una silueta oscura bajo la luz lunar. Estaba sentado junto a mi cama y me estaba mirando fijamente. Veía el brillo de sus ojos. Por un instante me quedé sin aliento. Permanecí inmóvil. Había dejado la puerta entreabierta; ya me pasó una vez con el maldito perro salchicha de los vecinos, y me dio un susto de muerte. Se me había acercado a la cama, me había enseñado los dientes (lo vi porque entonces dormía con la luz encendida) y luego se fue.

Black, en cambio, apoyó el hocico en el borde de la cama. Un sonido sordo, casi rítmico, me hizo darme cuenta de que movía la cola, apenas rozando el suelo. Me incorporé con cautela apoyándome sobre el codo.

Seguía mirándome desde abajo hacia arriba. Veía su mirada a la luz de la luna. También los cocodrilos te miran así, recordé. Desde abajo hacia arriba. Viajé a África una vez, con mi bisabuelo. Había cocodrilos que venían y ponían sus fauces de dragón en la orilla del río y te miraban desde abajo, mi bisabuelo solía decirme que esos cocodrilos tenían comida de sobra y que nunca se les ocurriría atacar a los turistas. Pero yo le dije que me daban miedo igualmente. Y él me contestó que tenía todo el derecho a sentir temor (palabras cuyo significado nunca entendí). Pero me cogió la mano y la estrechó entre las suyas.

–Pero tú ya has comido, ¿verdad? –susurré. Black aguzó ligeramente las orejas. Me estaba escuchando–. Te he visto, tu ama te llenó el cuenco y tú te lo comiste todo, ¿a que sí? –Si pudiera hablar, habría dicho que sí a todas mis estúpidas preguntas.

Permanecimos un rato mirándonos en silencio, el perro y yo. Percibía su olor, recordaba vagamente al almizcle. No era desagradable. Oía en el silencio su pausada respiración. Regular. Tranquila. La respiración de alguien en paz consigo mismo, pensé, y recordé que mi bisabuelo decía lo mismo de la mandíbula del mamut, decía que tenía aspecto de llevar siglos en paz consigo mismo, de haber saldado sus cuentas, es decir, de haber entendido cómo gira el mundo, como dice Nic. Es decir, la vida. Su sentido. Por qué estamos aquí, adónde vamos, de dónde venimos. Cosas de ese estilo, en resumen.

Black, casi inmóvil, estaba concentrado leyendo mis pensamientos. Si hubiera podido hablar, me habría dicho que los compartía. No creo que esperara una caricia. Creo que intuyó que yo no podía llegar a tanto.

–Me queda mucho por hacer todavía –susurraba como si alguien, además de él, pudiera oírnos.

Me miraba fijamente. ¿Mucho por hacer? ¡Déjame ayudarte! Nos quedamos callados estudiándonos. Y me preguntaba por qué me vigilaba de aquella manera.

–Según tú... –dije al cabo de un rato–, ¿he cometido muchas estupideces en la vida? –Vaya preguntas para hacerle a un perro, que no puede responder, no puede decir que sí. Me sentí como un idiota–. ¿Qué piensas del hecho de que esté aquí y de que ya no sepa ni quién soy, ahora que ya no soy El Lobo?

De haber podido hablar, ¿habría ido Black al día siguiente a contarle a Nico y a la señorita de Alba que había venido a mi cuarto, de noche, y que hubo un momento en que se me saltó una lágrima? ¿Se lo habría contado?

–¡Mierda! –resoplé–. Es la segunda vez que me pasa desde que estoy aquí. ¿Las Langhe surten este efecto?

El perro enseguida se hizo a un lado, como si hubiera comprendido que iba a salir de la cama. Me levanté, fui a la ventana y me apoyé en el alféizar. No se me da bien describir el paisaje, es decir, lo que veo, ni tampoco lo que siento mientras miro lo que veo. Había una enorme luna que proyectaba su luz blanca sobre todo lo que me rodeaba. No conozco otras palabras para describir qué sientes cuando tienes el alma encogida. Lo del «alma encogida» lo decía mi bisabuelo, es algo que te ocurre cuando sientes un pesar interior, algo, explicaba, que no tiene nada que ver con el dolor de estómago. Al mirar por aquella ventana sentí que se me encogía el alma ante un mundo desconocido e iluminado por la luna. Solo. En aquel inmenso silencio.

–*Oh my goodness*..., ¿qué estoy haciendo aquí?

El único ser que me escuchaba era un perro.

–Me quedaré aquí solamente hasta que reciba la respuesta de Susan, ¿de acuerdo?

De acuerdo o no, me di la vuelta y el perro ya no estaba. Se había ido. «Así sin más –dije para mis adentros mientras volvía a la cama–, se ha ido sin siquiera despedirse».

Volví a verlo a la mañana siguiente, en el mismo sitio, bajo la ventana de la cocina, su lugar favorito, evidentemente. No me prestó atención. Como si no estuviera. Nos sentamos a la mesa para desayunar nosotros tres: Nic, la señorita de Alba, prácticamente en paños menores, y yo.

–¿Me equivoco o esta noche Black te ha hecho una visita? –Era ella quien estaba sirviendo el café en las tazas–. ¿Cómo ha ido?

–Oh, ha ido bien –le di la respuesta que esperaba–. Muy bien. –Y mientras lo decía me di cuenta de que efectivamente recordaba con cierta complacencia aquella conversación nocturna–. Claro –añadí esta vez sin un atisbo de ironía–, es un buen perro.

–Espero que lo estés diciendo en serio, Mark –sonrió ella mientras repartía rebanadas de pan integral untadas con una capa de mermelada de moras hecha por ella–. ¿Qué tienes en mente para hoy?

–Vagaré como un alma en pena –sonreí–. Daré de comer a los mirlos, como hacía en Londres durante los largos días vacíos. –Después dejé de sonreír y dije–: No es fácil pasar de jornadas de trabajo frenético a días de no hacer nada.

Y enseguida me arrepentí de haber pronunciado esas palabras, cómo diablos podían habérseme escapado, ¡no quería que me compadecieran!

–Podrías hacerte un programa, las Langhe son un lugar precioso –sentenció ella.

Se dirigía hacia mí con el mismo tono que se usa con los niños cuando no saben qué hacer consigo mismos. El tono que utilizaba la tía Daphne cuando me veía mirar a las musarañas, sentado en el borde del estanque de peces, sin hacer nada –decía ella–, ignorando que yo estaba planeando mi fuga, algo que no conseguí hasta años después.

Algo que, *grosso modo*, me estaba aconteciendo en aquel momento.

–Gracias, solamente tomo café. –Me levanté. Para mi sorpresa el perro también se puso en pie. Inmediatamente. Como si lo estuviera esperando. Me di la vuelta para mirar a Nic, que estaba callado, serio, distraído, seguramente con sus pensamientos lejos de allí. Como si no estuviera. Estaba con su música–. ¿El concierto?

–¿Qué? –dijo levantando la cabeza.

–Dentro de tres días –Viola se apresuró a responder en su lugar–. Y tú te quejas...

Me fui corriendo.

Tres días, pensé mientras bajaba al patio, tres días. En tres días Susan habrá recibido la carta. Si no da señales de vida podría llamarla yo, pensé, y mientras tanto había sacado del cofre de la moto todo lo que necesitaba. Dolly estaba esperando su aseo matutino. Mientras le sacaba brillo, el pensamiento se me iba continuamente a Susan, e imaginaba qué estaría haciendo en ese momento. Me vino a la cabeza su CEO, tan gracioso y divertido, tan inigualable. Entonces me atravesó como un rayo una punzada de indignación: eran celos.

–Vaya, estás aquí. –El perro se había sentado junto a mí y me observaba–. ¿Apareces y desapareces siempre como un fantasma?

–¿Ves como se puede hablar con los perros? –Esta vez era Nic quien se asomaba por la ventana que había sobre mí–. Tanto que decías de Pietro... Y luego tú con Black..., te lleva ventaja.

–Black es especial, te lo aseguro –era Viola quien hablaba, también apoyada en el alféizar al lado de Nico–. Deberías aprender a querer a los animales, Mark. A no ser tan indiferente con el mundo de la naturaleza.

–Sigue hablando con Black –insistió Nic.

–Preferiría charlar contigo, Nic, que por lo menos de vez en cuando respondes, pero no importa.

Entre el estudio de Mendelssohn y la señorita de Alba, ¿encontraría la manera de pasar un rato con quien consideraba mi único amigo, antes de marcharme de las Langhe y regresar a Londres?

Oí como se cerraba la ventana. Sonaron los cristales. Solo quedaba el silencio del patio bañado por el sol. Seguía sacando brillo a Dolly. El perro quieto a mi lado supervisaba cada uno de mis gestos con aspecto de quien observa porque quiere aprender.

Su atenta expresión me hizo sonreír.

—Eres muy amable haciéndome compañía.

O a lo mejor estaba conmigo porque era el único que no hacía nada. Nic estudiaba para el concierto. Eneas estaba en la escuela. Los otros habitantes de la granja, toda esa gran familia, trabajaban, bien en los viñedos o en la fábrica de Alba. Sin embargo, había algún profesor de filosofía, si había entendido bien las conversaciones medio en dialecto que había escuchado durante las cenas en familia. Luego estaba Pietro, que se ocupaba del enorme huerto y me había pedido que le ayudara, a mí, que no sé ni por qué parte crecen las zanahorias. Sin embargo, no ese día. La ventana de arriba se abrió de nuevo cuando estaba terminando de lustrar la moto y oí el violín arremetiendo con fuerza por enésima vez, hasta el punto de que yo, que soy un ignorante en lo relacionado con la música, ya me sabía el concierto de Mendelssohn de memoria. De todas formas, todos los que vivían a mi alrededor sabían quién era y lo que hacía. Incluido el perro. He olvidado meter a Viola en la lista, pero no sabía nada de ella. Puede que estuviera estudiando cine, ¡a saber! Y en cualquier caso Viola tenía pinta de saber perfectamente todo de sí misma.

Yo, en cambio, desde que había mandado todo al cuerno, ya no sabía quién era. Me hacía preguntas constantemente: ¿acaso una persona es lo que hace? ¿Si no haces nada, no eres nada? La cuestión es que desde que me había deshecho de mi ordenador y de mis rimbombantes clientes asiáticos, ya no sabía qué hacía en el mundo. Pasaron ante mí, en un futuro gris, una sucesión de días sin sentido y, por si no fuera bastante, sin Susan. Para consolarme, volví a buscarla en mis pensamientos: me preguntaba dónde estaba, con quién, cómo iba vestida, si a veces pensaba en mí, si también me deseaba.

Bueno, pues Dolly ya estaba en su máximo esplendor. Volví a guardar los utensilios en el cofre. Me metí las manos en los bolsillos y miré al perro, que seguía mirándome fijamente. «Si estás esperando que te lleve de paseo –le dije mentalmente–, estás muy equivocado. No soy un senderista. Busca a otro». Black se lamió el hocico y movió la cola.

–Mira que lo estoy diciendo en serio –le dije a media voz.

–Vamos, ven conmigo –era la voz de Eneas. Me llamaba desde el borde del prado–. O llévame a dar una vuelta en moto.

Susan y los pensamientos que la acompañaban se esfumaron y me encontré en el patio, al sol, con los tilos, la mesa de madera y el largo banco. Y un perro señalándome con el hocico.

–¿Qué tipo de perro es este? –No lo recordaba. Nunca me acuerdo de las cosas que no me interesan, como solía decir mi bisabuelo. Exacto.

–Un labrador, ¿entiendes? ¡La-bra-dor! Labrador negro, los labradores de color claro se quedan en la caseta, estos en cambio corren como liebres y hacen un montón de cosas más que los rubios. También saben buscar trufas, por si te interesa. Venga, ¡vamos a dar una vuelta en moto!

–Perdona, ¿no deberías estar cn clase? –Me encaminé hacia él.

–Hoy hago novillos –confesó con toda la tranquilidad del mundo. Como si cada uno decidiera cuándo ir a la escuela o no.

–Dolly hoy descansa –contesté–. ¿Saben en casa que faltas a clase?

–No sé. –Se encogió de hombros, como si la cosa no fuera con él.

–¿Y quién te firma el justificante?

–¿Tú, quizá? –se rio. Y acto seguido–: ¿Sabes montar en bici?

–Pues claro...

–Creía que solo sabías montar en moto. Entonces vuelve al patio y coge la bici que está en el primer barracón, nada más entrar a la derecha.

–Pero ¿de quién es?

—Es una bici de hombre. Tranquilo. Es vieja, pero funciona. Cógela. Te lo digo yo. Demos un buen paseo en bicicleta.

Está bien. El niño y yo. Y el perro, naturalmente. Sí, Black, ¡porque se había apuntado también él, nadie se lo había pedido, pero ahí estaba! Cuando volví al patio, lo encontré sentado frente a la puerta del cobertizo. En espera, con la cabeza ligeramente inclinada hacia un lado como diciendo ¿vienes o qué? Encontré la bicicleta. Black se había tumbado para vigilarme, como si hubiera percibido que más le valía ponerse cómodo porque, con lo quisquilloso que soy, me llevaría algún tiempo comprobar los frenos, los pedales y la cadena. Funcionaba todo, aunque en conjunto se la veía bastante cascada. No necesitaba las luces, hacía un sol espléndido y seguro que estaríamos de vuelta para la hora de comer.

—Aquí estoy. —Me subí al sillín y de repente me entró una especie de alegría: no me había montado en una bicicleta desde que era niño, puede que fuera en Cornualles. Era como volver atrás en el tiempo. Con la primera pedalada Black se levantó de un salto, como si se le hubiera dado el pistoletazo de salida, y se precipitó hacia el campo donde Eneas nos estaba esperando. En ese momento empecé a dudar si aquel perro de verdad comprendía el lenguaje humano: ¿cómo si no podría haber sabido que Eneas y yo habíamos acordado dar un paseo juntos?

Bueno, lo importante era no tenerlo encima.

Me gustaba montar en bicicleta, pero como tantas otras cosas, hacía un montón de tiempo que no practicaba. Y me vino a la mente la cantidad de años que pasé clavado a mi supersilla ergonómica certificada, encerrado en una habitación y frente a una pantalla. Noté una punzada en el estómago, tal vez de nuevo debida a un agudo sentimiento de culpabilidad —¡otro más!— porque, como decía Susan, había dado la espalda al deber, igual que los que se pasan el día sentados en el sofá, añadió.

Bien, pues yo de momento estaba montado en una bicicleta.

—¿Te puedes dar un poco de prisa? —gritó Eneas.

Aceleré. También mi bisabuelo montaba en bici y decía que la bicicleta tiene una única ventaja sobre Dolly. Dolly hace ruido, decía, la bicicleta en cambio ama el silencio, y para andar por un bosque o por el campo hay que ser silencioso.

–Sígueme –voceó el muchacho–. Si puedes.

Íbamos por el camino que atravesaba en línea recta los campos; el viento traía un fresco olor a hierba, debía de ser fuerte porque yo no percibo mucho los olores, de hecho, es como si no existieran para mí, excepto el olor de Susan, claro.

El paisaje era un reguero de montículos uno tras otro, todo alrededor eran colinas, de varias tonalidades de verde. Monótonas. Las miraba casi como cuando iba en moto, solo que en la moto el asiento era más cómodo. ¡No había nada que decir! Black galopaba y hacía el doble de camino que nosotros. Corría junto a Eneas, que iba por delante, y luego volvía atrás y galopaba cerca de mí. Luego iba corriendo de nuevo hacia delante y se ponía al lado de Eneas para retroceder casi inmediatamente junto a mí. Siempre a la carrera, siempre con la expresión de quien está haciendo lo más divertido del mundo.

Poco a poco, sin embargo, mi alegría se fue desvaneciendo y envidié el poder del perro, al que no le importaba nada el cansancio. O, mejor dicho, ni lo acusaba. Pedaleando y venga a pedalear, dimos tal paseo que ya no aguantaba más, bajo un sol abrasador. Emprendimos un descenso «adorable», habría dicho Viola. Pero una vez que alcanzamos el final de la bajada, empezó inevitablemente una subida, como una némesis que quiere hacerte pagar el placer de la veleidad anterior. En las subidas, Eneas no se bajaba de la bici, suerte la suya, pedaleaba enérgicamente con sus delgadas piernecillas, yo, en cambio, hubo un momento en que tuve que empujar la bici a pie, con Black yendo y viniendo sin parar. Cómo lo hacía, ¡por Dios! Otra vez una bajada y una subida, luego subida y subida y subida hasta que grité al muchacho:

–Pero ¿adónde diablos vamos?

Estaba sudando y caminaba penosamente, tanto que por un momento pensé que iba a vomitar.

–Por aquí –dijo, y tomó (¡casi no podía creerlo!) un camino que atravesaba horizontalmente la colina, llano por fin.

¿Se acabaron las subidas? Pedaleaba lentamente, otra vez relajado, a lo largo de un sendero entre árboles. Había sombra y una ligera brisa que susurraba entre las ramas.

Me sentía como si fuera la primera vez que entraba en un bosque. Pero ¿dónde había estado metido todo este tiempo?

–Pararemos aquí. –Eneas dejó la bicicleta tirada sobre la hierba, nos encontrábamos en un prado, junto a un gran árbol frondoso, paradero de no sé cuántos pájaros que acudían graznando, se iban y volvían.

–¿Ves todo ese alboroto? Son algo así como gorriones y herrerillos y esas cosas –me explicó, olisqueando el aire, mientras se sacaba algo del bolsillo.

Apoyé la bicicleta suavemente en el tronco del árbol con Black moviendo la cola a mi alrededor, y luego se tumbó, con la lengua fuera, jadeando y mirándome todo ufano, como diciendo «lo hemos conseguido», vamos.

–Este lo he hecho yo. –Eneas se me acercó–. ¿Ves qué bueno soy?

Un tirachinas. ¡Hacía cuánto que no veía un tirachinas! Mi bisabuelo me hizo uno durante un verano en Cornualles. Luego clavó en la tierra una fila de estacas y competimos a ver quién acertaba a alcanzarlas cada vez desde más lejos.

–¿Sabes cómo se usa?

Estaba realmente bien hecho, con su badana de cuero bien equilibrada en la horquilla de la empuñadura.

–Lo intentaré. –Y fui a buscar unas cuantas piedras del camino.

Cogí cinco o seis y me las metí en el bolsillo. Volví con Eneas.

–Yo tiro allí. ¿Ves ese tronco pelado y seco al final del prado?

–¿Y lo alcanzas? ¿Desde tan lejos? –No me lo podía creer.

Con mi bisabuelo siempre ganaba yo, y siendo zurdo. Mi bisabuelo no lo hacía mal, pero descubrimos que tengo una puntería fabulosa. No sé cómo lo hacía, apuntaba, tiraba y daba en el blanco. Siempre acertaba. Mi bisabuelo estaba encantado.

–¡Caray! –comentó Eneas–. Eres bueno.

Había dado en la diana tres veces seguidas.

–¿Y tú?

–Yo espanto gorriones. ¿Quieres verlo?

Me tendió la mano para que le devolviera el arma. No se la di. Cargué otra piedra. Volví a golpear el tronco. Se partió, tambaleándose.

Luego apunté a una rama baja y la golpeé, provocando una estampida de gorriones y otros pajarillos que huyeron volando disparados. Desaparecidos. Volatilizados. Salvados, en definitiva.

–¡Así no! –vociferó Eneas intentando, sin éxito, quitarme el tirachinas de la mano–. Tienes que apuntar más alto...

–Me habría arriesgado a dar a alguno.

–Devuélvemela ahora mismo. –Estaba a punto de llorar.

–No.

Empezó a insultarme y a soltar palabrotas, muchas de las cuales no entendí, mientras recogía de mala manera la bicicleta. La arrastró a trompicones hasta el camino y se montó.

–Y ahora, ahí te quedas –vociferó airado–. Arréglatelas tú solo para volver a casa.

Desapareció entre los árboles, durante unos minutos en la quietud del lugar escuché el traqueteo rítmico de los pedales cada vez más débil. Después nada. Los pajarillos volvieron en gran número y reemprendieron su gorjeo entre el follaje. Black no se había movido de su descanso sobre la hierba. Tenía el hocico apoyado entre las patas delanteras y me miraba fijamente de esa manera suya que me recordaba el gesto desde abajo hacia arriba de los cocodrilos.

–¿Cómo es que todavía sigues aquí? –Me guardé el tirachinas en el bolsillo y me dirigí hacia donde había dejado la bici.

Black se levantó y se me acercó meneando el rabo, rodeándome.

–¿Me estabas esperando? –Empujé la bici hasta el sendero. Me monté–. Volvamos a casa.

Pedaleaba con suavidad, iba despacio, un placer. Black iba dando saltitos delante de mí, de vez en cuando se paraba, giraba el hocico y me miraba como para asegurarse de que seguía avanzando, y luego proseguía.

Pedaleaba y le daba vueltas a la escena con Eneas, y a cómo se había enfadado. Fue mi bisabuelo quien me enseñó a respetar a los animales. Consiguió meterme en la cabeza –él decía en el corazón– que los animales también sufren, y que exigen un respeto, que el hombre no es el dueño del planeta y nadie tiene el derecho de destruirlo. Una preciosa enseñanza. Por eso la idea de que el chaval ahuyentara a los gorriones con el riesgo de dañar a alguno me parecía inaceptable.

Después de pasar una curva me paré. Miré a mi alrededor. Black había desaparecido. ¿Y esa cabaña? A la ida no la había visto y habría sido imposible no fijarme en ella, pintada a base de manchas de color mezcladas de cualquier manera, al estilo de la obra de arte de Barolo. Era evidente que me había confundido de camino, había ido demasiado lejos. Casi no me había dado tiempo para girar la bici cuando vi a Black aparecer por la curva y venir a mi encuentro contento. De nuevo iba delante mientras retrocedíamos y lo encontré sentado en un cruce con un camino cuesta abajo. Me paré. Creo que era justo la que habíamos subido con Eneas. Me acordé de las palabras del muchacho: «Arréglatelas tú solo para volver a casa». Me había dejado en la estacada. «Para retorcerle el cuello», pensé. Volví a mirar a mi alrededor. Colinas, boscaje..., si me hubiera encontrado en un desierto mi desorientación no habría sido mayor. Y, además, ¿cómo se llamaba la granja donde vivía? ¿Y el pueblo más cercano a la granja? Tal vez me habría sido de utilidad saberlo, para poder pedir indicaciones. Pero me di cuenta de que no tenía ni idea. Solamente sabía ir desde Alba a la granja en moto y viceversa. Por lo demás, desde que había llegado, había pasado mi existencia en un patio y no me había preocupado por conocer ni por informarme sobre el lugar donde habitaba. Me metí la mano en el bolsillo para buscar el móvil, solo tenía que llamar a Nic, pero me percaté de que no lo había traído. Después de todo, en Londres también había salido sin él desde que Susan me lo había destrozado. Y el de mi bisabuelo lo había dejado sobre la mesa bajo los tilos.

¿Y ahora qué?

–Mierda... –Estaba furioso con Eneas y también conmigo mismo.

«¿Por qué –me pregunté bajando por la pendiente–, por qué diablos sigo viviendo como si estuviera en la luna y sin importarme nada salvo lloriquear todo el día?». El camino seguía bajando, yo maldecía, aunque no estaba haciendo ningún esfuerzo. Empecé a sudar bajo el sol implacable. Además tenía hambre y sed. Black en cambio iba por delante, trotando tranquilamente. Se giraba a menudo para mirarme.

Luego echó a correr y desapareció detrás de una curva. Seguí subiendo. Pero el perro había desaparecido.

–Black... –grité. ¡Sí, grité de verdad! Me sorprendí a mí mismo, era la primera vez en la vida que llamaba a un perro, y encima gritando, como si estuviera llamando a una persona.

Reapareció enseguida corriendo hacia mí, moviendo la cola, y no puedo negar el notable alivio que experimenté cuando se puso otra vez a mi lado.

–Animalucho –le dije, y sonreí–. Y ahora, ¿cómo volvemos?

Y mientras tanto llegué al final de la bajada. Me detuve. Había dos caminos cuesta arriba que subían entre las viñas. Uno a la derecha y otro a la izquierda. Me parecía que, a la ida, habíamos tomado el de la izquierda, así que me bajé de la bici y empecé la subida empujándola a pie. Me dolían los gemelos. Me di la vuelta, ¿dónde diantre estaba el perro? No me seguía.

–Black... –grité de nuevo, y enseguida reapareció detrás de mí, pero no me seguía. Me miraba moviendo la cola. Luego se giró y se encaminó hacia la otra subida. Se sentó y no dejó de mirarme. Corrió otra vez hacia mí, luego nuevamente dio pequeños saltitos durante una decena de metros por el otro camino. Y se quedó parado, dándose la vuelta para mirarme.

Claramente me estaba esperando.

–¿Me estás diciendo... –y lo dije en voz alta, incrédulo–, me estás diciendo que para volver a casa tengo que ir por ahí?

Tenía dos posibilidades: o pensar que yo tenía razón y proseguir pasando olímpicamente del perro, o bien fiarme de él, yo que no sabía nada de perros ni quería saber. ¿Y si Black quería ir por ese lado porque le había llegado, qué sé yo, olor a comida? ¿Un aroma apetitoso al que tenía que llegar a toda costa?

–Pensemos –suspiré apoyado en la bicicleta.

Estaba completamente solo, a excepción del perro, en aquel inmenso paraje desconocido. Me pasé la mano por la frente sudada, y me vinieron a la cabeza aquellas novelas juveniles que me había hecho leer mi bisabuelo, donde perros valientes e intrépidos conducen a exploradores perdidos y exhaustos a un lugar seguro a través de la Antártida; o vete tú a saber qué lugares peligrosos, hombres que habían sufrido todo tipo de adversidades por un destino despiadado e infame, hombres que estaban prácticamente al borde de la muerte y que habrían perecido de no haber llegado su salvador. Esto es, el perro de turno. El formidable perro. ¿Así funcionaba? Recordaba haber leído aquellas novelas edificantes mientras vigilaba a los odiosos perros de los vecinos, siempre presentes, ambos, enseñándome los colmillos cuando menos me lo esperaba.

Black, en cambio, debo admitir, estaba pacíficamente sentado al sol, y me miraba apaciblemente. ¿Sería de fiar?

Capítulo ocho

–Para resumir, al final decidí que, entre el perro y yo, el perro era el que tenía las ideas más claras respecto al recorrido que teníamos que hacer –esto se lo estaba contando a Nic cuando por fin alcancé el patio, empapado de sudor. Todavía sentado en el sillín, le conté que yo, al que no le gustaban los perros, no sé dónde habría acabado si no hubiera sido por aquel animal–. Y he hecho muy bien al tomar esa decisión. Confié en él, ya está. Yo que no me fiaba de ninguno. Pero Black iba delante durante todo el camino, en cada cruce me esperaba hasta que yo llegaba. Luego proseguía mostrándome la ruta. Me guiaba. Sabía dónde tenía que ir. En las ocasiones en que reconocía un lugar por el que habíamos pasado le habría hecho un monumento. No sabía que los perros fueran tan...

–¿Tan distintos a como te los imaginabas? Es decir, ¿inteligentes, intuitivos, simpáticos, responsables y cariñosos contigo?

–¿No sabías que los perros te dan consuelo en los momentos tristes y que son la compañía ideal en las noches de soledad? –añadió Viola.

–¿El perro del ermitaño, por casualidad? –bromeé. Giré la cabeza para mirar a Black, que bebía con grandes y sonoros lengüetazos del cuenco de agua que alguien había colocado junto a la puerta de nuestra casa–. Cuántas cosas, Black –sonreí–. Una avalancha de cualidades, ni siquiera una novia tiene tantas...

–Tampoco exageremos –protestó Viola, pero sonriendo.

–Un perro que sobre todo se ocupa con tanta atención de los amigos. O quizá, si no hubiera sido amigo vuestro, ¿se habría vuelto Black a casa sin mí?

–De ninguna manera –exclamó Nic enérgicamente–. Es un perro que ayuda a quien se encuentra en dificultades. Nunca es perezoso, pasea y, como bien has visto, nunca se cansa, corre, ya verás como corre, una compañía fantástica para cuando haces deporte... Por cierto, el labrador negro es muy buen nadador, tiene un pelaje que se adapta especialmente bien al agua, lo protege, así que si te gusta nadar podéis ir juntos, en el río hay lugares ideales para hacerlo...

–Parece que le quieras vender a Black a alguien. Ya sabes, como cuando quieres vender un coche. ¿Qué tal un trago de esa cerveza?

Extendí la mano, el tema «cualidades del perro» no me interesaba demasiado, tenía hambre y sed, estaba cansado y necesitaba una ducha urgentemente.

Nic me alargó la botella que estaba junto a sus dos platos vacíos, ya habían almorzado, solo tenía que ir a la cocina y encontraría mi plato preparado y una cerveza fresquita.

–De todas formas... –me dirigí a Viola tras haber vaciado la botella–, estarás orgullosa de tener como perro a semejante campeón.

–No es mío –dijo riendo.

–Y entonces, ¿qué hace aquí? –Me incliné para coger mi móvil.

–En realidad es un regalo... –siguió diciendo Viola.

–¿Ah, sí? –objeté sin interés.

Para mí el tema perro estaba zanjado. Susan había vuelto rápidamente a convertirse en mi pensamiento dominante: estaba comprobando si tenía alguna llamada suya, pero no, no era así. Era imposible que hubiera recibido ya la carta, pero esperaba que llamara *motu proprio*. Y, sin embargo, no. «Pero cuando la reciba, seguro que me llamará, sin duda, y si no lo hace, la llamaré yo. Tendré que convencerla de venir aquí». Inmerso en este torbellino de pensamientos, dejé la bicicleta en el cobertizo donde estaba, cogí el tirachinas de la cesta y con él en la mano atravesé el patio en dirección a casa. Black movió el rabo cuando pasé a su lado, le dije «Buen perro», mientras Viola desde debajo de los tilos me gritaba:

–¿No podrías por lo menos hacerle una caricia?

Jamás en mi vida había tocado a un perro.

No lo acaricié e inmediatamente Black se alejó trotando, me volví para mirarlo y lo vi tumbado a la sombra junto a Dolly. Apoyó el hocico sobre las patas delanteras y me dedicó una larga mirada. «Venga –pensé–, la próxima vez te acaricio. Quizá». Luego apartó su mirada de la mía como diciendo ¡déjalo, no importa!

–Has estado genial, Black –conseguí decirle. Hasta aquí.

Él no se movió, como si no lo hubiera oído. Entré en casa y subí por la escalera, me dolían las piernas, mierda, no estaba acostumbrado a pedalear y esos pocos escalones parecían no acabar nunca. Una vez dentro, oí que alguien me llamaba. Fui a asomarme a la ventana de la cocina.

–¿Me devuelves el tirachinas? –Era Eneas mirando hacia arriba, con los brazos en jarras.

–Perdona, pero ¿tú no estabas en la escuela esta mañana? –Me apoyé con los codos en el alféizar–. ¿De qué me estás hablando? –Tenía el tirachinas en la mano, él lo veía desde abajo. Sabía que lo tenía en ascuas, pero no era capaz de olvidar que podía haber lastimado a los gorriones–. Estoy seguro de que tu abuelo...

–¡Vamos, por favor, devuélvemelo!

–¡Ahora no!

Y él se fue rabioso.

Fui a meterme bajo la ducha. ¿Cómo podría ayudarle a ser más responsable?

Antes de bajar para ir a por mi almuerzo, suponiendo que todavía fuera posible dada la hora, me asomé a la ventana. Bajo los tilos Nic y Viola estaban charlando en voz baja, cabeza con cabeza. Él la rodeaba afectuosamente por los hombros con un brazo, con un gesto íntimo, atrayéndola hacia sí. Parecían felices, dos personas que estaban exactamente en el lugar donde deseaban estar. Envidiable.

Intenté recordar cuántas veces le había puesto el brazo sobre los hombros a Susan de aquella manera mientras hablábamos, y no me venía a la mente ninguna. Noté una punzada en el estómago, como cada vez que pensaba en los dos juntos. Se me había pasado el hambre, estaba exhausto, pero, de todas formas, me presenté en la cocina al fondo del patio para pedir mi almuerzo.

Rosetta, o como fuera que se llamase la excepcional cocinera, premio Nobel de los fogones de la granja, volvió hacia mí ese bello rostro de mejillas sonrosadas antes de decir:

–¡Vaya horas!

Luego, riñéndome en voz baja, llenó un plato y lo puso en una bandeja junto con el pan y una cerveza fría.

–Eneas, un día de estos te enseñaré algo con ese tirachinas, ¿quieres? –dije mirando al chaval, que estaba sentado a la mesa de la cocina malhumorado y con la cabeza inclinada sobre sus libros–. ¿Me has oído?

–Contesta a Mark –le instó Rosetta con severidad.

–Que se vaya al infierno.

¡Como quieras! Mientras tanto me fui a comer a la mesa de siempre bajo los tilos. Nic y Viola debían de haber subido a casa. En cuanto a Black, estaba junto al banco, exactamente donde yo solía sentarme. Rutinario como yo era, también aquí había establecido mi sitio en el banco y siempre me sentaba ahí.

Incluso el perro lo sabía. Me senté cerca de él, no me quitaba ojo. En el plato había patatas con salsa de carne, dos huevos duros y un trozo de queso.

–No hay nada que pueda gustarte... –Pero descubrí que comer con un perro mirándote fijamente no es fácil. Entonces pelé un huevo y se lo enseñé. Meneó la cola, alzando el hocico. Puse el huevo en el suelo y desapareció visto y no visto–. Disculpa, ¿es que nadie te ha dado de comer? –Y pelé el otro huevo. También lo devoró, y luego fue a tenderse al sol.

Vi como erizaba las orejas cuando empezó a sonar el violín,

Mendelssohn, por supuesto. Nic reanudaba su práctica. Black parecía escuchar muy atento. ¿Le gustaría la música? ¿Es posible que a los perros les guste la música? «No sé nada sobre perros», pensé mientras rebañaba el plato con el pan, como había visto hacer durante la cena cuando estábamos todos juntos a la mesa. Un gesto que habría hecho desmayarse a la tía Daphne, supongo.

Hubo un momento en que Nic se quedó bloqueado. Error. Black se sentó. Miraba hacia la ventana del primer piso de donde salían las notas del concierto. Fue un silencio breve. Nic repitió el último fragmento, se atascó de nuevo. Silencio. Black estaba siempre alerta, como esperando que el sonido del violín se reanudara sin equivocaciones.

–¿Qué opinas? ¿Se confundirá otra vez?

Por un instante Black giró la cabeza hacia mí. Parecía estar diciéndome: esperemos que no. Luego nuevamente levantó el hocico y miró hacia la ventana.

Nic recomenzó por tercera vez y volvió a detenerse.

–Maldición –comenté mirando a Black–, normalmente no suele equivocarse.

Aquí me tienes dirigiendo la palabra a un perro como si fuera una persona.

–¿Eres tú el que te estás volviendo humano..., o soy yo el que se está idiotizando?

Otro error de Nic. El perro y yo intercambiamos una mirada, desconcertados.

–¿Y si ocurre en mitad del concierto? –dije, pero en voz baja, como si la mera pregunta pudiera atraer la catástrofe. Black se sacudió, puede que fuera porque seguía dirigiéndole la palabra.

Al concierto, que tiene lugar en el prado de un pueblo no muy lejos de Levice, Nic llegó impecable, a pesar de las horas y horas que estuvo practicando. Yo, a diferencia de él, llegué hecho una piltrafa, tras días y noches extenuantes: ¿habrá leído Susan la carta? ¿Llamará o no llamará? ¿Y si no quiere hablar conmigo? ¿Y si se corta la llamada? ¿Y si me manda al infierno? Y por si fuera poco me atormentaba el deseo que sentía por ella. ¿Por qué diantre cada vez hacíamos menos el amor cuando todavía estábamos juntos y dormíamos en la misma cama? ¿Por qué me metía entre aquellas sábanas para leer no sé qué estupideces en mi dispositivo, indiferente a la persona que yacía a mi lado y que ya se había dormido dándome la espalda? Ahora pasaba tristísimas noches sin dormir pensando en ella, apoyado en el alféizar de la ventana de la cocina que daba al patio y a las colinas infinitas. De la luna solamente quedaba un gajo que estaba languideciendo y yo seguía haciéndome siempre la misma pregunta: «Y yo, ahora, ¿quién soy y qué estoy haciendo aquí?». Solamente estaba seguro de una cosa, me hubiera resultado imposible volver a ser corredor de bolsa, solo pensarlo me producía una repulsión tan profunda que no había lugar a dudas. Hice la elección correcta en Londres cuando tiré la carpeta azul a la papelera de la calle. Pero... ¿lo demás? ¿Qué había hecho con el resto de mi vida?

–Ya verás el concierto..., te dará una buena bocanada de positividad –me había dicho Nic, plenamente consciente de mi cara larga y de mi humor más negro que la pez. La bocanada que yo esperaba, sin embargo, era otra, y pasaban los días, las horas, los minutos y los segundos, esperando que Susan me llamara. Esperando y punto.

El concierto estaba abarrotado a más no poder, me encontraba molesto porque Nic y Viola habían insistido en que me ocupara del perro, así que me vi obligado a sentarme detrás del todo. No se podía quedar solo en casa y, al mismo tiempo, tenía que evitar que correteara por ahí, tal vez orinando en los avellanos que bordeaban el gran prado dedicado al concierto o, peor aún, en los estuches de los instrumentos que los músicos de la orquesta habían dejado amontonados a un lado:

–Porque es lo que hará –había pronosticado Viola– si lo dejamos suelto para que vaya donde quiera, no hay duda de que lo hará. Le gusta marcar su territorio allá donde va, es un macho.

Así que tuve que ponerle la correa y darme una vuelta con él cada tanto.

–Pero yo no tengo ni idea de cómo ocuparme de un perro ni de llevarlo con la correa –intenté protestar.

–Aprenderás –fue la respuesta de Nic.

–Que se encargue otro. Por ejemplo, Eneas.

–Lo habría hecho con mucho gusto. Pero cuando se ha enterado de que, si él se negaba, tendrías que hacerlo tú, ha dicho que no por aquel tema del tirachinas que te quedaste y que no quieres devolverle.

«La némesis», pensé. No terminas de hacer una cosa y ya la estás pagando, y mientras enganchaba la correa al cuello de Black, que meneaba el rabo contento como si fuera él quien me la ponía a mí y no al revés. Pronto me daría cuenta de que no se equivocaba en absoluto al pensar así.

Bajo un cielo estrellado, inmenso, estaba sentado a la espera del inicio del concierto, con Black a mi lado, recostado a mis pies y, afortunadamente, tranquilo.

Era muy evocador escuchar el concierto en ese entorno. Aunque por el momento la música me insuflaba una desolación abrasadora, más que una bocanada de energía positiva. Era evidente que también Black estaba escuchando porque –debo reconocer con sorpresa– levantó el hocico y me miró fijamente desde abajo un instante antes de llegar al punto en que Nic se había atascado varias veces mientras practicaba. Veía sus ojos brillar en la oscuridad. Me observaba con expectación. También yo estaba pendiente..., aquí estaba el punto de la equivocación, contuve la respiración, pero afortunadamente el sonido del violín se deslizó en una ardua y rapidísima retahíla de acordes y escalas perfectas. Black no dejaba de mirarme y quizá sonreía ante el éxito. Me salió espontáneamente –¿espontáneamente?– ponerle una mano en la cabeza. Una caricia, vamos.

Y me di cuenta de que era la primera vez que acariciaba a un perro.

–Se nota que le tiene mucho cariño a su perro –me susurró una vocecita al oído, mientras algo suave, ¿piel, pelo?, me provocó un escalofrío en el cuello al percibir un aroma que no era el de Susan, pero que sin duda tenía algo de sensual–. Es un labrador precioso.

Apenas volví la cabeza. Aquellas palabras provenían de alguien que se encontraba detrás de mí: vestido claro, rostro femenino, bastante joven y, en la semioscuridad, un semblante sonriente.

–Creo que es muy bonito tener un perro como el suyo... –Otro bisbiseo, otra oleada de perfume.

–¡Chist! –llamó alguien al silencio.

En aquel momento Black se puso a cuatro patas y con el claro intento de irse dio un tirón de la correa que, siguiendo el consejo de Viola, había atado corto. Tuve que levantarme yo también; procuré no tropezar mientras me deslizaba entre la gente, para eso me había sentado al final, pero no me había dado cuenta de que habían llegado más personas y se habían instalado detrás de mí, y entre ellas, Madame Bisbiseo. Estaba justo a mis espaldas.

Mientras el violín de Nic alcanzaba la cima suprema del tormento –para mí, el único concierto para violín de Mendelssohn es realmente un tormento–, aquella bestia de perro me arrastraba con una fuerza insospechada. ¿Cómo podía tener tanta fuerza? Era incapaz de dominarlo, tiraba de la correa y yo, como una marioneta, detrás, con tan poca capacidad de ofrecer resistencia que me hizo llegar a la conclusión de que todos esos años delante del ordenador de verdad habían ablandado mis músculos por completo. ¿Creéis que, de continuar así, a los cuarenta años no habría sido capaz de levantarme de la cama por la mañana y arrastrarme hasta el baño?

Había hecho bien en dejarlo todo.

–Qué fuerza tiene tu perro, ¿no? –Aquí estaba otra vez la vocecita susurrante. Ella, por supuesto.

Madame Bisbiseo, había pasado directamente a tutearme, me había seguido hasta los matorrales a los que me había arrastrado Black, que ahora estaba haciendo sus necesidades con toda naturalidad.

–Curioso, ¿verdad? –dijo ella, en voz baja–, tiene gracia cómo los animales hacen sus cosas y les da igual que te quedes mirándolos.

Un detalle que también había notado ella.

En serio…, francamente no se me ocurrió nada más que añadir y con las notas del violín de Nic que llegaban hasta allí de fondo, me pregunté qué estaba haciendo junto a mí aquella chica…, ella y yo esperando a que Black hiciese «sus necesidades». «Qué curiosa expresión –pensé–, no la conocía en italiano».

–¿Entonces? –hablaba de nuevo susurrando–. ¿Qué querías decirme?

–¿Yo? –dije estupefacto.

–Me has hecho señas para que te siguiera cuando te has levantado con el perro –dijo ella, convencida.

No había hecho ningún gesto, faltaría más. Me volví para verle el rostro, en la semioscuridad. Tenía cara de buena chica, sencilla y sonriente. Sí, sencilla, aparte del perfume de seductora que en aquel momento sentí con más intensidad. No pude detenerme porque Black ahora estaba tirando como un loco y no me quedó más remedio que dejarme arrastrar hasta una empalizada que se alzaba un poco más allá. Black se detuvo para hacer una larga meada y luego continuó andando a lo largo de la empalizada conmigo detrás agarrado a la correa. Finalmente se sentó en la hierba.

A todo esto, Madame Bisbiseo me había seguido mientras el implacable violín de Nic, que, como exige el dificilísimo concierto, no cejaba ni un momento, seguía zumbando a nuestro alrededor.

–Aquí estoy –susurró–. Podemos escuchar desde aquí, ¿no? –Ella también se apoyó en la empalizada–. Me parece que tu perro no tiene intención de dejarte volver a tu sitio.

¡Muchas gracias, Black! Gracias por hacerme quedar tan de pena.

–Tu perro es muy fuerte, mucho más que tú, y desde luego se sale con la suya, ¿por qué te has buscado un perro tan corpulento? –retomó sin piedad Madame Bisbiseo, todavía susurrando–. Es muy fornido, como suelen ser los labradores negros. Mi novio también tenía uno.

–No me digas. –Y mientras tanto pensaba: «¿Por qué no se larga de una vez?»–. ¿Y a él también lo arrastraba? –quise saber en voz muy baja, esperándome de antemano una respuesta negativa, y efectivamente:

–Claro que no, él se hacía respetar –me informó con suavidad.

Y yo pensé que era obvio, que podría haber evitado la pregunta.

–Y, además –precisó ella–, mi novio es un hombre apuesto, bien plantado, robusto. Se le dan bien los perros.

«Eso también es obvio», pensé.

–En cualquier caso... –quizá por educación no debería haberlo dicho, pero no pude contenerme–, antes yo no te he hecho ningún gesto.

–Oh, vaya –replicó serenamente, sin inmutarse–, me pareció que me hacías una seña mientras el perro te arrastraba obstinadamente. –Y añadió–: Pero si no es así, hasta luego, quizá nos veamos en otro concierto. –Ahora sonreía. Y, por lo que pude ver en la oscuridad, era muy guapa–: ¡Si tu perro te lo permite, claro está!

–Pero este perro no es mío... –repliqué estúpidamente.

Su risita era casi imperceptible.

–Me llamo Margherita –susurró, separándose del vallado y yéndose por donde había venido, con su largo y vaporoso vestido claro, sin esperar a saber cómo me llamaba yo.

–Vaya una gente que me haces conocer –murmuré a Black inclinándome sobre él. Ni siquiera levantó el hocico, y en aquel momento estallaron frenéticos aplausos porque Mendelssohn y su tormento habían llegado a su glorioso fin.

¡Bien por Nic! Aunque por desgracia, debo admitir que ni aquel concierto y ni los otros que dio después consiguieron sacarme de mi melancolía. No volví a ver a Margherita en ninguno de aquellos conciertos, pero no me importaba, estaba demasiado ocupado contando los días y las noches, y preguntándome si Susan habría leído o no mi misiva.

En cuanto a Dolly, me limitaba a lustrarla cada mañana. Luego me arrastraba hasta la mesa bajo los tilos y me quedaba allí encorvado sobre el libro que abría ante mis ojos. El móvil, implacablemente mudo, siempre lo tenía conmigo y Black se sentaba detrás de mí. Una vez le dije que nunca había estado tan triste en toda mi vida, solo quizá cuando murió mi bisabuelo. Me escuchó sin mover la cola, luego se tumbó con el hocico apoyado en las patas delanteras, parecía estar también abatido, o quizá me equivoco: ¿los perros pueden estar tristes?, me pregunté.

Por lo demás, Nic seguía ensayando para sus conciertos, el próximo era el opus 35 de Chaikovski, otro rompecorazones. Cuando no practicaba, estaba siempre con él la inseparable Viola. Vino Eneas a buscarme por el tema del tirachinas, pero no tenía ningunas ganas de hacer lo que en definitiva habría hecho mi bisabuelo, es decir, enseñarle a no hacer daño a los animales. No obstante, no le devolví el tirachinas, dejé que protestara y cuando acabó con sus lamentos y me preguntó qué libro estaba leyendo, le dije que era la historia de Aníbal. Me rogó que se la contara; me sentí como un canalla cuando le dije que no. Se marchó encogiéndose de hombros. Mas tarde nos reunimos a cenar todos los habitantes de la granja. Nadie me prestaba atención, como si no quisieran molestarme mientras yo permanecía callado e inmóvil frente a mi plato, concentrado en el teléfono móvil que guardaba en el bolsillo y que nunca sonaba.

Era antipático, lo sabía, nunca me había comportado de manera tan desagradable con la gente. Pero no me importaba, yo seguía esperando la llamada de Susan. Y quería resistir, no quería ser yo quien la telefoneara.

–¿Qué tal si nos movemos un poco? –Era Pietro, el abuelo de Eneas, que vino a sentarse frente a mí un día a media mañana.

–Perdona, pero si es para que te eche una mano en el huerto...

–Quería invitarte a comer. El almuerzo en La Morra que no hicimos aquel día. No me digas que no. –Y apoyó en la mesa el casco de la moto que llevaba en la mano.

Le miré. Tenía razón, no tenía por qué negarme, me bastó ver su mirada para entenderlo. Una mirada comprensiva, solidaria. Una mirada seria. Una mirada que de algún modo me recordó la manera en que me miraba mi bisabuelo, que estaba siempre, pero siempre, de mi parte.

–Te lo agradezco –dije esta vez poniéndome en pie y guardándome el móvil en el bolsillo. Enseguida se levantó también Black, me miraba meneando la cola, nervioso. ¿Qué debía esperar?

–¿Qué me dices? ¿Vamos en tu moto? –preguntó Pietro.

–Vamos. –Y me dirigí decididamente hacia Viola, que estaba sentada junto a la puerta de casa en un sillón de mimbre que me recordó tristemente al que usaba en la agencia Toys & Bulls. Idéntico.

–El perro. ¿Por qué no lo sacas a dar un paseo?

Ella sonrió, señalando con el dedo hacia lo alto haciendo referencia al sonido del violín que flotaba en el aire y que provenía de la ventana abierta de la cocina. ¿Nic estaba practicando? Entonces ella se quedaría a escucharlo.

–Es increíble lo poco que te ocupas de tu perro –le solté con acritud.

–No sé cómo eras antes..., pero se te está poniendo un carácter espantoso. ¿Por qué no te decides a reconocer que también existen los demás? –Acarició a Black, que se encontraba cerca de ella–. Y quizá de paso te des cuenta de que también existe el perro. No se puede vivir como tú, encerrado en ti mismo como en una caja de cartón, ensimismado en esos pensamientos que no paran de dar vueltas por tu cabeza.

Pietro había escuchado la reprimenda en silencio, a cierta distancia, con las manos en los bolsillos. Mudo. No metía baza.

–El perro no es asunto mío. Es tuyo, así que ocúpate tú de él –repliqué, plantándome en dos zancadas donde estaba Dolly. Black me siguió. Saqué el casco del cofre y me giré hacia Viola–: ¿Te importaría decirle a tu perro que se quede contigo y que deje de estar pegado a mí todo el santo día?

Un momento después, cuando Pietro y yo pasábamos junto a ella, ya montados en Dolly, gritó:

–El perro no es mío.

Cuando estoy montado en Dolly no presto atención a nada ni a nadie. Ni a lo que me dicen. Así que la oí, pero no la escuché.

Estaba ya inmerso en eso que definen como el éxtasis del motociclista, indescriptible sensación de levedad y aventura, algo así como una divina borrachera consciente, que compartía con Pietro, que se comportaba como un peso pluma en el asiento de atrás. Esta vez, no para alardear, sino porque sabía que a Pietro le divertiría, aceleré y empecé a inclinarme fuertemente en cada curva, con la rodilla casi en el suelo durante el trazado vertiginoso del recorrido, en ese juego que Pietro, según me contaría más tarde, llamaba «oreja-oreja», es decir, bajar por un lado hasta tocar el asfalto con una oreja y luego en la siguiente curva bajar por el otro lado hacia el suelo con la otra oreja. Es evidente que no es así exactamente, pero sirve para hacerse a la idea, si bajas con la rodilla, las orejas están a salvo.

Reduje la velocidad, me hice a un lado y paré.

–Tengo un trozo del acolchado doblado... –murmuré–, me molesta el casco. –Y me lo quité para ponérmelo de nuevo. En ese momento, ¿quién se abalanzó sobre nosotros?

¡Black!

Jadeaba, movía la cola y, aunque yo no sabía nada de perros, habría jurado que estaba contento.

–Pero ¿cómo nos ha alcanzado? –Me quedé boquiabierto.

–Estos perros corren –rio Pietro, acariciando cariñosamente a Black aquí y allá–, corren, ya sabes..., como balas. Y aquí está, él también quería venir.

–Sí, pero ahora, ¿qué demonios hacemos? –Me enganché de

nuevo el casco–. Tú, que sabes cómo, dile que vuelva a casa. Házselo entender.

–Ni hablar, de ninguna manera nos va a dejar.

–La Morra no está a la vuelta de la esquina, si no recuerdo mal..., ¿qué vas a hacer? ¿Llevarlo en brazos? Pesa un montón.

–Nos sigue. Si no vas demasiado rápido, él nos seguirá. Ya verás como lo consigue.

–Pero pobre animal..., son un montón de kilómetros. –Me puse los guantes mientras miraba a Black, que continuaba agitando el rabo con alegría, y no me quitaba ojo–. Quién sabe lo que diría si pudiera hablar –resoplé–. Me mira como si tuviera que hacer algo por él...

–Pues yo digo: ¿a qué estamos esperando?

–A ti te divierte. A mí este tema... ¡me importuna! –Dejé de protestar y me subí a la moto–. Lo que quiero decir es que no puedo reducir a Dolly a la velocidad de un caracol, no puedo. Además, cuando tengo a Dolly en mis manos, no me gusta que nada ni nadie se interponga.

–No seas tan rígido. Verás como Black se las apaña.

¡Y vaya que si se las apañó! Aunque no entendía cómo lo hacía. Yo iba conduciendo y no lo tenía a la vista, Pietro a cada rato me decía que iba siempre detrás. Luego me dijo que había perdido de vista a Black pero que siguiera, que no parara.

No me explico cómo lo hizo, pero cuando llegamos a la plaza de La Morra, el perro salió a nuestro encuentro como si hubiera estado allí esperándonos.

–Este ya no nos deja –dije, y me bajé de la moto.

–¿Y qué te molesta? –Pietro se desabrochó el casco. Acarició a Black–. ¡Es extraordinario!

–No estoy acostumbrado a tener un perro siempre pegado a mí. ¿Y si no le dejan entrar en el restaurante? Y sería mejor... A mí no me gusta que entren perros en los restaurantes, no es higiénico.

–Déjalo ya, por favor –me sonrió Pietro–. ¿Dónde has vivido

hasta ahora? ¡Aquí los perros entran en los restaurantes porque no queremos dejarlos fuera!

En cualquier caso, ¿dónde había vivido? Sin duda había vivido en sitios donde «no» había locales como el restaurante de La Morra al que me invitó Pietro. Nos sentamos a una mesa junto al ventanal abierto a los viñedos que se extendían hasta donde se perdía la vista, subiendo y bajando por las colinas a izquierda y derecha, por no hablar de aquel civet de conejo al que pusimos un diez y matrícula de honor. ¿Y el vino?

¿Y Black? Muy a mi pesar, nos siguió hasta el restaurante y se quedó muy quieto y callado debajo de la mesa, sin ni siquiera pedir comida, no como el perro de la mesa de al lado, cuya dueña le estaba dando pitanza y el animal la estaba esparciendo por el suelo, dejándolo todo perdido.

—Entonces, ¿te gusta este sitio?

—Todo perfecto, Pietro... —Entre aquel aroma de buena comida y mejor vino tenía que hablar alto porque había mucho ruido de voces y risas; cada tanto comprobaba el móvil por si no lo oía sonar, en caso de que llamara Susan.

—¿Aquí están todos sordos, o es que gritan en vez de hablar?

—No están sordos. Están contentos.

—En Inglaterra, en ciertos sitios como los restaurantes, se habla en voz baja —fue un comentario digno de la tía Daphne.

—Aquí, en cambio, se habla normal. —Pietro cogió la botella y me volvió a llenar el vaso—. Estoy seguro de que no has probado un vino como este en tu vida. Es un Barolo muy respetable —dijo una vez más.

Brindamos. Bah, tenía razón, el vino era excelente e invitaba a beber.

—¿Conoces a Cavour? Me refiero a Camillo Benso, conde de Cavour. —Pietro me escrutó con el vaso en la mano—. Supongo que sí.

—Más o menos. —No me molesté en explicarle que desde que aprendí a leer, solamente, y digo solamente, he leído libros de historia. Jamás una novela. Solo historia, gracias a la tía Daphne, que no permitía otra cosa. No me quedó otra que apasionarme por la historia, desde la prehistoria, pasando por el descubrimiento de la escritura, los grandes imperios, Grecia y hasta nuestros días–. ¿Por qué me lo preguntas?

–Entonces hagamos un brindis también por Cavour. No por la guerra de Crimea, esa mejor olvidarla, sino por Barolo..., creo que fue hacia 1835 cuando empezó él mismo, que vivía en Grinzane, aquí cerca, a producir este vino. Envejecía en barricas la uva de aquí, la *nebbiolo*. Junto con una condesa propietaria de viñedos, una tal Giulia Colbert Filetti, una mujer que fascinó también a Cavour, apostaría –me explicó, guiñando un ojo con picardía–. Para que sepas a quién debemos este néctar.

En ese momento nos pusieron delante el conejo estofado, que solo con su aroma hacía enmudecer. Pero no a Pietro, que se puso a explicarme la receta, y yo le escuchaba, comía y bebía. E intentaba concentrarme en lo que estaba escuchando, comiendo y bebiendo, pero no conseguí disfrutar de aquel almuerzo. Solamente pensaba en el hecho de que no tenía derecho a estar allí charlando con un amigo después de la que había armado. No me lo merecía y caí en una espiral tóxica de culpabilidad por haber estropeado nuestra vida, tal y como me acusó Susan, y se me vino a la cabeza su imagen arrojando sin ton ni son, en una bolsa inmensa, ropa interior, vestidos, perfumes, cremas, zapatos, joyas, como si estuviera escapando de una catástrofe. Al acordarme, con los ojos fijos en lo que me quedaba en el plato, me entró un ataque de melancolía tan intenso que Pietro me preguntó qué diantre me estaba pasando.

–Tienes cara de perro apaleado... –Me miraba sinceramente preocupado, no con aire de reproche–. ¿No te gusta el conejo? ¿Problemas con el vino?

–Qué va..., todo es perfecto. Solo que estaba pensando...

–Vamos, desahógate. Conmigo puedes hacerlo.

Acto seguido, como si fuera lo más lógico del mundo, se lo conté todo: los documentos de la empresa en la papelera, el miedo a hablar de ello con Susan, lo que pasó después y el hecho de que no me dirigía la palabra, los días que me pasé dando de comer a los pájaros en el parque, ella regresando con sus padres y, finalmente, yo en las Langhe con Nic, que ya no tenía un ápice de tiempo para mí porque la señora de Alba estaba allí.

—No hago otra cosa que pensar en Susan... —puse el teléfono sobre la mesa—, pero ella no me llama.

—Le mandaste una carta, creo.

—Sin respuesta. Cero. —Estaba alucinando porque hasta el momento solo había hablado así de mí mismo con Nic. ¿Qué me había pasado? Proseguí—: Está ofendida, pero yo ya no podía continuar con aquel trabajo, ¿entiendes? —Con los ojos nublados por las lágrimas, ¿o por el Barolo?, conseguí llevarme a la boca el último trozo del conejo—. Y estoy desesperado sin Susan, cuantos más días pasan, más mutilado me siento sin ella.

Seguí hablando de resentimiento, de culpabilidad y de arrepentimiento, y Pietro me escuchaba con el mentón apoyado en el puño derecho, mientras que con la otra mano nos servía vino a ambos.

—Perdona este desahogo, pero lo necesitaba.

—Adelante. Te escucho, vamos.

—Y ahora..., bien, he venido hasta aquí sin un motivo, solo para salir de la nada..., pero ahora quiero regresar a Londres, trabajaré en lo que sea, quiero volver con ella, no pienso en otra cosa desde que puse el pie en la granja, entre Nic y su violín de primer premio y todos vosotros, a quienes no conozco.

Bebí otro sorbo, notaba como el Barolo me soltaba la lengua.

—Desde que estoy aquí no duermo, doy vueltas en la cama, no sé qué va a ser de mi vida... De día, tú mismo lo has visto, ganduleo, voy como un alma en pena, ni siquiera cojo la moto... ¿Por qué he destrozado nuestra vida en común? ¿Por qué he condenado a ambos a la soledad? ¿No éramos felices? ¿No habíamos construido un pequeño paraíso?

Y mientras estas vehementes palabras, que pronunciaba por primera vez en mi vida, se agolpaban sobre la mesa con más dramatismo que nunca, tuve la sensación de que la sombra de una sonrisa parpadeaba en los labios de mi paciente y afectuoso compañero de andanzas.

–¿Qué pasa? –gemí–. ¿Ahora te hago reír? –dije, sin añadir nada más porque en ese preciso instante Black se levantó y apoyó el hocico en mi rodilla.

Me puse rígido. ¿Me va a morder? Hocico cálido. Hocico suave. No me muerde. Podía estar tranquilo con la sensación de que Black me había puesto, metafóricamente, una mano –una pata– amiga en el hombro como diciendo: vamos, anímate, que tú puedes.

–He dicho un montón de... de no sé qué... –suspiré.

–Es que a veces... –Pietro se apoyó en el respaldo de la silla, siempre con el vaso en la mano, como una enseña–, a veces, en los peores momentos de la vida, sentimos pasar revoloteando cerca la estupidez a nuestro alrededor.

–¿A mí me lo dices? –No sabía si reír o llorar–. ¿Yo?

–Tú no. Creo que es de Baudelaire –respondió él incongruente, pero no importaba. Y repitió–: el revoloteo, ¿entiendes?

–Y quién siente el revoloteo –suspiré de nuevo–. Ojalá lo sintiera, por lo menos parecería un idiota. Mejor idiota que desesperado.

–No te lo tomes a pecho, se dicen cosas tan estúpidas cuando se sufre por amor... –E inmediatamente continuó–: ¡Yo también lo sé, no te creas! –Pietro vació su vaso y lo depositó con cuidado en el borde de la mesa–. De todas formas, ya te lo he dicho, recuerda para tu consuelo que los zurdos tienen un montón de cualidades: más listos y rápidos para entender las cosas, intuitivos y muy dotados para los deportes.

–Hablas de ti, me imagino.

–Y también de ti, Mark –exclamó, asintiendo convencido.

–¿Yo? Si soy un desastre. Dotado para los deportes, por ponerte un ejemplo... ¡Por favor! El otro día cuando salí en bicicleta con Eneas acabé destrozado.

–Pues estoy convencido de que tú también tienes las dotes de los zurdos. Solamente te falta descubrirlas.

Se puso serio, apoyó los codos en la mesa, se inclinó hacia mí con aire conspirador y dijo en voz baja:

–¿Crees que no me ha ocurrido a mí también, como a tantos otros? ¿Darse cabezazos contra la pared porque la vida sigue su camino y a ti te deja en la estacada? Mi primera mujer me abandonó por otro, y ¿sabes cuánto tiempo llevábamos casados? Quizá ni seis meses. Estaba loco por ella, era preciosa, ya sabes, y después de lo que me pasó, yo también andaba por ahí con la cabeza en las nubes, como un idiota. Yo también, igual que tú.

¡Ah, vaya! Pero no me ofendí, tenía razón, le escuchaba y, sin darme cuenta, le estaba pasando la mano por la cabeza a Black, una cabeza suave y firme, la cabeza tenaz de quien no se pierde en banalidades. Le estaba acariciando, por segunda vez. Y mientras Pietro me describía a su primera mujer, me la imaginaba como una especie de Venus escapándose por aquel patio que yo también conocía, y Pietro con un montón de años menos ahí de pie en la puerta viendo cómo se marchaba en el coche del amante, petrificado con sus perros al lado y el corazón hecho pedazos.

–Qué mal... –suspiré simpatizando con él.

Y mientras tanto, me preguntaba si Susan, en todo este tiempo, se habría subido alguna vez al espectacular descapotable de su CEO. Seguí acariciando la cabeza de Black como si él y Pietro pudieran entenderme y tal vez ayudarme a salir de mi atolladero personal de infelicidad.

–Los asuntos de mujeres se pasan con el tiempo. Conocí a Teresa, nos casamos, tuvimos hijos, nos queremos... Sin embargo, tardé lo mío en olvidar a mi primera mujer... –Pietro se había dejado llevar por las confidencias, hasta las más íntimas, que me hicieron recordar las heladas noches con Susan. Finalmente concluyó–: Se llamaba Margherita. Margherita, sí. Nunca la volví a ver. Se fue a vivir a Alessandria con el otro.

Alessandria..., como si hubiese dicho América.

Acabamos con el vino.

No sé cómo me encontré fuera del restaurante, con Black a mi lado, siguiendo a Pietro que me indicaba un camino angosto, ni cuesta arriba, afortunadamente, ni cuesta abajo, aunque La Morra está enclavada en lo alto de una colina. Llegamos a un prado y nos tumbamos en la hierba bajo un árbol, y fue Pietro quien me informó de que era un arce; le gustaban mucho los árboles.

–Se me fue un poco la lengua contándote lo de mi primera mujer, pero el vino, ya se sabe, también tiene ese efecto, nos hace amigos, de esos que no tienen miedo de contarse las cosas, incluso las de aquí dentro... –Y se llevó la mano izquierda al pecho, en un gesto ya conocido para mí.

–Sí. –Tenía al lado a Black, tumbado y mordisqueando algo que debía de haber sacado del cubo de la basura del restaurante y que había traído hasta allí, algo que preferí no investigar.

–¿Este perro no podría irse a masticar esa porquería un poco más allá? ¿Cómo se lo digo? –Notaba sentimientos encontrados hacia él–. ¡Babea..., apesta..., y siempre lo tengo pegado a mí!

–Vamos, no seas tan intransigente –bostezó Pietro–. A nosotros nadie nos ha dicho que vayamos a disfrutar del estofado de conejo a otra parte. Él también tiene derecho a comer donde quiera, ¿no?

Y mientras intercambiábamos opiniones sobre los derechos de los perros, sonó el móvil.

–Es Susan –murmuré.

Capítulo nueve

Subí con gran dificultad hasta donde estaba el arce. Tenía la lengua fuera y el corazón se me salía por la boca a causa del esfuerzo de subir paso a paso la pendiente de hierba por la que había bajado precipitadamente con el móvil en la mano. Allá lejos, junto a un arroyo y entre los arbustos, con el móvil pegado a la oreja, ella y yo estaríamos lejos del resto del mundo. Sin contar con Black, que se había puesto en pie de un salto nada más levantarme yo y, todavía con la porquería esa entre los dientes, me había acompañado durante toda la llamada, tumbado a mis pies y royendo ruidosamente.

–Te vi desaparecer... –dijo Pietro al tipo que le acompañaba, un hombretón de hombros caídos y cuello de toro–. Michele es amigo mío, pasaba por aquí, ha visto al perro corriendo detrás de ti.

–Quiero a ese perro. He visto cómo se mueve. Me lo vendes.

Así, sin signos de interrogación, con voz de aquí mando yo. Como si ya estuviera cerrado el trato, Cuello de Toro se sacó la cartera del bolsillo. Una billetera llena de no sé cuánto dinero en efectivo.

–No perdamos el tiempo, te pagaré bien.

Yo me había ido a sentar sobre la hierba. Seguía pensando en la llamada de Susan.

–¿Has oído, Mark? –Pietro señaló a Black–. Quiere a Black. Michele lo quiere para las trufas. Es un mago adiestrando perros.

–No es mío. –¡Qué me dejen en paz!–. No es mío... –repetí entre dientes.

–¿Cómo que no es tuyo? –exclamó Pietro–. ¿Y de quién es si no?

–De la de Alba, ¿está claro? –levanté la voz–. Es suyo, ¿no?

–Mira que pago bien –se entrometió Cuello de Toro.

Black, un poco más allá, con la cabeza inclinada hacia un lado, me miró y luego a Cuello de Toro y luego a mí otra vez. ¿Se habría dado cuenta del trato? Una escena digna de *La llamada de la selva*.

Me pasé la mano por la cara: sudor. Puede que lágrimas. Lo que faltaba, con esos dos mirándome. Tenía los nervios a flor de piel, eso pasaba.

–Ochocientos euros, mira, aquí los tengo.

Cuello de Toro se plantó delante de mí y me puso los billetes delante de las narices.

–Oye –siseé–, vuelve por donde has venido y lárgate. Es lo que hay, ¿está claro?

–¿No quieres venderme el perro? ¿Será posible? ¿Con lo que te estoy ofreciendo?

Cuello de Toro se giró hacia Pietro estupefacto. Y de repente:

–Te pagaré mil –ofreció conciliador.

–Vete de aquí –vociferé histérico–. ¡Largo!

Los dos me miraron en silencio, luego Pietro hizo un gesto y le dijo algo como «Ya hablaremos en otro momento». Y Cuello de Toro se fue. De inmediato, con paso lento y cansino. A todo esto, Black se había terminado la comida, se relamió los bigotes y vino a tumbarse a mi lado.

–Vamos... –murmuró Pietro–, ¿qué diantre te ha pasado para ponerte así? –Y al momento–: ¿Te ha dejado?

Negué con la cabeza.

–No te ha dejado. ¿Y qué? –Se sentó en la hierba a mi lado.

Me llevé la mano al estómago.

–Me siento como si me hubiera tragado un mazo. –Le miré. Seguro que sabía lo que era un mazo.

–¿No será el estofado de conejo?

–Venga ya, el mazo es el martillo con el que mataban a los bueyes... –solté un suspiro y arremetí–: Me ha dicho que ha vuelto a casa, donde vivíamos juntos, y que era yo quien la había dejado y quería saber..., esta es la primera cosa que me ha preguntado: quería saber si yo había dispuesto que las facturas se pagaran desde mi cuenta, como consideraba correcto, ya que era yo quien lo había echado todo a perder y, en fin, todo era pedirme cuentas y le he dicho que sí, que vale, que bien..., el BMW y el sueldo de los criados..., qué me importa, yo ganaba bastante dinero, tengo ahorros y mi cuenta bancaria está...

–¿Y qué hay de tu carta? –me interrumpió él–. ¿No la ha leído?

–¡Ah, sí! Cuando se lo he preguntado, ha dicho que sí, que la había leído. Ha dicho también que le ha emocionado. Emocionado, fíjate. Le llegó hace días, pero quería pensar en ello antes de responderme, ha dejado pasar un tiempo. En la carta le pedía que viniera aquí, que volviéramos a estar juntos, que comenzáramos de nuevo.

–¿Pero no te ha dejado?

–No, en absoluto. Ha dicho que no lo dejemos..., que me quede aquí donde estoy y que ella se lo pensaría. Que le diera tiempo.

Me parecía estar soltando una tontería tras otra, y efectivamente es lo que me pareció aquella llamada, aquella conversación tan deseada, de la que me esperaba un «Vuelve que quiero abrazarte» o algo por el estilo.

Luego, en voz baja, como si fuera algo demasiado pesado de sacar fuera:

–Susan dice que necesita un respiro para reflexionar después de lo que he hecho. O sea que, a ella, entiendes, le ha sentado mal que no le dijera que dejaba mi trabajo... ¡de repente! Ha dicho que ha sido peor que una traición, que le hubiera resultado más fácil perdonarme si me hubiera tirado a otra.

–Sí, seguro, eso dicen, pero luego habría que verlo –estalló Pietro.

Me vino Claire a la mente, pero no se lo conté. En el fondo, no había pasado nada. Pero me avergoncé al recordarlo..., qué estúpido.

–Y luego esta historia del perdón..., anda ya –retomó Pietro moviendo la cabeza–, dejémoslo estar... Entonces, si lo he entendido bien, te quedarás aquí en las Langhe esperando a que tu Susan te diga si quiere empezar de nuevo o si está acabada la relación. ¿Es así?

—Así es.

—Te tiene en ascuas, como decimos. —Me miraba.

—Creo que sí.

—No será fácil, si tal y como dices sigues pensando en ella.

—No, no será fácil.

—¿Y cuándo piensa informarte de su decisión?

—Bah. —Sacudí la cabeza. Permanecimos en silencio. Largamente. Yo rumiaba sobre la pausa de reflexión... ¿Cuánto dura una pausa de reflexión? ¿Un día? ¿Una semana? ¿Meses? No me lo había dicho. Y mientras ella hacía su pausa de reflexión, ¿qué pasaría con el CEO?

—¿Sabes una cosa, Mark? —dijo por fin Pietro, pero no con el tono de quien te dice lo que debes hacer, sino con el tono de quien te dice lo que él haría—. Yo me organizaría otra vida.

—¿Es decir?

—Sí, otra vida. Distinta. La que podrías tener con Susan la tienes ya delante de los ojos. La conoces, ¿no? Pongamos que dice que sí, ¿tú qué harías? Volver a Londres y buscar otro trabajo. Sabes lo que haces, encontrarías un trabajo bien pagado. Te casas. Quizá cambies de casa para no vivir en la de la separación, una casa nueva donde tendréis dos hijos y todo irá bien..., después venderás la moto...

—¿Perdona? ¿Por qué dices que venderé la moto?

—Venderás la moto, como hacen todos cuando llegan a los cincuenta. Porque es lo razonable. Es prudente. No puedes arriesgarte a tener un accidente, tienes que ver crecer a tus hijos. Te moverás en coche. Pero aparte de eso, ¿te ves teniendo una vida totalmente ordenada?

Asentí. Claro que la veía.

—Una vida segura. Sin sorpresas.

Arrancó una brizna de hierba y se puso a mordisquearla, y tras meditar un rato, dijo:

–Y se me olvidaban esos hábitos rutinarios tuyos, que me has contado antes..., la moto solo los domingos, los amigos los viernes, la tía..., todo en su punto.

Mira por dónde, entre el vino y el estofado le había largado también lo de mis rutinas cotidianas.

–Y volverás a todas tus costumbres con la exactitud de un reloj suizo. Y... –continuó apenado– retomarás también vuestra vida sexual en el punto donde estaba, es decir, prácticamente a cero, como tú mismo has dicho.

Pues claro, me había ido de la lengua también en este tema tan bochornoso.

–No es que me entusiasme una vida de este estilo... –suspiré.

–Entonces ve por otro camino, Mark.

–¿Cuál? –Y mientras tanto miraba a mi alrededor, preguntándome dónde estaría Black. Hacía rato que no lo veía.

–Otra vida –seguía diciendo Pietro–. Pasar página. Empieza de nuevo aquí.

–¿Sabes? Lo que me sorprende es no haberme dado cuenta de que Susan fuera tan esencial para mí, jamás me habría imaginado estar tan mal sin ella.

–¿Ah, tan mal? –Se levantó.

–¿Qué te pasa? Pareces enfadado.

–¿Sigues esperando día tras día volver a esa vida? Enhorabuena.

Se encaminó hacia el sendero. Y de repente se dio la vuelta:

–Pero escucha lo que te digo: ¡elige otro camino! –exclamó con la fuerza de quien finalmente ha decidido decir lo que piensa, sin pelos en la lengua–. Decídete por una vida de la que no sabes nada de antemano. Una vida por construir desde el principio. Toda por descubrir. Sin certezas. Sin todo ordenado y programado. Una vida en la que tengas que luchar. Una vida difícil en la que vivir como un hombre, no como una marioneta. Una vida que te entusiasme. Estando aquí, en un lugar del que no sabes nada y del que tienes todo por aprender.

–Y se puso en marcha.

–¡Eh, espera! –Lo seguí a trompicones.

–¿Qué te parece? –dijo, parándose.

–Black ha desaparecido. Hace un rato que no lo veo..., no podemos irnos.

–¿Black? –Como si le hubiera dicho la última cosa del mundo que tuviera algo de interés. Ni siquiera miró a su alrededor.

–Bueno, no está..., no podemos volver sin el perro.

–Se habrá ido a hacer sus cosas. Volverá por su cuenta –resoplaba, molesto–. Vámonos.

–¿Lo dices en serio? Estamos muy lejos..., ni siquiera sé cómo ha llegado hasta aquí.

–Son algo más de veinte kilómetros. Black vuelve solo, te lo digo yo.

–Imposible. Debemos ir a buscarlo.

–Si lo encuentras, ¿te lo vas a cargar en la moto? ¿Llamarás a un taxi de Alba para llevarlo a casa? –Me estaba tomando el pelo.

–Tenemos que ir a buscarlo.

Es decir, fui a buscarlo yo. Pietro no movió un dedo. Se quedó sentado, pacientemente, bajo el arce, mientras yo vagaba por las pendientes, miraba detrás de los árboles y lo llamaba por su nombre. Finalmente, volví a subir y caí exhausto, empapado en sudor.

–Yo me voy –dijo él con toda la tranquilidad del mundo. Más tarde aprendería lo que su extrema calma significaba: me toca las pelotas–. Me voy andando a casa. Tú puedes seguir buscando al perro si quieres.

–¿Vuelves a pie?

–Oye, por estos lares una veintena de kilómetros es una nadería.

–Voy contigo... –Y me levanté–. Yo también me voy, pero si después no aparece Black, vendré hasta aquí a buscarlo.

Él se puso en camino sin hacer ningún comentario.

Regresamos juntos. En moto. Nada más doblar la esquina para entrar en el patio de la granja, Black salió a nuestro encuentro moviendo la cola, ladeando su cabezota, con la típica actitud de suficiencia de quien merece felicitaciones y medallas.

–Tenías razón –suspiré quitándome el casco.

–A mí no me interesa tener razón –dijo él. Se quitó el casco y se pasó la mano por el pelo, abundante, gris y peinado hacia atrás; el tío Gregory habría vendido su alma por un pelo así.

Pietro estaba allí y me observaba como si esperase que le dijera algo. Sabía el qué. Así que dije:

–Mira, tengo que pensarlo. –Metí el casco en el cofre de la moto–. No sé lo que haré, de verdad que no lo sé..., en fin, gracias por la comida. Estaba deliciosa. Hoy ha sido... ha sido... –Por vergüenza no le dije que había sido un día maravilloso y que lo había pasado muy bien. Pero él lo entendió:

–Seguro, yo también.

Nos giramos y vimos a Eneas sentado a la mesa bajo los tilos, exactamente donde yo solía sentarme; estaba leyendo el libro sobre Aníbal que había dejado allí. No levantó la cabeza, como si no se hubiera percatado de nuestra llegada.

–La tiene tomada conmigo por lo del tirachinas..., ¿te lo ha contado?

–Me lo ha contado, sí. Cosas vuestras. –Pietro se encogió de hombros–. No me voy a meter donde no me llaman, arréglatelas tú solo.

Eneas no levantó la cabeza ni cuando me senté frente a él. Sujetaba el libro frente a sus narices. Me giré para mirar a Black, que se había recostado a mi lado y me contemplaba con sus ojos húmedos y dóciles, de perro bueno. Pero casi me da algo cuando desapareció, no quería ni imaginar lo que me habría dicho Viola si hubiera regresado sin su Black. Aunque jamás se ocupaba de él. A través de la ventana abierta de la cocina, detrás de mí, llegaba su risa y la de Nic, a quien nunca había oído reír tanto. Fui hasta el pie de la ventana y grité:

–Disculpa, Viola, ¿ha comido el perro?

Se asomó riendo, con los hombros desnudos, puede que el resto también:

–¡Por supuesto! –dijo con mimo–. Cuando regresó le di de comer y luego bajó al patio cuando os oyó llegar.

Volví a sentarme bajo los tilos, frente a Eneas. Black dormía o lo fingía, por otra parte, tenía todo el derecho después del largo camino que había recorrido. Precisamente en aquel momento Nic se puso a tocar *Allí nos daremos la mano*, un poco de violín y un poco de risotadas de Viola. *Allí nos daremos la mano... y tú me dirás que sí*. Susan en cambio me había dicho «ni». Se acabó el ir de la mano. No podía dejar de darle vueltas a sus palabras «Dame un tiempo, *honey*, una pausa para reflexionar, pero pienso en ti y te echo de menos, *I swear*», todo de un tirón, con la voz de quien ya no está enfadada pero que, por otro lado, con una sonrisa de hoyuelos en la mejilla te pide que te alejes de ella para poder decidir. Y sí, por supuesto que podía llamarla de vez en cuando, para esto me había dado permiso. Quizá también podría mandarle algún mensaje. Hubo un tiempo, recordó, en que incluso era divertido. Pero ¡mira! No le había explicado que el móvil de mi bisabuelo solamente servía para hacer y recibir llamadas.

Apoyé los codos en la mesa, hundí la cara entre las manos. Sufría, ¡y de qué manera! Y no tenía ningunas ganas de seguir sintiendo aquel nudo tan doloroso en el pecho. Estaba abrumado por mis emociones. Era consciente de que desde que había llegado a las Langhe ya no podía practicar el juego de la Antártida. Por la noche, cuando estaba despierto y me invadía esa espantosa tristeza, decía ¡vamos, a la mierda! Pero no era capaz de congelarla y la tristeza siempre se quedaba ahí. Puede que hubiera llegado el momento de escucharla.

–Pero ¿qué haces? –Sentí sobre mí los ojos pícaros de Eneas–. ¿Estás llorando?

–Qué va..., es arena. –Giré la cabeza, me pasé la mano por la cara. Luego me quedé mirando el campo, los árboles, las colinas que ondeaban en el horizonte. Parecía un mar con olas. Y yo me sentía como un barco que va a merced del oleaje, y que había llegado precisamente aquí, bajo estos tilos.

–¿Quieres leer para mí?

Me di la vuelta. Eneas estaba ofreciéndome el libro de historia.

–¿Qué?

–He leído unas cuantas páginas, pero no se me da bien la lectura. Me canso. Vamos, léemelo tú, me gusta esta historia. Además, no tienes nada que hacer.

–Tengo un montón de cosas que hacer. Estoy pensando.

–Venga, anda..., por favor... –Decía «venga» como el abuelo. «Venga».

–Perdona, pero ¿cómo es que estás ahora tan meloso? –Y como me miraba desorientado–: Tan amable. Me la tenías jurada, ¿no?

–Bah, pero ya no –reía–. ¡Es que ahora tengo este! –Se sacó algo del bolsillo. Un tirachinas. Lo giró para mostrármelo bien, bien. Espléndido. Perfecto–. He hecho otro. Más bonito que el que te has quedado.

–Pero qué hábil. –Cerré el libro con tanta fuerza que Black dio un salto y miró a su alrededor, como si hubiera oído un disparo.

–Se me da bien hacer tirachinas.

Me di cuenta de que no había tratado con alguien de su edad desde que era niño. Llevaba siglos encerrado en el mundo de los adultos. No tenía ni la más remota idea de cómo tratar con un niño, y hasta aquel momento nunca me había interesado hacerlo.

Me tumbé en el banco, descontento conmigo mismo. Me puse el libro de Aníbal bajo la nuca a modo de almohadón. Estaba descontento y no solo por lo de Eneas, sino por la manera en que me estaba comportando por dentro y por fuera; no me estaba gustando en absoluto. No hacía más que atormentarme. Se movían las ramas sobre mi cabeza. Había una fragancia muy agradable. Supe después que eran las flores del tilo las que perfumaban el aire. «Sin embargo, la fragancia que yo quiero es la de Susan», pensé. Voy a Londres y la convenzo. No me quedo aquí esperando. Me quedo hasta que Nic termine sus conciertos. Luego regreso. Con Dolly. Volví la cabeza para mirar la moto. Sobre el asiento, como de costumbre, estaba el enorme gato blanco y negro tumbado a sus anchas, durmiendo. Acostumbrado como estaba a tener a Black entre mis pies, ahora se había ido y lo eché de menos. Me quedé dormido ahí en el banco a media tarde, y empecé a soñar con las palabras de Susan, las de Pietro, el Barolo, el civet de conejo, mi corazón partido y también Black, que había vuelto para apoyar su cálido hocico sobre mí. Aquella noche fue Viola quien preparó la cena, en la casa donde vivíamos, así que no pasamos la velada con la familia de Pietro al otro lado del patio. No era la primera vez que cocinaba Viola, y lo hacía bien. Aquella noche preparó una montaña de ensaladilla rusa, típica piamontesa, según nos dijo mientras servía los platos, luego había carne asada y vino, «como si cayera del cielo», se partía de risa con la comparación, en mi opinión porque ya llevaban su buena ración de vino en el cuerpo.

Black se ponía bajo la ventana abierta, en el lugar que había elegido; siempre volvía para dormir exactamente ahí, también era un animal de costumbres. No me quitaba ojo, como si estuviera listo para saltar si me levantaba. Siempre estaba pegado a mí y eso a veces me irritaba.

–Si no fuera por mí –solté por fin mientras me servía otro trozo de asado, exquisito, por cierto–. Si no fuera por mí, el perro no daría un paso. Te comportas como si no te perteneciera. –Evitaba mirarla, Viola llevaba puesto un vestido ligero–. Nunca lo sacas a pasear.

–¿Y por qué debería hacerlo? –dijo ella comiendo con apetito–. No soy yo quien tiene que cuidar al perro.

–Sí, eso ya lo has dicho, no sé cómo he podido olvidarlo –dije con ironía.

–El perro es un regalo –dijo Nic.

–¿Es decir? –Lo miré con sorpresa.

–Un regalo de Viola. Su hermana cría estos labradores. Black es el más excepcional. −Y Nic, eufórico, agitó el tenedor en el aire, como si fuera una bandera−: ¡Vivan los perros! ¡Y Black en especial!

De repente Black se puso a menear el rabo. Estaba de acuerdo.

−Sí, pero ¿para qué quieres un perro? No te imagino en Londres con un perro −dije yo mientras pensaba que, si Nic deseaba tener un perro, no era de mi incumbencia. Pero aquella noche tenía un espíritu beligerante. A lo mejor ser testigo de su feliz relación me ponía de mal humor, sí, debía de ser eso. Así que proseguí, antipático−: Y no pienses que mientras tú practicas con el violín yo voy a llevarlo por ti al parque... Yo estaré ocupado. Hoy me ha llamado Susan, me vuelvo, dice que me echa de menos.

Bueno, sinceramente el tema no ha ido así exactamente, pero quería que fuera así y me sentí un tanto ridículo.

−Así que has decidido volver −dijo Nic. Me observaba y parecía más desconcertado que sorprendido.

−Sí, Nic −continué−. No puedo quedarme aquí criando moho. −Pero apenas pronuncié la palabra «moho», me vinieron a la mente las palabras de Pietro, esas palabras relativas a otra vida, una vida de la que no sé nada, una vida para construir desde el principio, esas palabras exactas que me volvieron a la cabeza. Me quedé mirando el trozo de asado que aún tenía en el plato: se me proyectó ante los ojos la vida programada que habría vivido con Susan, una vida que Pietro me había descrito con una «crueldad» muy detallada.

Levanté los ojos, encontrándome con la mirada preocupaba de Nic.

−¿Qué te pasa, Mark?

−No lo sé... −fue todo lo que pude decir. Estaba perdido.

−Nosotros vamos a salir, hace una noche magnífica, ¿verdad, Nic? Y tú recoges. Las demás veces lo hemos hecho nosotros, esta noche te toca a ti.

−¿Recoger?

−Quiere decir quitar la mesa, lavar los platos, secarlos, ponerlos en su sitio −explicó ella con fastidio.

Black salió con ellos y menos mal, ya era hora. A través de la ventana abierta a la noche me llegaban sus voces, hablaban bajo, reían, luego se alejaron sus pasos. Procuré no envidiarles.

A recoger, está bien. Así no me pongo a pensar en otras cosas; era precisamente lo que necesitaba, vaciar la mente. Puse empeño en limpiarlo todo porque yo –por difícil de creer que parezca– no había fregado un plato jamás, ni tampoco enjuagado un vaso. Siempre lo había hecho alguien por mí. Como por ejemplo Syrik. «Tengo que llamarle un día de estos», incluso por un momento pensé en telefonearle para preguntarle cómo se lavan los platos, luego, por suerte, lo dejé pasar. Empecé a recoger la mesa, lo apilé todo en el fregadero, y entonces me di cuenta de que estaba lleno y de que no había sitio para fregar los platos. Volví a ponerlo todo sobre la mesa y estudié la situación. Examiné el detergente, luego el estropajo. Empecé con una olla con costra.

En resumen, me llevó una eternidad, pero lo conseguí. A la perfección, mi meticulosidad de hecho no tardó en aflorar. Bajé rápidamente por las escaleras con la complacencia de quien ha llevado a cabo de manera satisfactoria su obligación.

Me senté bajo los tilos, en la oscuridad apenas esclarecida por la farola del fondo del patio. En el gran silencio, solo se oían los grillos.

–¿Cómo estás?

Di un salto. Era Pietro. No me había percatado de que estaba sentado en el punto más oscuro, al final de la mesa. Así que el aroma que había notado al sentarme era el de su pipa, un olor a tabaco, no a tilo.

–Bah... –dije al cabo de unos segundos–, tú, en cambio, no cambiaste de vida. No has vendido la moto a los cincuenta años. Ahí la tienes y montas a menudo, te he oído. Te ha ido todo sobre ruedas como me has dicho, pero para empezar te quedaste aquí, donde tenías tu vida de siempre.

Se quedó un rato fumando su pipa. Era una sombra entre las sombras, pero cuando empezó a hablar, quizá porque estábamos a oscuras y los dos solos, sentí una gran intimidad. Como si nos conociéramos de toda la vida. Por primera vez desde que llegué no me sentí solo.

–Verás... –dijo Pietro–, las cosas no han ido como tú dices. Para contarte la historia completa, me fui de aquí muy pronto, a estudiar al Conservatorio de Milán flauta travesera. Quería entrar en una orquesta sinfónica, llegar a ser solista. Tenía planes. Al principio me puse a dar clases en el mismo Conservatorio. Luego conocí a Margherita, era dependienta en una joyería de lujo y nos casamos enseguida.

Hizo una pausa tan larga que por un momento pensé que había terminado, y yo estaba ahí pero no sabía qué decir. Por lo que había entendido, Margherita había supuesto el adiós a la flauta travesera, al solista, a la orquesta sinfónica. ¡Y no es una broma!

–Sabes cómo se fue, ¿no? Te lo he contado –retomó por fin Pietro–. Una noche me dio la buena nueva. Ya había hecho la maleta. Me dijo que con el otro había sido una llamarada, eso dijo exactamente, una llamarada, no he olvidado esta palabra, una llamarada, pero que tenía que vivirla. Dijo que entre nosotros todo había sucedido demasiado deprisa, que no teníamos que habernos casado.

Otra pausa, como si Pietro estuviera evaluando si vaciar su alma. Finalmente dijo:

–¿Sabes qué me dijo también? Que le diera tiempo. Textualmente. Dijo que necesitaba tiempo.

–Darle tiempo..., como decir una pausa para reflexionar, me imagino –comenté con acritud.

–Me quedé muy mal cuando me dejó, realmente mal. Parecía un pobre diablo, un poco como tú ahora. Luego no sé cómo sucedió, pero un día decidí que ya estaba bien y que lo dejaba todo. Me dije: cambiaré de vida. Una vida totalmente nueva. Cogí el tren y regresé a casa. Es verdad que aquí tenía a mi familia, eso era una ventaja, pero recuerda que yo me fui de niño y me gané mis estudios y mi música con mi esfuerzo. Siempre puedes encontrar trabajo en Milán si quieres. Pero volví aquí, con los míos, y le pedí a mi padre que me enseñara a cuidar las viñas y lo demás. Y empecé de nuevo.

–¿Y la moto?

–La compré después de casarme. Me la había ganado. En vez de venderla a los cincuenta años, me la compré a los treinta.

Permanecimos en silencio. Oí algo cerca. Reconocí el ruido inmediatamente. El ronroneo. El gran gato blanco y negro. Acurrucado cerca de mí, ahora que Black no estaba, por fin era libre. Lo acaricié, mientras pensaba en cómo era la vida. Te va mal con una mujer y cambias de camino. A mí no me había pasado eso. Yo había cambiado el camino por dar puerta a un trabajo que no soportaba más quién sabe desde hacía cuánto, un trabajo que me tenía enganchado al ordenador. Cuando dejé el trabajo, las cosas empezaron a ir mal con Susan.

–Volví a ver a Margherita una vez más. –Pietro se levantó y vino a sentarse a mi lado–. Para el divorcio, cuando habíamos firmado. –No hizo ningún comentario sobre qué sintió al verla de nuevo.

–¿Ella nunca te buscó antes?

–Una vez. No quise saber nada. Se quedó con el otro, se casó. También sé que tuvo hijos.

Habría querido decirle que lo sentía por la flauta travesera, pero no se lo dije. Me imagino que de alguna manera todavía le corroía a él también. A menudo lo oía tocar. Nic y él habían hecho un pequeño concierto en el patio, un dueto de Mozart, flauta y violín, y vino bastante gente.

Rascaba al gato detrás de las orejas y mientras tanto pensaba que, en lo que a mí respecta, no había nada por lo que decir «qué pena», si Susan y yo hubiéramos decidido dejarlo. Me pregunté qué habría perdido cambiando de vida, a qué sueño habría tenido que renunciar, igual que Pietro había abandonado el suyo. Nada. Me sorprendió no tener sueños. Exceptuando a Dolly, no tenía ninguna pasión, ni por el arte, la música o la pintura. No había nada que pudiera echar de menos, algo que fuera solamente mío. Algo que estés impaciente por hacer cuando te levantas por las mañanas.

–Debes decidirte a decidir –dijo Pietro vaciando la pipa en el borde de la mesa–. Hay que elegir un camino. O a la derecha o a la izquierda.

–Eh, sí... –Y no añadí nada más. Tenía la cabeza vacía. Pero no, ¡yo era el que estaba vacío, uf!

–Buenas noches –soltó Pietro de repente, y se fue como si no tuviera ganas de esperar a que yo dijera algo sensato.

«Perdón –le dije mentalmente–, uno no puede tomar una decisión tan importante en un abrir y cerrar de ojos como tú hiciste, y de hecho tu matrimonio fue un fracaso. Decidir si tirar a la izquierda o a la derecha no es nada fácil, sobre todo si durante treinta y cinco años has seguido siempre la misma dirección».

Me quedé acariciando al gato bajo los tilos, luego me despedí y me fui a la cama a rumiar sobre mi vida. Volví a los días con mi bisabuelo, reviví el viaje a Cornualles, frente al mar, cuando se puso una gorra de marinero en la cabeza, quién sabe por qué y de dónde la había sacado; era el atardecer, me puso la mano en el hombro y me zarandeó un poco como se hace para dar el «pistoletazo de salida»:

–Hay que ser valiente para navegar, Mark –lo dijo sonriendo para darme tranquilidad–. Yo lo he hecho. Inténtalo tú también. No te quedes quieto anclado, abre las velas y vete, aunque el mar esté agitado. Quedarse quieto es la muerte.

Hablando de muerte, *La muerte y la doncella* de Schubert fue la pieza que Nic tocó maravillosamente unas noches más tarde, con otros tres músicos: dos violines, una viola y un violonchelo. No tocaron en la plaza, sino en una especie de castillo destartalado, entre hileras infinitas de vides, muy evocador. Yo me senté al fondo porque inevitablemente tenía que tener a Black atado con la correa. Había intentado endosarle el perro a Viola, pero me había respondido que tenía su asiento en la primera fila y que allí no podía tenerlo. Desde mi asiento podía ver a los músicos en una especie de escenario. Nic se había puesto su camisa elegante con la que practicaba, el segundo violín era un tipo larguirucho, al que había visto un par de veces trabajando con Pietro en el huerto y que, cuando había pasado junto a la mesa donde yo estaba leyendo, se había detenido para decirme que leer libros es malo para la salud y que lo único que hay que leer para limpiar el alma son las notas musicales. Dijo exactamente «limpiar el alma».

Escuchaba a Schubert, que tampoco escatimaba a la hora de romper el corazón –incluso cuando era un *allegretto*–, y pensé que también se puede limpiar el alma escuchando música y no solo leyéndola. Yo, que estaba hecho un lío, sentí esa necesidad.

La persona que tenía delante se cambió de sitio y vi que el tercer instrumento, la viola, parecía una vara entre las manos de una especie de Superman de anchos hombros. Pasé al violonchelo. Solo después de un cuidadoso examen reconocí a quién lo tocaba y era, aunque parezca increíble, la propia Madame Bisbiseo. No me equivocaba, era ella. Vestía pantalón vaquero y camiseta. Parecía no haberse peinado en días. No sé cómo pudo parecerme tan encantadora cuando la conocí, a ella y a su venenosa lengua. Ahora solo podía decir que gracias al importante instrumento que descansaba sobre sus rodillas recordaba a uno de esos ángeles músicos representados en las iglesias barrocas.

A veces me preguntaba cómo podía ser tan punzante, pero no podía perdonarle a aquella muchacha que me hubiera tomado el pelo por culpa del perro. Blando y estúpido, así me había definido. Nic me ha dicho un montón de veces que soy muy susceptible. Y es verdad.

–Esa del violonchelo es una mamona. –Un susurro en la oreja. Eneas se me había sentado al lado–. Una auténtica desgraciada.

–Venga ya... –Mira por dónde, entonces yo no era el único que lo pensaba.

—Es mi profesora de música en el colegio —me confesó Eneas, y se puso una mano tapándose la boca para que nadie le oyera excepto yo—. ¿Sabes lo que hace? Cuando te equivocas en una nota, te regaña delante de todos los demás. Pero de mala manera. Te saca la piel a tiras. ¿Sabes a cuántas compañeras de clase ha hecho llorar?

—¿Y a vosotros los chicos no?

—A algunos —admitió de mala gana. No le pregunté si él había sido uno de ellos.

Al cabo de un rato se sacó el tirachinas y empezó a darle vueltas entre las manos, probando la fuerza de la goma.

—Entonces, ¿el tirachinas? —le susurré.

La persona que estaba delante de mí se dio la vuelta con un dedo en los labios. Black se levantó y empezó a tirar de la correa, así que Eneas y yo nos alejamos hacia el campo que nos rodeaba. Había un montón de estrellas.

—¿Qué es este olor? —olfateaba el aire, era fuerte.

—Menta. Ese arbusto de ahí. —Arrancó una hoja, la desmenuzó y me la acercó. La olí. Me gustó. Nunca había prestado atención a los olores. A excepción del famoso perfume de Susan, era como si para mí no existieran los olores en el mundo y, tal vez, reflexioné en ese momento, puede que para mí no existieran muchas otras cosas. Black también estaba a la caza de olores, había metido la nariz entre los arbustos y husmeaba tirando de su correa, así que me vi obligado a seguirle.

—Entonces, Eneas, ¿el tirachinas?

—¿El tirachinas, dices?

—¿Dejarás de usarlo para ahuyentar a los pájaros?

Masculló algo entre dientes y con Schubert en los oídos nos quedamos mirando a Black mientras intentaba localizar el mejor sitio para hacer sus necesidades.

Eneas entonces cogió una piedra, armó el tirachinas y luego la lanzó al aire, hacia el campo.

—¡Basta! —Mientras, yo luchaba por contener a Black, que quería echar a correr para ir a recoger la piedra.

–Sí, dejaré de hacerlo, pero tú, señor Meo... –se echó a reír–, me ayudas a hacer los deberes.

–¿Señor Meo?

–Claro, yo te llamo así, señor Meo, no sé cómo me ha salido..., ¿de acuerdo? ¡Los deberes! Y también me enseñarás a usar el ordenador, a hacer de todo. La abuela dice que se ha enterado de que eres un genio.

–¡No! –resoplé fastidiado–. El ordenador no. Recuérdalo. –¡Solo faltaba! Y tener como apodo señor Meo no me gustaba en absoluto. ¡Vaya idea!–. Y además no me voy a quedar aquí. Dentro de poco me habré marchado. En cuanto Nic acabe de dar sus conciertos, creo que muy pronto..., me vuelvo a Londres.

–No lo creo –exclamó convencido–. El abuelo dice que te quedas, dice que no te irás. He oído decir a la abuela que no estás tan loco como para regresar a Londres. Así lo ha dicho.

Me encogí de hombros. Lo dejé pasar y volví a entrar en el castillo, en el ínterin, el concierto había terminado, la gente se apiñaba alrededor y en un momento dado vi que Margherita, alias Madame Bisbiseo, venía hacia mí, del brazo del violinista. Apuntó claramente en mi dirección, donde yo estaba de pie junto a Eneas.

–Aquí viene –farfulló Eneas.

–Pero mira quién está aquí. –Margherita, triunfante, no veía la hora de dar rienda suelta a su lengua viperina, y en efecto–: Ahí está, el precioso labrador negro que lleva con correa al amigo de Nic.

El inoportuno de Black tiraba para acercarse a ella y movía el rabo contento. Yo me quedé callado.

–Este es mi novio.

Margherita dirigió una mirada de adoración hacia Superman, quien me concedió una sonrisa gélida.

–Amor mío –le dijo–, vamos a beber algo –como si se hubiera encontrado con un fantasma insulso.

Desaparecieron del brazo entre la multitud.

–Mamona, ¿eh? –comentó Eneas con aire de «ya te lo había dicho»–. También contigo se ha comportado como una auténtica gilipollas.

–Sí, totalmente.

Y, sin embargo, había que dar las gracias a Madame Bisbiseo: de no haber sido por ella al violonchelo en *La muerte y la doncella*, Eneas no habría tenido ocasión de verter en secreto en mis oídos sus poco halagüeños comentarios sobre su detestable profesora de música, y no habríamos llegado a ser casi amigos. A pesar del asunto del tirachinas me consideraba uno de los suyos, y eso me complacía.

También Black estaba de mi parte, también aquella noche, cuando estaba a punto de dormirme, lo oí entrar en la habitación y, con un plaf, tumbarse junto a mi cama. El ritmo de su respiración me hacía compañía.

Después hubo otros dos conciertos más y algunos días de lluvia en los que aprendí a distinguir entre el olor a perro y el hedor a perro mojado. Salía a corretear por ahí y volvía empapado. Un tufo que los odiosos perros de los vecinos de la tía Daphne no podían ni soñar. Cuando le dije a Viola que el perro apestaba, me respondió jovialmente:

–¿Y por qué no habría de oler?

Por fin llegó una mañana soleada, con el cielo azul, las colinas límpidas y el aire tan transparente que, de haber tenido suficiente vista, se habrían podido contar las hojas de las parras a kilómetros de distancia.

–Entonces, ¿te vas?

–Ahora mismo, Pietro. Ahora mismo.

Estaba sacándole brillo a Dolly y controlando cada milímetro de su eficiencia, porque volvería a Londres en moto, Nic en coche con uno de aquí, el corpulento violinista, purificador del alma y vendedor de vinos, que tenía en Londres un punto de apoyo, no estaba claro para cuál de las dos actividades.

–¿De verdad te vas? –Pietro, con las manos en los bolsillos y el semblante ceñudo. Muy tranquilo. Señal de que estaba disgustado. No lo daba a entender. Se había apoyado a la sombra del muro y me observaba por encima de las gafas–. ¿En serio que te vas? –repitió.

–Bueno, claro..., ya nos hemos despedido y hasta hemos brindado, ¿no?

Llegados a este punto, no podía hacer otra cosa más que abandonar las Langhe, después de la multitudinaria cena de despedida de la noche anterior con toda la familia, con Viola desconsolada, que había llorado dos veces mientras levantaba su copa por Nic, y todo el mundo repitiendo: «Pero volveréis, ¿verdad?». Teresa, la segunda mujer de Pietro, la que le había hecho olvidar a Margherita, o al menos lo había intentado, fue muy amable conmigo, sospecho que Pietro le había contado mis historias porque más de una vez, volviéndome a llenar el plato, me había dicho:

–¿Estás seguro de lo que haces?

Esa misma pregunta ya me la había hecho yo cuando dos noches antes había llamado a Susan. Le había dicho que volvía a Londres y de común acuerdo decidimos que me permitiría alojarme de nuevo en casa, pero en la planta de arriba, donde había una habitación de invitados junto a la del servicio.

–Deberás vivir por tu cuenta –había sugerido Susan, con una voz casi afectuosa que me daba esperanzas–, tengo derecho a continuar con mi momento de reflexión, mi pausa, todavía no he tomado una decisión, necesito tiempo, pero si quieres estar aquí, desde luego no puedo impedírtelo.

Digamos que no había dado saltos de alegría. No importa. Yo, en cambio, tenía muchas ganas de verla. De verla y de todo lo demás.

–Sí, me voy –dije terminando de abrillantar la moto.

Black continuaba dando vueltas a mi alrededor, hacia delante y hacia atrás, se me metía entre los pies y luego se alejaba, luego se iba con Nic, que estaba cargando el coche, después iba a mover la cola alrededor de Viola, y volvía conmigo.

–El perro está nervioso –comenté.

Pietro no dijo nada. Black se sentó por fin y se me quedó mirando. Al pasar cerca le acaricié la cabezota, era increíble, ahora me salía de manera natural acariciarlo. Me siguió mientras subía a casa, mientras bajaba mi bolsa de viaje y la cargaba en el maletero del coche. Luego se acostó otra vez y yo miré a mi alrededor. Vi al fondo, tumbado en la mesa bajo los tilos, al gato blanco y negro. Roncaba plácidamente. No consideraba digno de mención todo el lío de la partida, él no se despedía. Estaba durmiendo junto a un libro abierto. Sí, mi libro de historia sobre Aníbal. Lo había dejado allí y no había ido a recogerlo.

Black seguía observándome, como si estuviera esperando de mí algún tipo de reconocimiento, un sobresaliente *cum laude*, como poco.

–A Black lo dejamos aquí. Es absurdo que Nic se lo lleve a Londres. Anoche todavía no estaba seguro, así que... te lo quedas, ¿no?

–Se lo queda Pietro un par de días –intervino Viola, que pasaba por ahí–, después vendrá mi hermana a recogerlo. ¿De acuerdo, Pietro?

–Claro, está bien.

Viola no le hizo caso y se fue con Nic, que estaba guardando cosas en el maletero. Saqué el casco del cofre. Me giré para mirar a Black.

–¿Estás listo, Mark? Ponte detrás de nosotros.

Nic cerró el maletero con un golpe seco.

Black continuaba mirándome de ese modo tan profundo, concentrado, que empezaba a conocer y a comprender.

–Me voy, Black –le dije en voz baja.

Eh, sí, le estaba hablando. Yo mismo. Se me acercó. Levantó el hocico. Me miró de nuevo. Bueno, nunca podré decir cómo sucedió, pero me hundí en esa mirada suya que, supuse, veía mucho más allá de lo que yo era capaz de ver...

–¿Vamos, Mark? –Nic se asomó por la ventanilla, el coche pasó a mi lado para tomar el camino que llevaba a la carretera.

–Espera. –Y apoyé el casco en el asiento de la moto–. Espera... –Eché a correr detrás del coche porque la vida ordenada que me esperaba en Londres me había mostrado un yo que no me gustaba en absoluto. Sucedió todo en un segundo.

–Espera, Nic... –grité–, para..., di al tipo que pare.

El coche se detuvo, abrí el maletero, saqué mi bolsa. Nic se bajó y se me acercó.

–Yo me quedo –dije, jadeando por la carrera–. He cambiado de idea. Me quedo aquí.

–¿Te quedas?

–Sí.

–¡Por fin! –estalló. Me sonrió. Se subió al coche. Sacó la mano e hizo un gesto de despedida–. Por fin...

–Buen viaje –grité, y experimenté un alivio de esos que parece que te devuelven la respiración–. Buen viaje, Nic.

–Cuida de Black.

Capítulo diez

–¿Por qué no comes?

Black estaba de pie, plantado sobre sus cuatro patas, olisqueaba la comida que le había puesto en el cuenco, en el sitio de siempre, en la cocina. Luego levantaba el hocico y me miraba. Se sentaba. Olfateaba. Me señalaba con el hocico a mí, que estaba de pie frente a él con las manos en las caderas, esperando a que su majestad el príncipe se zampara su comida.

No había manera.

–¿Y ahora qué?

Se lamió el bigote, aunque no entendí por qué, ya que no había comido nada desde la víspera. No dejaba de mirarme, como si yo tuviera que entender lo que quería decirme.

–Es lo mismo que te doy siempre –le expliqué procurando no ponerme nervioso–. No es algo sospechoso ni desconocido. –A estas alturas ya me había rendido a la gran verdad: con los animales se habla, aunque no respondan–. ¿Qué te pasa? –le insistí, como si realmente esperara una respuesta–. ¿Por qué no te gusta?

Black se limitó a husmear largo rato la comida y a observarme con aquellos grandes ojos suyos dóciles y expresivos, en los cuales yo, sin embargo, no conseguía leer nada.

Sin embargo, había decidido quedarme precisamente por aquella mirada. Nos habíamos contemplado profundamente, y había sido un gran momento, pero ya había pasado y aquella noche, la primera que pasé allí solo después de la partida de Nic, pensé que había cometido un gran error. Había soñado con volver a Londres, a mi casa, donde había vivido tantos años con Susan, donde, a partir de las cuatro y media de la mañana, estaba clavado delante del ordenador. Pero era mi vida después de todo.

En cambio, me había quedado en las Langhe, donde a las cuatro y media de la mañana podía estar escuchando a los pájaros que revoloteaban entre las ramas de los tilos. Black roncaba sobre la alfombra junto a mi cama y mi único pensamiento era qué haría con mi vida a partir de ese momento.

–Sí, fue genial esa forma en que me miraste, Black, pero ahora deja de clavar tus ojos en mí. –Luego silencio–. Mira que me enfado. Di algo.

Meneó la cola.

–Aúlla al menos.

No aulló.

–No sé, ladra.

No ladró.

–Venga, ya está bien, vamos...

Lo dejé allí y bajé las escaleras a toda prisa. Llegué a la mesa bajo los tilos donde había dejado el móvil. Llamé a Viola.

–¿Desde cuándo no come?

–Desde ayer –confesé–. El primer día que nos quedamos aquí solos comió normalmente, lo que tú me habías dicho. Ayer por la mañana le puse su cuenco de comida, lo olisqueó y se fue.

–Apuesto a que se lo dejaste allí. Creo que ya sé por qué no se lo come, estará todo reseco y hasta con moscas.

–Viola, lo tiro. Le doy comida nueva cada vez.

–¿Has cambiado de alimento? Los animales tienen sus hábitos. Tienes que darle lo que te he dicho que le des.

–De hecho, es lo que estoy haciendo. La misma marca de siempre. Precisamente ayer le compré una docena de latas. Fui a Alba, a aquella tienda de animales que está detrás de...

–¿Seguro que es igual que la del supermercado?

–Por supuesto, es la misma marca.

–De acuerdo. Si tú lo dices... Besos. –Y colgó. Un momento después fue ella quien volvió a llamar–: Solo una cosa en los dos días que llevas solo... me has llamado ocho veces por algo del perro. Intenta estar un poco menos nervioso. Besos. –Un clic y se esfumó.

Me desplomé en el banco. Black se quedó de pie junto a la puerta principal observándome. A mi lado, el gran gato blanco y negro dormía plácidamente con el hocico en el casco de la moto. Llevaba ahí desde la noche anterior. «Qué poco cuidado con tus cosas», habría dicho la tía Daphne. Impensable no volver a poner el casco en el cofre, suelo ser muy riguroso, pero en estos dos días había estado muy distraído, como si haber decidido no volver a Londres me hubiera dejado la cabeza hueca. Iba como flotando en el aire.

Acaricié al gato. Se despertó. Se estiró, me lanzó una ojeada como diciendo vete con el perro. Ahí lo tienes. Volvió a meter el hocico en el casco, pero se puso a ronronear.

Fui a buscar a Pietro al huerto. Estaba trabajando con la pala, el torso desnudo bajo el sol, con un sombrero de paja en la cabeza. Si no hubiera sabido que rozaba los setenta y cinco, le habría tomado por un muchacho. No tenía tripa, yo sí. La metí para adentro: había sido Viola quien me había dicho: «Mira la tripa que tienes, por lo menos métela mientras caminas».

–¿Has venido a echarme una mano? –Me lanzó una mirada.

Ignoré la pregunta:

–Black no come.

Estaba controlando la tripa. Efectivamente, si no la metía se notaba. Y vaya si se notaba.

–No te vendría mal ayudarme un poco.

–Mañana a lo mejor vengo.

Me di la vuelta creyendo que tendría al perro detrás, pero no estaba. No me había seguido.

–Black no come desde ayer. Y desaparece.

–Ya comerá cuando tenga hambre. Deberías dejar de darle la comida envasada que le compraba Viola. ¡Nosotros no les compramos comida de lata a los perros!

–¿Podrías ocuparte tú? Yo no sabría ni por dónde empezar.

Dejó de trabajar, se quitó el sombrero, lo colgó en la pala clavada en el suelo y se acercó a mí.

–No. –Se pasó la muñeca por la frente sudada–. El perro es tuyo y debes ocuparte tú. Aprende.

–No es mío, es de Nic. Me siento doblemente responsable porque me lo ha confiado. Es una gran responsabilidad. No soy capaz de cuidar de un perro. Así que me ocupo de él durante el día, y también por la noche, pero si le dais de comer vosotros, sumado a...

–¿Sumado a qué?

–A lo que pago aquí por la casa, por la cena con vosotros y por el almuerzo del mediodía. A esa cifra podemos sumarle también la comida para el perro.

Se me quedó mirando unos instantes, luego bajó la cabeza, como si le hubiera dicho algo absurdo. Y añadió:

–No, no funciona así. –Incluso se rio–. Puedes seguir viniendo a cenar con nosotros por la noche, es importante que estemos juntos. Pero para el resto, a partir de ahora, tienes que arreglártelas tú solo. Perro incluido. Teresa te lo dirá hoy cuando vayas a comer. Hasta hoy, luego se acabó. Tenemos mucho que hacer por aquí.

Entendido, pensé. Esto significa ir a hacer la compra para comer. Jamás lo he hecho. Aprender a preparar la comida. Jamás lo he hecho. Recoger la cocina. Lo he hecho una vez. Y todo lo demás.

–No sé hacer la colada, ni siquiera barrer... –Y mientras tanto miraba alrededor buscando a Black–. Creo que Nic lo había arreglado con una mujer... Siempre encontraba las cosas limpias.

–Estás acostumbrado a ir de señorito.

–En mi opinión hay mejores cosas que hacer.

–Sin duda es cierto lo que dices, pero debes organizarte. Habla con Teresa.

Seguía mirando hacia atrás buscando a Black. Nada.

–Perdona, eh..., estoy mirando a ver si encuentro a Black. Últimamente se va por su cuenta.

–Mark, tienes que estar pendiente del perro, debes ir detrás de él.

–Vayamos por partes, Pietro, ¡qué es esta historia del perro que me pasea a mí!

–Eh, no te calientes. Solamente estoy diciendo que Black conoce estas tierras... –Señala hacia el horizonte–. Conoce las colinas, los viñedos, los bosques, incluso el río allí al fondo, mucho mejor que tú. Solo tiene que usar su olfato para comprender cómo están las cosas.

–Está bien, pero Black desaparece. Coge y se larga. No sé dónde diablos va. Mira, hasta ahora, solía pegarse a mí, cuando Viola y Nic estaban aquí. Desde que me he quedado solo...

–¿Y tanto te cuesta ocuparte de él? –Volvió a su pala, se calzó el sombrero en la cabeza, pero se giró hacia mí un momento–: Ten en cuenta que este perro es especial, créeme. Un perro único... es un labrador negro. –Como si dijera es el perro por excelencia, el rey de reyes de los perros, vamos.

Retomó su actividad con la pala y me percaté de que sus dos perros estaban al fondo del huerto. Como centinelas, y le vigilaban. Ángeles custodios, como los definió una vez Teresa. A mí, a decir verdad, me daban un poco de recelo, por no decir miedo, porque cuando me acercaba a Pietro me miraban fijamente, como mandándome un mensaje: ¡da un paso en falso y te despedazamos!

Black, en cambio, era diferente. Su semblante nunca era amenazador. Es más, siempre se mostraba contento. Pero en ese momento, cuando me di cuenta de que no lo encontraba, tuve un acceso de rabia. ¿O tal vez era preocupación? Black se hacía cargo de mí. ¡Ay de mí si le hubiera pasado algo! Nic, que acababa de llegar a Londres, me había telefoneado para reiterarme que cuidara del perro, que lo tratara bien, que me ocupara de él. Dale que te dale con el perro.

Emprendí el camino por el sendero de tierra entre los prados y luego entre las viñas, el que lleva a la carretera comarcal, y de vez en cuando –sintiéndome como un idiota, lo reconozco– gritaba en voz alta: «Black...», casi gimiendo en el silencio, flanqueado por las hileras de vides. Lo repetía dos, tres veces. Ni rastro del perro. Estaba furioso. «Black...», seguí llamando, pero el animal no aparecía. Me pregunté cómo se enseñaría a un perro a obedecer a un silbido, es decir, silbas y el perro viene enseguida. Silbar es digno. Gritar el nombre del perro a ninguna parte no lo es.

Apareció un tipo entre las viñas y me dijo algo.

–No entiendo...

–Te he preguntado si buscabas un perro. –Esta vez en italiano, no en dialecto–. Si sigues adelante, a la derecha, verás un perro negro que anda por allí desde ayer. A ver si es el que buscas. –Y volvió a meterse entre las cepas.

El perro negro no podía ser más que Black. Eché a correr hasta la granja y llegué con la respiración entrecortada por la carrera.

Efectivamente era Black.

–Entonces es suyo. –La mujer que estaba en la puerta me miraba con la mano sobre la frente, para protegerse del sol–. Muy bonito su perro. He oído que le llamaba Black, así que debe de ser él.

Black estaba sentado junto a la puerta de entrada, ni que estuviera en su propia casa, y me miraba tranquilo, como si estar ahí fuera lo más natural del mundo. Tampoco se esforzó mucho en mover la cola. Un meneo indolente y poco entusiasta. «Gracias, Black. Además, la señora aquí presente ha oído perfectamente que te llamaba, pero tú no, me imagino que te habrás vuelto sordo o que tenías otras cosas que hacer, ¿verdad?», solamente lo pensé, pero estoy seguro de que Black lo entendió porque dejó de mover el rabo y bajó las orejas, apartando el hocico. Empecé a pensar que, con los animales, al menos con los perros, también se puede comunicar uno telepáticamente.

–No es exactamente mi perro, es de un amigo mío, pero da igual.

–No nos hemos visto antes... –Me examinaba, desconfiada, como si me estuviera haciendo una radiografía. Tiró de la puerta tras de sí, por si acaso quería entrar a robar en la casa después de espiar por la rendija si valía la pena.

–Desde hace cosa de un mes estoy viviendo aquí cerca, en la granja de... –Y di el nombre de Pietro–. Soy un amigo. Puede preguntarle a él –añadí para que entendiera que no era un extraño.

–¿Desde hace un mes? ¿Y nunca ha venido por aquí? Son cinco minutos a pie –afirmó incrédula. Yo había tardado algo más de cinco minutos, la verdad. Me estudiaba con la mirada–. En un mes, ¿nunca ha sacado a pasear a su perro por nuestra hermosa colina? –continuó casi ofendida.

Era verdad, pasaba todo el tiempo leyendo bajo los tilos. Tan ricamente. Y dejaba a Black libre para corretear por donde quisiera. ¿Qué otra cosa debía haber hecho?

–Él es libre de andar por donde quiera –musité.

–Haga lo que le parezca, pero debe dar de comer a su perro. Llega aquí muerto de hambre, el pobre. Se presenta por la mañana temprano, esta mañana aún clareaba. Aparece, come, se va y luego vuelve. Se ve que usted no le hace mucho caso.

–Black...

¡No daba crédito!

–Este animal es de los que hay que cuidar. Entre otras cosas, está sucio. ¿Lo baña? ¿Lo cepilla? No me lo parece.

–Black...

Era él, el perro que me había pulverizado dos días antes. Que me había hecho comprender que tenía que quedarme. El que hasta hace dos días no me dejaba ni un segundo. Protector y cariñoso, sí, también cariñoso. Y que ahora andaba por ahí haciendo creer a la gente que lo mataba de hambre y que no lo cuidaba.

–¿Y qué le da usted de comer?

–¿Qué quiere que le dé? Un poco de pan duro. Lo mojo con agua. Y le meto dentro un resto de patata, para acompañar.

Para acompañar. Una patata vieja.

–Cocida, me imagino –murmuré.

–Por supuesto...

Miraba a Black y pensaba en lo que costaban las malditas latas de comida para perros formato gigante que acababa de comprar. «Superior», ponía en la etiqueta. Esas que Black había devorado con gusto hasta hacía dos días.

–De acuerdo, Black –dije, y se me escapó un tono algo brusco–: ¿Nos vamos a casa?

–Pero si usted no lo trata con un poco más de humanidad... –me reprochó la señora con severidad.

–¿Quiere decir más amablemente?

–Pues claro –contestó irritada, como si fuera de los que no entienden nada–, pues claro..., humanamente, ¿entiende? –Luego–: Espere un momento. –Desapareció dentro de la casa y volvió enseguida con algo en una bolsa–. Aquí tiene pan duro, ya tengo suficiente pan rallado, y mi perro no lo come.

–¿Y qué come su perro? Solo por saberlo...

–Comida enlatada. La compro en el supermercado.

–¿Se puede creer que a Black le vuelven loco?

–No. –Y me lanzó una mirada de reojo, creo que estaba segura de que le estaba tomando el pelo. Entró en casa, y asomándose soltó–: Quien no cuida de su perro, tampoco cuida de las personas. –Y cerró la puerta.

Me quedé allí con la bolsa de pan duro en la mano y Black mirándome y moviendo el rabo contento. Se pasó el camino de vuelta corriendo alegremente de un lado a otro, se me acercaba y movía la cola, luego se alejaba corriendo y volvía de nuevo hacia mí, con las orejas al viento, exultante. Todo iba de maravilla, según él, mientras yo cavilaba sin cesar sobre la oscura razón que lo había impulsado a comer pan duro del vecino en lugar de la comida «Superior» que yo ponía a su disposición.

–Maldito traidor –le dije por fin–. Te vas a enterar.

Dio un alegre salto como si yo le hubiera dicho que era el mejor perro del mundo y se puso a restregarse en la hierba entusiasmado, revolcándose de un lado a otro. Luego se levantó de un salto, eufórico, se sacudió la tierra y las hojas secas, y siguió trotando por delante, deteniéndose a cada momento para comprobar que le seguía.

–Es que tú solo vas a lo tuyo –me recriminó Pietro cuando coincidimos luego en la mesa bajo los tilos, yo con el plato del almuerzo que me había dado Teresa y él con una cerveza. Le había contado lo del pan duro, y él comentó–: No es solamente que vaya a comer donde Cristina, aquí al lado. Se va a deambular por ahí porque tú no le haces caso. Llevas dos días aquí sentado leyendo...

–También lo hacía antes de que se fuera Nic –me defendí.

–Pero ahora os habéis quedado vosotros dos solos. Él y tú. Se espera retozar y corretear. Este perro necesita moverse. Y sin embargo lo tratas como si fuera un anciano. Y entonces él se va por ahí a su bola y cuando pasa por donde Cristina ella le da de comer y él come.

–Pero aquí no come...

–¿Y por qué habría de hacerlo? Ya ha comido en otra parte.

–Sí, bueno. Pan duro con una patata hervida. Eso es lo que le voy a preparar: esta noche pan duro y agua, y ya está.

–Pero ¿has perdido el juicio? Con los animales no hay desquite que valga. Por lo menos con los perros. En general no hay que tomar la revancha con nadie. ¿Cómo se te ocurre?

Desde luego. Era para avergonzarse. Me desinflé de inmediato y me quedé allí abatido y confundido.

–Lo único que ha querido decirte Black es que no te estabas ocupando de él. Y te lo ha dado a entender dejando de comer.

Sentado a mi lado, Black no me quitaba ojo. Habría jurado que estaba escuchando atentamente la conversación. Movía suavemente el rabo. Estaba rebañando el plato con un trozo de pan que me había dado Teresa para almorzar –pollo a la cazadora y una montaña de patatas– y le ofrecí aquel suculento bocado:

–Black..., toma. –Y él, con una delicadeza sorprendente, me lo cogió de la mano sin siquiera rozarme con los dientes y se lo comió.

–¿Ves cómo lo hace? –Pietro se levantó–. Contigo es cariñoso. No seas tan rígido, Mark. Y, además, ¿te has preguntado alguna vez quién es Black? Me refiero al ser vivo que tienes delante. Vivo como... –miró a su alrededor, apuntó con el dedo hacia arriba–, como estos dos tilos, ¿te lo has preguntado alguna vez? –Y fue aquí donde aprendí el nombre de estos dos árboles–. ¿Tampoco te has preguntado qué son, de qué están hechos? –Levantó la cerveza vacía–. En mi opinión deberías aprender a mirar a tu alrededor, Mark. Tienes que rumiar menos y ver lo que hay fuera, lo que te rodea.

Le seguí con la mirada mientras se alejaba, con su paso ágil y firme. Mira por dónde, otro guía espiritual, pensé con cierta autocompasión: mi bisabuelo, Nic y ahora este sabio de las Langhe. Tres en total, tres personas empeñadas en mostrarme la luz. ¿Y qué hacía yo?

–Vamos, Mark... –me reproché de repente en voz alta–, sabes perfectamente que tienen razón. Tienes suerte de haber encontrado a alguien como Pietro... –Y bajo otro punto de vista, diría que era de agradecimiento, observé a Pietro mientras se encaminaba hacia el huerto. Sus dos perros, vigilantes, salieron a su encuentro, se le pusieron al lado, le acompañaron con una solemnidad que, lo admito de mala gana, Black no tenía en absoluto.

–¿Y ahora qué? –Me levanté–. ¿Vas a hacer lo mismo que ellos?

Se me acercó ladeando la cabeza como diciéndome que era un guasón, que él nunca sería como aquellos perros guardianes, que él era otra cosa.

–Vamos, si tú no necesitas ser solemne. –Y me incliné hacia él, mirándole a los ojos–: ¿Tú qué clase de perro eres? Oh, perdón..., ¡un labrador!

Se lamió los bigotes. Eso es, tener un perro como él era para relamerse los bigotes. Estaba claro.

–Tienes razón.

Me puse en pie y él inmediatamente se fue dando saltitos hacia el fondo del patio y se giró para mirarme. Iba por delante. Sabía perfectamente, no sé cómo, que me dirigía a llevarle el plato, el vaso y la botella de cerveza vacía a Teresa. Mientras ella y yo nos quedamos un rato hablando en la puerta, él permaneció sentado junto a mí y me pareció que erizaba las orejas cuando me oyó decir:

–Quiero darle de comer lo mismo que les dais vosotros a vuestros perros, no quiero darle más comida enlatada.

Encontré a Pietro en el cobertizo, estaba trajinando con su moto Guzzi Airone, preciosa tengo que decir. Le pedí su furgoneta para ir a Alba.

–Volveré como en una hora o así, necesito algunas cosas, tu mujer me ha hecho la lista de la compra; lo imprescindible para vivir aquí, en resumen, y también cosas para el perro, me lo ha explicado todo.

Pietro no tenía coche, tenía una furgoneta y la cuidaba como oro en paño.

–¿Por qué no vas en moto? Mete las cosas en el cofre.

–Quiero llevarme a Black conmigo. Si voy en moto tendría que dejarlo aquí.

–¿Seguro que te lo quieres llevar? –Se mostró dubitativo, pero descolgó las llaves de un clavo y me las lanzó–. Detrás de la casa. Donde siempre.

Nada más abrir la portezuela, Black saltó dentro del furgón como si hubiera estado haciéndolo todos los días de su vida y enseguida se instaló en el asiento del acompañante con la seguridad de quien cree que se ha colocado en el sitio reservado para él.

–Solo falta que te ponga el cinturón de seguridad... –Lo miré estupefacto y avancé por el camino que lleva a la carretera comarcal.

Me detuve en el patio de la casa donde había encontrado a Black por la mañana. La casa de Cristina.

–¿Vamos a comer pan duro y patata? ¿Quieres? –me dirigía a Black. Hizo como si no me hubiera oído, siguió mirando hacia delante. Como si fuera sordo. Y no se movió de su sitio–. Venga, déjalo..., vengo enseguida. –Y me bajé de un salto.

Cristina salió de casa, esta vez sonriente. Fue entonces cuando me di cuenta de que era joven, y que parecía simpática. Por la mañana no me había fijado, era como si la viera por primera vez.

–Cuando he visto la furgoneta, creía que era Pietro...

–Le he traído esto. –Deposité el paquete junto a la entrada–. Las latas de comida para perros. Black no las come. Le daré de comer lo mismo que hace Teresa para los perros de Pietro.

–Ah, esos... –Sonrió y me fijé en que tenía un hoyuelo en la mejilla. Pero no como el de Susan. Increíble que Susan no tuviera el monopolio de los hoyuelos en la mejilla.

–¿Por qué se ríe? –me limité a decir «ríe», no le dije que «ese hoyuelo en la mejilla era adorable». No me interesaba hacerle saber que me había fijado.

–Me hace gracia que traten a los perros como si fueran de una raza especial –decía ella mientras tanto–. Pero no me concierne. Cambiando de tema, usted es inglés, ¿verdad? Me habían dicho que Pietro alojaba a un inglés. Se le nota en el acento que es inglés.

–¿En serio? –«Fíjate, estaba convencido de no tener acento», pensé molesto–. Qué raro, mi madre es italiana y el italiano es la primera lengua que aprendí. Antes que el inglés. –Vaya un idiota dando explicaciones.

–Entonces usted debe de ser Mark. –Y sin esperar respuesta–: ¿Qué me ha traído? Ah, sí, las latas de comida de perro. –Se inclinó, comprobó la marca y dio su aprobación. Se levantó y se dirigió hacia mí. Sonrisa y hoyuelo–: Gracias.

–Así es –murmuré y volví a la furgoneta–. Me cuesta, ¿sabes? –le dije a Black, que observaba la carretera con interés–. Aquí hay que conducir por la derecha, y yo estoy acostumbrado a circular por la izquierda, espero no meter la pata.

Y me eché a reír porque Black de repente apoyó una pata en el salpicadero como para anticiparse a un posible golpe y evitar estrellarse contra el parabrisas. Sin embargo, me las arreglé divinamente, incluso en la abarrotada Alba, y también aparcando.

–Vaya, no tengo correa, mierda. ¿Y ahora qué hacemos? –Me volví para mirar a Black–. O me esperas en el coche o te me pegas todo el rato.

Abrí la puerta y bajé. Y me lo encontré ya en tierra, ahí delante, había salido como un rayo detrás de mí. De acuerdo, Black. Caminaba a mi lado, pegado a mis piernas. En las tiendas donde tenía que entrar no estaba permitida la entrada a los perros, pero él esperaba fuera educadamente, sentado y sin quitarme ojo. Por eso elegí tiendas pequeñas, donde él podía verme, y evité entrar en el supermercado. Compraba lo que necesitaba y me volvía a cada momento para mirarlo, y él allí quieto, observándome.

–Qué tierno es su perro –me dijo encantada una señora cuando salí de la panadería–, no le quita el ojo de encima y espera tan tranquilo. Debe de hacerle mucha compañía, ¿verdad? Qué suerte tener un perro así, mi marido tiene uno de esos perros de pelea, que no para de ladrar...

–Sí, este perro es realmente...

Lo miraba y no sabía cómo definirlo, siempre se encontraba a un milímetro de mí. Nos metimos rápidamente en la furgoneta. Mientras tanto me quedé pensando que la señora del perro de pelea tenía razón en una cosa: Black sabía de ternura. Qué palabra: «¡ternura!». La utilizo poco, y me sale hablando de él, increíble.

Subí a casa con toda la compra y cuando entré en la cocina, con Black pegado a mis talones, me quedé quieto en la puerta. No sabía dónde dejar las cosas.

–¿Cómo es posible que no me haya dado cuenta antes de que esto está hecho un desastre?

La mesa estaba invadida por platos sucios y la taza del desayuno; el fregadero estaba lleno de cacharros sucios, había envoltorios por todas partes, latas de cerveza y no sé cuántas cosas más.

–En dos días he dejado la casa como una pocilga.

Deposité en el suelo todo lo que había comprado.

–Vamos, Black, vamos a poner todo en orden..., y menos mal que mañana viene la mujer de la que me ha hablado Teresa para limpiar y hacer la colada..., pero de esto me encargo yo ahora mismo.

No, allí no tenía nada que hacer. Estaba en el umbral de la puerta. Me miraba meneando la cola. En cuanto di un paso salió corriendo por las escaleras. Luego miró para ver si lo seguía. Después de nuevo señaló a las escaleras. Hasta un tonto se habría dado cuenta de que Black tenía ganas de salir.

–Está bien, limpiaré después... –Decidí ser condescendiente. Salí al patio–. Quedémonos aquí. Tengo que llamar a Susan.

Increíble no haberla llamado todavía para decirle que había decidido quedarme en las Langhe.

–Yo la llamo y tú mientras te vas a dar una vuelta por ahí.

¡Como si no supiera a estas alturas que una frase como «tú mientras te vas a dar una vuelta por ahí» no tiene sentido con un perro como Black!

Dejé el móvil en la mesa y cuando vi en el banco al gato blanco y negro dormitando encima de mi casco, con un gesto repentino de poner orden, se lo quité de debajo del hocico y fui a colocarlo en su sitio, en el cofre de la motocicleta. Cuando volví a la mesa para coger el teléfono y llamar a Susan..., bueno, pues el aparato ya no estaba.

–Pero... –Miré a mi alrededor.

Estaba entre las fauces de Black. Sobresalía lo justo para ver que era mi teléfono móvil. O, mejor dicho, ¡el móvil de mi bisabuelo! Lo había cogido y me miraba fijamente, moviendo la cola, encantado con aquel divertido juego.

–Pero ¿qué haces? Me lo estás llenando de babas. Dámelo ahora mismo.

Movió el rabo con más fuerza y se alejó.

–Eh, déjalo ya... –me acerqué para quitárselo–, esto no es para ti.

Un instante antes de que pudiera alcanzarlo, se escapó. Avancé unos metros más, pero huyó otra vez. De repente se paró. Me acerqué de nuevo, extendiendo la mano para coger el móvil, y volvió a darse a la fuga, esta vez un poco más allá.

–¡Black, ya está bien!

Se encaminó hacia el sendero que ascendía hacia los prados. Y yo detrás, maldiciendo, llamándolo, procurando dar autoridad a mi tono de voz. No me escuchaba, es más, echó a correr con mi móvil todavía en la boca.

Lo seguí, no iba muy rápido, podría alcanzarlo con un salto, pero en el último momento aceleraba y marcaba otra vez las distancias. Él corría y yo corría con él, y me di cuenta de que hacía años que no corría de esa manera, quizá desde aquella vez a campo abierto en Cornualles, con el abuelo que me daba la salida; entonces yo echaba a volar y él me tomaba los tiempos. Y cuando ya no aguanté más y me tiré sobre la hierba, sin aliento, me dijo que el hombre prehistórico estaba acostumbrado a correr para alcanzar a sus presas:

–Si no corrías, no comías. Correr es un ritual, los dioses corren a tu lado a través de los bosques, de un árbol a otro, para alcanzar la vida... Sigue corriendo aun cuando yo no esté para tomarte los tiempos, corre, aunque no haya nadie para hacerlo..., pero corre, Mark.

Y sin embargo, desde que murió, no había vuelto a correr. Tenía once años.

Este recuerdo cruzó mi mente, como un relámpago, mientras trotaba a la luz del atardecer, que se colaba en diagonal entre los árboles; con águilas ratoneras, mirlos y otros pájaros produciendo un alboroto frenético entre el follaje. Y luego el silencio que seguía al ruido de mis pasos. De repente me eché hacia delante apoyando las manos sobre las rodillas, con los brazos estirados, sin moverme, jadeando de cansancio, con los pulmones a punto de estallar, el corazón latiéndome en la garganta o tal vez saliéndoseme del pecho.

–Me muero... –jadeé, intentando desesperadamente respirar–, me muero... –Y Black, ese granuja, volvió a mi lado, se sentó, con el móvil aún en sus fauces, y me observó unos instantes. Luego, con un gesto ceremonioso, depositó el teléfono a mis pies, lleno de babas. Si me hubiera dicho: toma que te lo has ganado, no me habría sorprendido.

Recogí el móvil y me incorporé. Tenía la lengua colgando, parecía divertido. Sequé el aparato en los pantalones. Los pájaros seguían cantando. Pietro me había dicho que era el canto del atardecer, antes de irse a dormir. La respiración estaba volviendo a la normalidad. El corazón se estaba calmando. La camiseta se me había pegado al cuerpo. Sudor. Y también aturdimiento.

–Vamos, volvamos a casa. –Me puse en camino. Lento. Atónito con lo que había pasado, sorprendido por la hazaña llevada a cabo. Sentía una extraña euforia por dentro.

Una vez bajo los tilos, me dejé llevar hasta el banco y, con los codos apoyados en la mesa, me quedé allí un buen rato, muerto de cansancio, con el mentón entre las manos. Black bebía ruidosamente del cuenco de agua que le había puesto junto a la puerta de casa. Del fondo del patio, donde vivía Pietro con todos los demás, me llegaba una música, de flauta travesera, Bach, Pietro estaba tocando. También voces, alguna carcajada. Voces de personas que charlan, que están juntas, que se conocen. En un rato iré allí para cenar y me sentaré también yo en la gran mesa, entre todos los demás. Tenía sed, pero la sola idea de tener que subir las escaleras para llegar a la cocina me mataba. Esa carrera me había tumbado. Comprobé que el teléfono funcionara. Funcionaba. Marqué el número de Susan con cierta emoción. Respondió con un tono distante e inmediatamente preguntó qué era el alboroto que se oía.

–Son pájaros, que van y vienen, están en el árbol. Estoy sentado justo debajo.

–Pero ¿dónde estás, perdona? No te he entendido.

–No me he ido. Estoy en el patio de la casa donde vivo ahora y hay árboles. Me he quedado aquí, en las Langhe. Me quedo aquí.

–A ver, déjame que lo entienda, tu amigo Leviné se ha marchado, ¿y tú te has quedado ahí?

–Sí.

–¿Solo?

–Claro, solo.

–¿Para hacer qué?

–Bueno, para estar aquí.

–No, *sorry*. Para estar ahí no es una respuesta, *honey*. ¿No habíamos quedado en que te marcharías de ahí?

–En realidad, sí.

Me masajeaba la pantorrilla izquierda, tenía algo, un calambre.

–Y entonces, ¿por qué te has quedado?

–No lo sé, Susan, solo sé que necesitaba estar aquí un poco más de tiempo.

–Habíamos acordado que volverías. –Su tono sonaba irritado, pero también leí decepción y pensé que quizá me había equivocado al quedarme.

La verdad es que no sabía qué más decirle, me sentía culpable, estaba yendo a mi bola en lugar de preocuparme por ella, precisamente como sucedió cuando mandé al cuerno mi trabajo sin decírselo antes.

–Susan... –Me levanté e inmediatamente sentí una punzada en el tobillo–. Perdona, Susan, pero durante tu pausa de reflexión...

–¡Eh, no! Ahora no me eches a mí toda la culpa. Pero tienes razón, es verdad. Me lo estoy pensando. Tengo que tomar una decisión. Sobre ti y sobre mí. Tú mientras tanto haz lo que te parezca y, disculpa, pero ahora tengo que irme corriendo, tengo una cena de empresa.

Únicamente cuando me encontré bajo la ducha conseguí no pensar más en Susan y en el amargor que me había dejado en la boca. Pensé en la experiencia de la tarde. Reflexioné sobre la carrera, Black delante y yo detrás. Bajo el chorro de agua caliente me di cuenta de que la carrera permanecía en cada fibra de mis músculos; en el corazón, en los pulmones sentía todavía el impacto de mis pies en el terreno: Black delante haciéndome correr, obligándome a ser consciente de mi cuerpo, lo cual era extraño de decir, pero era así. Y yo detrás de él con una tenacidad de la que no me creía capaz. Pero solo había sido una carrera corta.

Me estiré bajo la ducha, felicitándome a mí mismo. La sensación física que estaba experimentando era nueva, distinta.

—Una sensación agradable —le dije a Black cuando entré en la cocina mientras me secaba. Él estaba tumbado, como de costumbre, bajo la ventana.

—Mark... —alguien me llamaba desde afuera—, a cenar. Hoy cenamos antes. La abuela dice que te des prisa. —Era una de las nietas de Teresa, no sé cuál de ellas.

—Ya voy —grité sin asomarme, estaba desnudo. Y de repente—: Black, ¿y ahora qué vas a cenar tú?

Había regalado todas las latas de comida a Cristina y no había tenido tiempo de hacer la comida para perros que me había sugerido Teresa. Solamente contaba con los ingredientes, carne y alguna cosa más.

—¿Y ahora qué hacemos? No me da tiempo de prepararte nada de comer.

Entonces vi que las bolsas de la compra que había dejado en el suelo estaban todas revueltas, patas arriba, los envoltorios abiertos, el pan desparramado y el papel hecho trizas. Y del paquete grande del carnicero con cinco kilos de desperdicios de carne que había comprado para Black, que había que repartir y mezclar día a día con no sé qué, no quedaba ni una pizca.

—Genial, Black.

Meneó el rabo.

—Saciado, ¿eh?

Se levantó y se acercó a mí, balanceando su cabezota, como diciendo: ¡vamos, ríete!

No tenía ningún sentido que me pusiera a gritarle, creo yo, y además no tenía ni idea de cómo regañar a un perro. Me vestí a toda prisa y mientras atravesaba el patio a la par que oscurecía, volví a recordar la conversación con Susan y cada vez estaba más convencido de que con aquel tono había querido darme a entender que sentía que yo no hubiera vuelto. Ella era así, las expectativas no cumplidas la sacaban de quicio. También yo sentía no estar en Londres, no estar con ella, pero luego me encontré contemplando la franja de color fuego que bordeaba las colinas por el oeste, últimos restos de un día de sol. Y me imaginé a Susan, a miles de kilómetros de distancia, con su vestido color sirena, su sonrisa, su hoyuelo y rodeada de la gente que le importa. Y su CEO.

–¿Vienes, Mark?

Me apresuré contento hacia la casa grande donde me estaban esperando.

Cuando les conté lo del hurto de Black, no fueron pocas las mujeres ahí presentes que me preguntaron por qué había dejado la compra en el suelo en lugar de meter rápidamente la carne en la nevera, como debía ser, y el resto encima de la mesa donde, presumiblemente, Black no habría subido. Insistieron en la regañina.

–Mañana coges la furgoneta y compras más carne. –Pietro me volvió a llenar el vaso de vino tinto, el Barolo que se bebía en casa y que era inmejorable–. Por fin Black ha comido, ha tomado justo lo que necesitaba.

–Pero nuestros perros no roban –replicó Teresa.

Y entre los presentes, hijos, hijas e hijos de hijos, cuñados, yernos, nueras, padres y madres, tíos y tías –en cuanto a lazos de parentesco, había de todo–, se entabló una discusión sobre si los perros eran o no propensos a robar comida en casa y cómo había que educar a Black.

–La próxima vez que robe algo coge un periódico,lo enrollas y le das en el espinazo. Verás qué rápido aprende.

–Nunca sería capaz de pegar a Black –aseguré, y me di la vuelta para mirarlo, lo veía a través de la puerta de casa abierta, veía su oscuro pelaje, tumbado casi en el umbral. A la espera.

–Pero eso no es pegar –dijo una de las nueras de Pietro, la madre de Eneas, para ser exactos–. Es como cuando se le da un cachete a un hijo, ¿verdad? –Y se volvió hacia Eneas, que estaba cabizbajo y con cara larga porque le habían quitado el móvil.

–Eneas pierde mucho tiempo con los jueguecitos en vez de estudiar –me informó una de las dos niñas que se sentaban frente a mí y que de vez en cuando me lanzaban miraditas y se reían parloteando bajito entre ellas.

Las miré sonriendo y con expresión interrogativa.

–¿Sabes a quién te pareces? –me preguntó de repente una de las nietas de Pietro.

–Temo saber qué estás a punto de decirme.

–Entonces ya sabrás que eres igualito a Matthew McConaughey, el de *El lobo de Wall Street*, continuó.

–En mi opinión eres aún más guapo. –La otra le dio un codazo para que se callara y yo sonreí ante su ingenuidad.

–Niñas... –Teresa las llamó al orden–, dejad de cuchichear, ayudad a quitar la mesa y traed la tarta de manzana. Ayuda también tú, Eneas.

The Wolf, hacía tanto que nadie me llamaba así que sentí un escalofrío por la espalda y me levanté para echar una mano yo también. Traje una pila de platos y luego cogí mi silla, y para comerme mi tarta de manzana me puse al lado de Eneas, que estaba al final de la mesa y no cedía ni un milímetro en su enfado.

–Si quieres mañana te leo la historia de Aníbal.

–Qué divertido.

–O podemos competir con el tirachinas.

–Tengo un montón de deberes.

–Te ayudaré.

–Si quieres ayudarme ve a hablar con la abuela y dile que me devuelva el móvil. ¿Lo harás?

–Hasta luego, Eneas –fue mi respuesta. Me levanté y me despedí de todos.

Me recibió un cielo luminoso, las estrellas parecían muy cercanas, inmensas, más brillantes que nunca. Se oía un reclamo procedente de algún lugar del bosque, pájaros nocturnos, búhos o vete tú a saber. Black estaba retozando cerca de mí. Percibía también el rumor del viento entre las ramas de los tilos, un murmullo especial que invitaba a quedarte quieto y a aguzar el oído. A escuchar, en definitiva. También notaba que me dolían las piernas además de los pies. Y recordé la carrera.

–Nos hemos dado una buena carrera, ¿eh, Black? –Él movía el rabo enérgicamente. Parecía estar de acuerdo.

Cuando llegué a casa me dejé caer en la cama, en la habitación oscura y con la ventana abierta al cielo.

Oía la respiración de Black, a los pies de mi lecho.

–Muy bien, Black –le dije, y cada fibra de mi ser aún temblaba por la carrera–. Has estado genial hoy haciendo que te persiga.

No veía la hora de repetir la hazaña.

Capítulo once

–¿Estás despierto?

–Estoy despierto. Pero ¿qué hora es?

Cuando oí sonar el timbre del móvil me costó salir del sueño, yo que antes a las cuatro y media ya estaba en pie como las gallinas. Todavía estaba oscuro. Al levantarme de la cama noté los músculos de las piernas agarrotados y doloridos. Fui a tientas hasta la mesa de la cocina, donde dejaba siempre el móvil.

Vislumbré una silla. Black me había seguido, lo oía husmear cerca de mí.

–Es muy temprano. Estoy a punto de salir, tengo una conferencia en Oxford. Siento lo de ayer, estuve poco amable.

–No te preocupes. –Mientras tanto estiraba una pierna hacia delante y sentía cómo el músculo se estiraba.

–No me ha gustado tu decisión de quedarte en Italia. No creo que sea buena idea continuar ahí. Ya has tenido tus vacaciones.

–Quería saber... –Intenté extender la otra pierna, el mismo dolor, y mientras, veía a través de la ventana abierta cómo el cielo iba clareando–. ¿Y tú cómo estás?

–Imagínate, he estado con gente de tu agencia. Exagencia. El gordo ese, no recuerdo cómo se llama, y Hermione, que me cae muy bien con su *aggressiveness* fuera de lo común. Y ¿sabes qué me han dicho? Se han dado cuenta de que no te has puesto a hacerles la competencia. Todo el mundo sabe ya que lo has dejado todo plantado y te has ido a Italia para no hacer nada. Me han encargado que te diga que, si quieres, en cualquier momento, puedes volver a trabajar con ellos. Te esperan con los brazos abiertos. Hermione me ha dicho que te ha llamado muchas veces pero que no contestas.

–No creo que te hayas olvidado de que hiciste trizas tanto mi móvil como mi ordenador.

–A Hermione no le he dado tu nuevo número. He hecho bien, supongo. –La oí soplar, estaba fumando–. Me despido, *honey*, tengo que dejarte. Veo que me han venido a buscar.

Y con un «hablamos» interrumpió la comunicación. La estaba viendo ante mis ojos con su impecable gabardina color amaranto, la que solía ponerse para las reuniones importantes, subiéndose al coche del honorable CEO.

–*Oh goodness...*

Encontré la mirada de Black, que se había tumbado bajo la ventana en su sitio de siempre. A la luz del alba sus grandes ojos oscuros me observaban «tiernamente», por usar una expresión de Pietro. «Pues sí –le dije mentalmente–, Susan y yo hablamos así: cada uno dice lo suyo, pero no responde al otro».

Me levanté, tenía el cuerpo totalmente dolorido: la carrera de la víspera me había dejado rígido como un muñeco de madera.

–O quizá... –le dije a Black mientras renqueaba hacia la ventana–, quizá antes era un muñeco de madera y ahora ha sucedido algo.

–Algo había ocurrido seguro: me estaba percatando de tener un cuerpo hecho de miembros, músculos, huesos, nervios, tendones–. Los percibo porque me duelen –gemí apoyándome en el alféizar.

La oscuridad se desvanecía y aparecieron los tilos, los prados y los viñedos que ascendían por las colinas, el ondulado horizonte y el cielo que cada vez estaba más claro. El aire era fresco. Black se levantó sobre sus patas traseras y se agarró al alféizar de la ventana. También miraba hacia fuera, a mi lado.

Escuchamos el piar de los pájaros, que pronto se convirtió en una sinfonía de trinos; salían aleteando de sus refugios nocturnos, sobrevolaban el patio, venían a posarse en el tejado por encima de nosotros y luego regresaban en tropel al follaje de los tilos.

–Fíjate –le dije a Black–, quién hubiera imaginado que al amanecer habría semejante ajetreo.

Me quedé un rato más mirando por la ventana y luego fui a vestirme, el mundo en el que me encontraba viviendo me interesaba demasiado como para irme a dormir.

Después, en la cocina:

–No... –le dije a Black, que me seguía lentamente–, toda esta montaña de cacharros para fregar la arreglaremos luego, ahora vamos al pueblo a tomar un café. –Y mientras bajaba por las escaleras sentía pinchazos en los músculos de las piernas a cada paso–. Si no estuvieras tú cogería la moto, pero espero llegar también a pie.

Y llegué. El pueblo no estaba cerca, al caminar sentía los músculos desentumecerse poco a poco y tuve la impresión de que cada vez me movía mejor. «Puede que mis andares –pensé– se vuelvan tan ágiles y gráciles como los de Pietro».

–Ah, eres el que vive en casa de Pietro –me dijo el dueño del bar, a quien no había visto nunca, pero que me sonreía como si estuviera encantado de tenerme por fin en su mostrador. Me hizo uno de esos extraordinarios cafés que solamente encuentras en Italia–. Estás en la granja de aquí al lado, es cómodo venir aquí.

Decía aquí al lado, pero para mí la granja estaba bastante lejos: noté que tenía una percepción totalmente distinta de las distancias. De esto ya me había dado cuenta, decían aquí cerca, aquí al lado, a cinco minutos, mientras que para mí los sitios estaban en el quinto pino, a un montón de tiempo, lejísimos.

–¿Y a qué te dedicas? ¿Trabajas en el huerto con Pietro? Te aseguro que es un genio, es capaz de hacer crecer rábanos en el desierto, estarás aprendiendo un montón, ¿verdad?

–De momento no he empezado a trabajar en el huerto, todavía.

–Ah, ya... –Y vigilaba a Black, que estaba mirando la bandeja de los *brioches*–. Mi sobrino te vio correr ayer por la tarde, eras tú corriendo junto a tu perro, ¿verdad? Me dijo que según él corrías mal, y de hecho te vio pararte sin aliento. Dice que se nota que no estás acostumbrado a correr. Cuando no se sabe, se queda uno sin respiración. —Y mientras tanto hacía más cafés porque había otros clientes.

No sé dónde diablos estaría su sobrino ayer por la tarde, yo creía estar solo, en el bosque, pensaba que era un corredor solitario detrás de un perro solitario. Pero no. Y que corría mal, como él decía, era ciertamente un hecho. Mientras me tomaba el delicioso café, me preguntaba qué se puede hacer para correr correctamente.

—No soy de los que corren. —Le di un bocado al *brioche* pero compartí la mitad con Black—. Iba corriendo detrás del perro..., jugando. —Me fastidiaba decirle que el bastardo de Black me había robado el móvil. Y que esa era la única razón por la que me había destrozado los músculos de las piernas y dejado maltrechos mis pobres pulmones, y eso que por suerte no fumo ni he fumado nunca.

—Vuelve pronto, ya que estamos tan cerca —el dueño estaba haciendo otro café en taza grande—, y que eres amigo de Pietro.

—Sí, es él.

Me di la vuelta. Reconocí a Cristina, llevaba un sombrero de paja y una larga trenza en la espalda. Sonreía mientras me mostraba su hoyuelo a mí y al camarero que le estaba sirviendo la taza grande de café.

—Te vimos ayer corriendo.

—Perdona, ¿tú también me viste?

No me parecía que nos tuteáramos, pero hice lo mismo. Y me preguntaba cuánta gente habría en el bosque, escondida detrás de un árbol, asistiendo al penoso espectáculo de mi carrera.

—Yo no estaba, me lo ha dicho Giulio.

—Mi sobrino —explicó el camarero.

Cristina se tomó su café a pequeños sorbos, con calma. Dejó la taza y me miró divertida. Tenía los ojos vivaces y luminosos.

—¿Cómo es que no te he visto antes por aquí? —me preguntó el camarero.

Ella no me dio tiempo a responder.

–Porque es de los que no se mueven, no como Pietro, o como tú...
–Señaló al dueño del bar–. Se nota que estás siempre quieto, que
no te mueves nunca. ¿A que no te levantas del sillón? ¡Ni siquiera
sacas al perro a pasear! –añadió, mirándome.

Instintivamente metí la tripa, pero seguramente ella ya se habría fijado en ella y por eso se había permitido el lujo de hacer tal
observación, cosa que a mí me resultaba desagradable.

–Bueno, me voy ya. –Dejé el dinero del café en el mostrador.

–¿Te has ofendido? –se rio ella.

Es la típica pregunta que no se hace a una persona quisquillosa
como yo, después de haberle dado una estocada. Negué con la cabeza, esbocé una sonrisa que esperaba pareciera natural y me largué.

–¿Has entendido, Black? –Caminábamos deprisa, uno junto al
otro, me gustaría decir hombro con hombro si no fuera porque un
labrador es más bajo, pero diciendo hombro con hombro me refiero a caminar juntos espiritualmente... difícil de explicar–. Ayer nos
vieron todos. Aquí uno se piensa que está solo y en cambio hay miles de ojos vigilándole.

Black movió la cola enérgicamente, tan indignado como yo.

–Lo que se aprende, ¿eh?

Black ya estaba lejos, había empezado a correr de un lado a otro
haciendo el triple, el cuádruple de distancia. Pero es un perro, se lo
puede permitir.

Cuando llegué al patio, una voz alegre:

–Eh, señor Meo... –me llamó desde debajo de los tilos. Era Eneas,
naturalmente.

–¿Ya se te ha pasado el berrinche? –Fui a sentarme frente a él–.
¿Te han devuelto el móvil?

–No, pero no me importa.

–¿Y por qué estás en casa en lugar de estar en el colegio?

–Porque hoy es domingo y los domingos no hay cole –reía–. ¿Estás en la luna o qué? ¿No sabes en qué día vives?

–El señor Meo está a menudo en la luna. Le gusta. –Me levanté. Y de repente pensé: «Perdona, si hoy es domingo, ¿Susan va a conferencias también en fin de semana?».

–No te vayas, quédate. Ayúdame. Tengo que estudiar matemáticas. Ha dicho la abuela que tú las entiendes.

–La abuela sabe demasiadas cosas sobre mí que yo ignoro. –Me levanté decididamente y me dirigí hacia casa. No me apetecía nada hacer deberes de matemáticas. Y pensaba mientras tanto que Susan podía hacer todo lo que quería, y que yo debía dejar de torturarme. Tenía la sensación de que las cosas estaban mejorando, ¿o me equivocaba?–. Tengo que ir a recoger la cocina.

–Sí, pero luego baja, te espero. –Y al cabo de un momento–: Oye, mientras no estabas, Pia subió a tu casa –dijo a modo de advertencia.

Y efectivamente era una advertencia.

Apenas asomé la nariz en la cocina, la vi mientras recogía un envoltorio de papel de debajo de la mesa, ya había recolectado alguno más en el sofá. Había amontonado toda la ropa que yo había dejado tirada y estaba poniendo la ropa sucia en la lavadora.

–Me dijeron que tenía que ocuparme de la colada, pero esto está hecho un asco –dijo, sin dejar de recoger cosas. El fregadero estaba lleno de platos sucios y sobre la mesa había dos tazas y restos de comida. Lo vi todo con sus ojos y pensé que tal vez me consideraba poco cívico. Y me avergoncé.

Habría querido ayudarla, pero soy muy desmañado. Ella me miró con resignación.

–He tenido que sacar a pasear al perro –sentí la necesidad de justificarme–. Oiga, ¿qué tal si vuelve en media hora y yo mientras tanto arreglo esto un poco?

Sin embargo, se quedó y empezamos a limpiar la casa juntos.

Cuando dos horas más tarde me senté de nuevo frente a Eneas, sabía algo más de mí mismo: que siempre había vivido como un privilegiado, como me había señalado Pia, y no como un simple

mortal que realmente trabaja «en serio» para ganarse el pan; que la
vida no consiste en sentarse delante de un ordenador –seguro que
Teresa se lo había contado– sin prestar atención a las cosas que te
rodean. Era una chismosa y me vino a decir que según ella un hombre debe saber organizarse la vida él solo, y que es la única manera
de saber si es un hombre verdadero, y cuando descubrió que ni siquiera sabía cocinar, comentó que debería aprender.

Yo, que me creía exigente, en realidad descubrí que era un
auténtico desastre, que no sabía colocar la compra en la nevera,
ni organizar los armarios, ni limpiar el baño. Ella, en cambio,
era de una precisión que habría puesto en jaque incluso a mi
fiel Syrik. Muchas de las cosas que me había dicho Pia me pin-
chaban la conciencia, con sus palabras me había dicho que era
un consentido:

–Y eso es un gran pecado –había añadido–, porque un hombre
consentido no gusta a las mujeres, aunque sea guapo.

Eneas me acercó su cuaderno.

–Explícamelo, por favor, no entiendo nada.

Oí aullidos. Era Black. Estaba atónito. ¡Black aullando! Nunca le
había oído aullar. Me miraba fijamente desde el camino que llevaba
al bosque. Estaba allí, mirándome y aullando.

–Pero ¿qué está haciendo Black? –Lancé una mirada de preocupación a Eneas–. ¿Qué le pasa?

–¿Que qué le pasa? –Eneas cerró el libro–. ¿No lo entiendes?
Te está llamando, quiere que le sigas. Quiere llevarte a algún sitio.

Como de costumbre, trotaba delante de mí y luego volvía. Era
imposible no entender lo que quería decirme: ¡levántate, ven, vamos!

Bueno, me emocioné.

Era la primera vez que me llamaba de aquella manera. O quizá
era la primera vez que yo me daba cuenta.

–Eneas, ahora no puedo quedarme contigo a estudiar matemáticas. –Me puse en pie–. Tengo que irme, créeme.

–¡Te esperaré, señor Meo! –me gritó.

Yo ya estaba con Black en el camino, luego entre los árboles, él trotaba delante de mí.

–Sí, pero nada de correr. No quiero morir en el intento. Caminemos.

Y él dejó de trotar y se puso al paso.

Durante un rato fuimos despacio. Pero se mascaba la tensión en el aire, la sentía, había nerviosismo entre nosotros dos, yo caminaba, pero Black se giraba continuamente como diciéndome: vamos, echemos a correr.

–No, Black. –Todavía me dolían las piernas, ni hablar de destrozarme con otra carrera–. No Black, vamos solamente de paseo. Tranquilos.

Mientras iba andando cavilaba sobre lo que me había dicho Pia y le daba vueltas a lo de Susan, quien, con su gabardina color amaranto, iba a conferencias incluso en domingo. Los pensamientos se me entrecruzaban, Black en cambio corría, y si tenía pensamientos debían de ser alegres.

Daba una carrerita hacia delante, luego se paraba y se daba la vuelta para ver si yo también iba corriendo. Yo seguía caminando. «No quiero cansarme como ayer», me repetía. Él echó a correr. Después se detuvo y me miró. Se arrancó una vez más, se paró de nuevo y me observó. El jueguecito continuó, él avanzaba y yo le frenaba. Él que quería galopar, yo que le imponía ajustarse al esquema de un plácido paseo. Como si mi caminar significara comportarme como las personas respetables, y su carrera fuera, en cambio, una rebelión salvaje y temeraria. Yo el caminante mojigato, él el corredor anárquico. Yo atrapado en un mundo programado y él libre para disfrutar en la naturaleza. Y mientras lo miraba y sentía esa diferencia discordante entre el correr de Black y mi caminar, volví a verme a mí mismo cuando, con un gesto rápido y decidido, arrojé mi futuro predestinado a una papelera y me di cuenta de que era precisamente ese mundo el que había querido tirar a la basura.

–Black ... –llamé, pero él esta vez no se detuvo, no se giró, siguió corriendo.

Al mirarle me invadió una inquietud, una agitación, un desmesurado deseo de correr yo también. De no dejar las cosas a la mitad, como decía siempre mi bisabuelo, de pasarme por completo al lado de Black. Yo también quería esa ligereza que veía en él. Quería retozar en la naturaleza, sacudirme la lentitud y el movimiento cansino. Así que, sin darme cuenta, intenté ponerme a su altura, acelerando más y más hasta que finalmente rompí a correr. Me dolían las piernas, pero no me importaba. Ese dolor me recordaba que tenía rodillas y piernas, que tenía pies que pisaban ahora con un ritmo cadencioso sobre el terreno, y me encontré sonriendo. Estaba redescubriendo mi cuerpo vivo en cada fibra, un cuerpo que había vivido como muerto y que ahora, a través de la fatiga de respirar mientras corría, y de correr mientras respiraba, estaba finalmente recuperando el aliento para decirme: ¡estoy aquí!

Qué experiencia inimaginable: corría y corría, unas veces con Black por delante, otras con él a mi lado, los dos juntos, avanzaba con todo el cuerpo, la respiración me golpeaba desordenadamente los pulmones y el corazón se me salía por la boca, me movía con el aire en la cara, con el sudor bajándome por la espalda, con los perfumes de la hierba en la nariz y en la boca. El bosque se movía a mi alrededor, los prados se precipitaban hacia mí con fuerza, el camino de tierra subía y bajaba y, cuando ascendía, el esfuerzo era aún más audaz, más crudo, más real. Siempre hacia delante. Y mientras corría mi mente se vació de todo pensamiento, todo se volvió ligero, etéreo, transparente. Siempre hacia delante. Nunca me había sentido tan feliz con este cuerpo, ni siquiera cuando hacía el amor, que debería ser lo máximo. Corría y corría como si me hubiera convertido en viento, tierra, árboles, colinas ondulantes. Corría.

Hasta que me desplomé.

Me desplomé en la tupida hierba durante un largo rato y me quedé tumbado, riendo y jadeando. Puede que nunca volviera a levantarme, a meter aire en los pulmones: lo aspiraba con la boca bien abierta, pero parecía no bastar. Respiraba con una especie de resuello, a lo mejor estaba a punto de morir, pero Black estaba conmigo, estábamos juntos, jadeando, giré la cabeza y vi sus ojos afables, su lengua colgando, movía la cola y parecía decir: ¡vaya, qué carrera!

Tendido en la hierba sentía la respiración y los latidos del corazón, los míos y los de Black, un perro que había encontrado por casualidad y del que ahora no podría prescindir. No era mío, pero era mi compañero en aquello que tenía toda la pinta de ser el inicio de mi nueva vida.

Extendí la mano y se la puse sobre el lomo. Pelo corto, tupido y áspero, y cálido. Sentí bajo mi mano cómo su respiración se calmaba y se hacía más profunda. Era reconfortante. Nos quedamos así, descansando juntos.

De vez en cuando oíamos cantar a los pájaros y luego llegó el rumor de un tractor a lo lejos, había aprendido a reconocer ese ruido. Un tractor que trabajaba en el campo, y recordé que era domingo. Sonreí para mis adentros y pensé que, si alguien estaba trabajando con el tractor en domingo, y si Pia había limpiado mi casa en domingo, también Susan podía ir en domingo a alguna de sus conferencias. Para mi tranquilidad, pero me preguntaba con quién y le daba vueltas en la cabeza. Habría querido liberarme de aquel pensamiento, pero no podía.

–Black, sin duda habrá habido alguien que haya visto nuestra carrera, escondido detrás de algún árbol..., ¿qué opinas?

Sentía el movimiento lento de su cola sobre la hierba. Al oír mi voz empezó a moverla con más fuerza.

A duras penas conseguí levantarme. Me dolía un costado. Una punzada dolorosa. Más tarde aprendería que era el dolor que aparece en el bazo cuando corres sin coordinar tu respiración con el ritmo de tus pasos. Un secreto que aún no conocía, como aún desconocía tantos otros.

Conseguí recorrer de vuelta el sendero para regresar a casa. Me encontraba en condiciones deplorables. Me sentía como si me hubieran dado una paliza. Me quité la camiseta empapada y me la eché al hombro. Avanzaba con pasos desiguales y tambaleantes, pero avanzaba.

Sin embargo –y cogí aire tan profundamente que parecía llegar al fondo de mi alma–, ¡qué experiencia conseguir correr!

Cuando llegué al patio, Eneas ya no estaba. Había dejado su libro de matemáticas sobre la mesa. Un olor a comida inundaba el patio, endiabladamente apetitoso, un aroma que me indicaba que era la hora de comer, pero yo durante el almuerzo debía comer solo. Black se bebió toda el agua de su recipiente y pidió más. Antes de llenarlo de nuevo en el caño del patio, me bebí toda el agua del mundo.

Al pasar junto a Dolly me disculpé porque la estaba descuidando. «Es increíble –pensé– que desde que estoy aquí solamente haya salido en moto un par de veces». El gran gato blanco y negro estaba tumbado en el asiento roncando al sol, plenamente convencido de que mi moto estaba a su entera disposición.

Subí las escaleras a duras penas. La casa estaba resplandeciente, Pia había hecho un gran trabajo. El baño relucía. Bajo la ducha sentí que recuperaba las fuerzas. Tenía encima una extraña sensación, me sentía debilitado y fortalecido al mismo tiempo. Como un guerrero después de la batalla. Consciente de mi cuerpo, tripa incluida. Tras la ducha, desnudo como un bebé, fui a la cocina, con paso rígido, muerto de hambre. También Black estaba hambriento y estaba de pie, expectante frente a su cuenco vacío.

Pia había puesto encima de la mesa unas flores silvestres dentro del frasco de la mermelada que había terminado en el desayuno y que había lavado mientras limpiaba. La buena de Pia. Quizá era su manera de decirme que había apreciado mi esfuerzo.

Hice una caricia a Black, que se me había acercado y me observaba inquieto.

–Haces bien en preocuparte –le dije intentando consolarlo–, ayer te zampaste toda la carne, no creo que la comida sin chicha te guste, y además no tengo ni idea de cómo se cocina... –Miré en la nevera. Huevos, panceta, leche, mantequilla, una botella de blanco seco, aceitunas, queso de cabra o de oveja, no recuerdo, Teresa lo llamó *tuma*, creo, de todas formas aquí dentro estaba todo lo que Teresa había puesto en la lista... Me volví hacia Black. Y, ¿sabes que yo en realidad no tengo ni la más remota idea de cómo hacer pasta? Quiero decir, ¿un plato de espaguetis?

Cerré la nevera:

–Black, ¿cómo diablos vamos a hacer para comer algo tú y yo?

No obstante, había comprado pan. Una miserable hogaza de pan integral. ¿No podía haber cogido diez, en lugar de una? Fui a vestirme rápidamente, me puse ropa limpia y tuve el cuidado de echar la ropa sucia en el cesto de mimbre, luego salí, con Black pisándome los talones. Llevaba el pan conmigo, le di un trozo a Black y otro me lo comí yo y, mientras tanto, en la medida en que me lo permitían mis piernas y pies doloridos, avancé como pude por el camino hacia el pueblo.

–¿Aquí otra vez?

El camarero estaba terminando de preparar un café, se lo tomó mientras yo me apoyaba en el mostrador y Black miraba con insistencia la bandeja con los *brioches*. El bar estaba vacío, pero oía voces que llegaban de alguna parte.

–¿Hay algún lugar donde pueda comer algo? Es decir, donde pueda almorzar como es debido, no un bocadillo. Para mí y para mi perro... –Cada vez decía más a menudo «mi», aunque el dueño era Nic–. Bueno, el perro de mi amigo violinista.

–En el salón de ahí. Nosotros también damos de comer. No tengo sitio para ti solo, si te parece te pongo con alguien que conozcas. Los domingos estoy lleno, pero si vienes a mediodía cualquier otro día tendrás una mesa toda para ti.

Así que me encontré en la mesa con Cristina, que se apresuró a decirme que los domingos solía ir a almorzar allí, como algo especial. El camarero, Beppe, que también era el propietario, enseguida me trajo un vaso de vino tinto, un plato de espaguetis con tomate y una rebanada de pan. Volvió al minuto y le puso delante a Black un cuenco lleno de no sé qué.

–No, perdón, el perro come fuera –me levanté–, no aquí donde hay gente, yo sacaré el cuenco.

–Ponte cómodo y ocúpate de tus espaguetis –con una palmada en el hombro Beppe me obligó a sentarme–, a nadie le importa que el perro coma aquí con los cristianos.

Black ya estaba dando buena cuenta de su comida, ruidosamente, como solía hacer.

–Es cierto –Cristina me dedicó una bonita sonrisa–, de verdad, sabes, no nos importa en absoluto que el perro coma con nosotros. –Y volvió a clavar el tenedor en el plato. Se había enrollado la trenza en la cabeza y ese peinado le daba un aspecto de princesa medieval–. ¿Cómo es que estás aquí?

–Es un poco complicado –respondí.

–¿Qué quiere decir complicado? –Cristina comía despacio, saboreando cada bocado.

–No sé cocinar. –Más valía ser sincero, y tener paciencia si, como había pronosticado Pia, por estas tierras los niños mimados no tenían éxito con las mujeres–. Solamente sé cascar un huevo, ponerlo en una taza, añadir azúcar y batir vigorosamente. Lo hacía mi bisabuelo. Ah, y también sé preparar café de máquina, eso me lo ha enseñado mi amigo Nic, sabes, el violinista, no sé si lo conoces.

–Todos aquí conocen a Nic. Lleva años viniendo a dar conciertos. Es muy simpático y también muy bueno. Un hombre interesante. Aunque no sea guapo. Pero, de hecho, ¡no es necesario ser guapo para ser interesante!

De hecho, por supuesto. ¡Faltaría más! Yo me estaba dedicando, en silencio, a mis espaguetis.

Terminé bastante rápido, estaba a disgusto.

–Gracias por la hospitalidad en tu mesa. –Vacié el vaso de vino y me levanté–. Disculpa si no espero a que termines, pero en serio, tengo que marcharme.

–Espera un momento. –Me sonrió dejando el tenedor en el plato–. Siéntate. Tengo algo que proponerte.

Mi inseguridad duró medio segundo. Me senté de nuevo y me la quedé mirando.

–¿Sí?

–No pongas esa cara –sonrió bromista–, la propuesta tiene que ver con la cocina. Si quieres yo te enseñaré. Trabajo en la quesería de Bosia, pero vuelvo a casa temprano. Te puedo dar algunas clases..., no sé, dos veces por semana a las seis. Te enseñaré lo básico, ¿qué te parece?

–No sabría qué decirte... –respondí, prudente–. Eres muy amable, gracias –añadí.

–Te aseguro que no es amabilidad. Es que yo cocino muy bien. Son clases. Pagadas, ¿me explico?

–Ah, claro, por supuesto, obviamente... –me apresuré a decir.

–Cuarenta euros la hora, ¿hace? Damos por supuesto que la comida que cocinaremos corre de tu cuenta.

–Naturalmente.

–La compraré yo, y luego te doy el tique. O si no te digo lo que tienes que comprar. Lo iremos viendo cada vez.

–Por supuesto..., y daremos un poco también a Black.

–Martes y viernes. ¿Te va bien?

–Sí, ya veremos.

Me fui a toda prisa con Black pegado a mis talones. Ambos saciados, pero yo además confundido. Con el calor de las primeras horas de la tarde, caminaba penosamente, tenía las piernas agarrotadas, como dos estacas de madera, mientras Black corría de un lado a otro como si no hubiera hecho otra cosa que dormir desde ayer. Qué suerte la suya. Y, entonces, me pregunté: «¿Estoy realmente seguro de querer tomar clases de cocina?». Sabía que tenía que aprender, pero también sentía que tenía otras prioridades en ese momento.

Me desplomé sobre un taburete junto a Pietro, santo cielo, ¡cómo me dolían las piernas!

–¿Crees que es normal que a mi edad me cueste tanto correr?

–Si no estás entrenado...

–Jamás he corrido antes. De niño, y luego nada. Pero mañana lo intentaré de nuevo. Y... –Y esta vez me quité de encima al gran gato blanco y negro que había venido a darme un cabezazo en la pierna ronroneando–: Noto algo increíble cuando corro.

–¿Pasión? –sonrió él.

–Bueno, hasta ahora, a excepción de la moto, nunca había tenido una afición.

–La pasión es diferente, créeme.

–Hoy no, todavía estoy tocado de la carrera de esta mañana. Pero estoy deseando correr otra vez mañana temprano. –Y tocándome un pie–: ¿No tendrás un esparadrapo? Mis zapatillas son cómodas, pero tengo una ampolla.

–Ya verás cuántas te salen. Correr no es caminar. –Pietro fue a hurgar en un armario–. Toma. –Me dio una caja de tiritas–. Quédatela. Creo que si sigues corriendo las vas a necesitar. –Luego descolgó las llaves de la furgoneta y me las tiró–: Vamos, vuelve a Alba y compra carne para Black. Si no, ¿qué va a comer?

–Pero hoy es domingo, estará cerrado... –Me levanté enderezando la espalda. Maldita sea, notaba cada músculo.

–Ve tranquilo. Conozco al carnicero. Está abierto. ¿O es que piensas ir a comer a diario donde Beppe? –sonrió Pietro.

–¿Cómo es posible que os enteréis de todo en apenas un instante? Aquí es imposible hacer tu vida sin que todo el mundo lo sepa.

–¿Y por qué lo dices?

LA FELICIDAD DE CORRER CUESTA ARRIBA

«Ya, y por qué lo digo», me iba diciendo mientras conducía la furgoneta, atento para ir por la derecha, con Black en el asiento de al lado. Me trataba como a un miembro de su familia, como si nos conociéramos de toda la vida. Me gustaba, pero el hecho de que todos supieran todo de mí era algo nuevo y me molestaba.

Ya echaba de menos ese cansancio. Ese placer sudoroso que había experimentado corriendo junto a Black.

–Escucha, Black... –Giró el hocico hacia mí, era fantástico cuando lo hacía, cuando se volvía para mirarme como diciendo: vamos, que te escucho–. Escucha, tú llevas toda la vida corriendo, desde que naciste, como si nunca hubieras dejado de entrenar. Yo, en cambio, cero. Si no entreno no podré seguirte. Porque he estado pensando en ello, ¿sabes? –Black apoyó la cabeza en mi hombro, un gesto de perro cariñoso, para hacerme saber que me estaba escuchando.

Solo me aparté cuando intentó lamerme la cara.

–Esto no, Black, venga, metes el hocico en todas partes, déjalo. –Lo alejé, pero con suavidad–: También se me ha ocurrido a quién pedirle que me entrene.

Así que fui directamente hasta Alba para comprar la carne, en efecto, la carnicería estaba abierta y a la vuelta me metí en el pueblo y aparqué la furgoneta. Entré en el bar y me apoyé en el mostrador:

–Disculpa, Beppe, pero ese que te dice que corro mal, ¿cómo sabe que no lo hago bien?

–Pregúntaselo a él. –Y me explicó dónde podía encontrarlo y cuándo. A veces era conveniente que todos supieran todo de los demás, enseguida se puede dar con cualquiera.

Aquella tarde, antes del anochecer, fui a casa de Cristina.

–Hola, ¿qué haces aquí? ¿Has vuelto a perder a tu perro? –me preguntó con una sonrisa mientras me abría la puerta.

–No, Black está aquí. Quería hablar con Giulio.

–¡Aquí estoy! –La puerta se abrió de par en par–. Soy yo. ¿Qué necesitas?

Giulio tenía el torso desnudo, era tan alto como yo, de hombros anchos y vientre plano.

Me bastaron pocas palabras para explicarme.

A la mañana siguiente, después del amanecer, Giulio, muy puntual, ya estaba en el patio en pantalones cortos y camiseta medio rota. Se notaba que sabía un montón. Era corredor. Había participado en muchos maratones y tenerlo de maestro no era ninguna broma, pero en cuanto me dijo que me entrenaría, acepté de inmediato.

Cuando salí de casa se echó a reír:

—No querrás correr con pantalones largos. Ve a cambiarte. Tienes que usar pantalones cortos, como los míos.

Volví a casa. En fin, no tenía pantalones cortos, ni los usaba, es extraño, pero ni siquiera me los ponía en verano. Así que saqué un pantalón de chándal y lo corté a la altura de las rodillas, me lo puse y bajé por la escalera a toda prisa.

—¿Está bien así? ¿Demasiado largo?

—Perfecto. ¿Y qué haces con ese jersey?

—De acuerdo. Fuera jersey. —Y lo dejé tirado en el asiento de la moto, a merced del gato blanco y negro que se acercaba—. Es que tenía frío.

—Vamos a sudar.

Trotando, tomamos el sendero que lleva a los campos, Black delante en su papel de explorador. Nosotros dos detrás, uno junto al otro.

—Tengo que decirte algo curioso. —Ya me iba dando cuenta de que trotar y respirar hablando era complicado—. He hecho dos carreras hasta ahora. Carreras de verdad, no caminatas a paso ligero como hacemos ahora. Emocionante. Lo que más me gusta es correr cuesta arriba, imagínate..., cuesta arriba.

Me miró y sonrió. Una sonrisa pícara, como diciendo: «Ahora nos vamos a divertir».

Capítulo doce

Mi primer entrenamiento con Giulio fue memorable.

–Lo haces todo mal –diagnosticó con firme cordialidad tras unos veinte minutos de carrera, él como si no se hubiera movido ni un paso, yo con los pulmones con déficit de oxígeno–: Lo haces todo mal…, el ritmo, la postura, la respiración, todo incorrecto…, además veo cómo vas, estás contraído, tenso, como si tuvieras que comprimir el aire en vez de respirarlo, y encima pisas mal…

¿Algo más? Era un completo desastre.

Por un segundo temí que me dijese que lo dejara, que nunca conseguiría correr, y me pasaron como un relámpago todos los años que había estado sentado frente al ordenador. Y aquellos fines de semana con Susan, en casa de sus padres o de la tía Daphne; siempre íbamos en coche a todas partes, ella odiaba ir a pie y no hizo más que quejarse cuando la llevé a Cornualles para enseñarle los bosques donde había estado con mi bisabuelo. Las únicas excursiones las había hecho en moto, o sea, siempre sentado.

–¿Qué tipo de vida has llevado hasta ahora, Mark?

–Jamás he ido a ningún sitio a pie –resoplé; íbamos por el sendero que atraviesa el bosque–. Luego, ya sabes, la moto, no hacía deporte, nunca me ha gustado el gimnasio, no tenía tiempo, la vida en Londres, a veces daba un paseo por el parque…

–¿Cómo podías no tener ganas de salir, de estar en mitad de la naturaleza? Mira qué maravilla de verde, qué olor a clorofila, ¿no lo notas?

Yo me habría tumbado de buena gana al borde del camino para descansar con los ojos cerrados, me sentía culpable: ¿cómo podía haberme pasado tantos años sin moverme? Black trotaba a mi lado, me miraba. Entre él y la mirada de mi bisabuelo en la nuca procuraba no perder el ánimo.

Cuando volvimos, antes de darme una ducha, decidí bañar a Black. Le pedí prestado un barreño a Pietro. Pensaba que sería complicado, pero Black se dejó frotar como si fuera exactamente lo que estaba esperando. Sabía que a los labradores les gustaba el agua y Black se divertía con la espuma igual que un niño, y como un niño me sentí yo mientras jugaba con él. Cuando salió del barreño se sacudió, echó una carrerita y luego, todavía mojado, vino hacia mí y yo me encontré recibiéndolo con los brazos abiertos.

Aquella noche soñé con Susan. El sueño es lo de menos, lo que importa es que en cuanto abrí los ojos quise correr a la cocina, hacer café y llevárselo a Susan para cuando se despertara, obviamente en nuestra cama, observando su pelo suelto sobre los hombros y su piel blanca. En lugar de eso, nada. Por qué demonios nunca le había llevado café a la cama cuando vivíamos juntos seguía siendo un misterio y no dejaba de pensar en ello mientras iba hacia la cocina con Black pisándome los talones. Todavía estaba oscuro. Añadí dos cucharillas de azúcar a mi café para encontrar consuelo a la tremenda nostalgia que me había invadido. «Pero ten en cuenta –me dije de pésimo humor–, que hace ya un tiempo que pensar en Susan no te producía este efecto».

Mientras tomaba el café a sorbos, observando el amanecer entre los tilos, recordé a Susan sonriendo una mañana de hace años, cuando, nada más despertarse, había murmurado *honey* apoyando su mano en mi mejilla de un modo que habría hecho que me derritiera a sus pies. Sucedió lo mismo, lo recuerdo perfectamente, cuando vino a vivir conmigo, a mi casa de Kensington Church

Street. Eran los primeros tiempos. Mi bisabuelo solía decir que los primeros tiempos se pudren en la rutina, no sé a qué pareja de sus amigos se estaría refiriendo.

–¿Entiendes? –le dije a Black, que me observaba esperando su desayuno–, ¿entiendes cómo me he comportado? Ella y yo nos hemos marchitado, así de claro. Marchitado en las rutinas y quién sabe cuánta culpa he tenido yo en esto de los hábitos.

Tenía el móvil en la mesa. Bueno, necesité más de diez minutos y otro par de cafés para que se me pasaran las ganas de llamarla. Solamente quería oír su voz, pero enseguida me habría preguntado: ¿qué ha ocurrido para que me llames a las cinco y media de la mañana? ¿Y yo? Habría podido decirle que me gustaría que estuviera aquí. ¿Y luego? No es que Susan y yo no habláramos nunca, al contrario, nos llamábamos por teléfono de vez en cuando, ella siempre al hilo de su pausa de reflexión, yo completamente opaco, hablábamos de cosas sin importancia, como dos personas que tienen poco que decirse. O tal vez fuera la distancia, no lo sé.

Sin embargo, estaba otra vez mal, mierda. Bastante mal. Así que, en lugar de llamar a Susan, esta vez telefoneé a Nic.

–¿Pero qué hora es? –La voz de quien han despertado en mitad del sueño, y tras un momento–: Son las cinco y pico, Mark, ¿qué pasa?

–Necesitaba oír tu voz. –Y ya me había arrepentido de llamarlo, ¡ni que tuviera quince años como para no poder soportar yo solo un momento de melancolía!

–Espera, que voy a otra parte –le oí susurrar. Luego un cuchicheo, una espera y, finalmente, en un tono más alto–: Ahora podemos hablar. Estoy en la cocina..., dime, ¿qué demonios te pasa? ¿Estás bien? ¿O se trata de Black?

–No, perdona, nada grave, no quería molestarte. –Había comprendido que no estaba solo–: Discúlpame, de verdad.

–No pasa nada, está Minni aquí, llegó hace una semana de Lisboa, ahora está durmiendo, anoche nos acostamos tarde, estuvimos de juerga...

Minni, claro. Él llamaba así a la famosa flautista, una de las mujeres con las que salía.

–Dime, Mark. ¿Qué te pasa?

–Es que estaba pensando en Susan..., soy un idiota, pero..., ya sabes, he soñado con ella, he tenido una especie de pesadilla.

–Vamos, no te preocupes, Susan está bien, perfectamente, me la encontré hace unos días después de la prueba, yo estaba con Minni y ella con un grupo de amigos.

Evité preguntarle si también estaba el CEO. Nic lo conocía por haber coincidido con él en una fiesta que dio Susan.

–También estaba el tío ese, su CEO, ya sabes, ese capullo con corbata... –Le oía trajinar con algo–. Perdona, me estoy haciendo un té. Susan estaba estupenda, me preguntó cómo estabas, dice que no entiende por qué sigues viviendo entre las cabras. Entre las cabras, ¿entiendes? Típico de Susan. A Minni no le cae nada bien, cuando volvimos a casa me dijo que has hecho bien plantándola, que Susan no es para ti... y yo opino lo mismo.

»Se quedará aquí una temporada, por lo menos un mes o dos, estoy contento, porque practicamos juntos, ella tiene un par de conciertos como solista en Escocia..., es alegre, la conoces, siempre con la sonrisa puesta, como Viola, deberías encontrar una persona así tú también. Susan es demasiado formal, demasiado... snooty..., arrogante, siempre te lo he dicho. ¡Olvídate de ella! Las pesadillas son absurdas, no hagas caso... Hoy iré con Minni a un pueblo de Kent donde tiene amigos, nos quedaremos a dormir allí... Me vuelvo a la cama, Mark, llama cuando quieras.

Dejé el móvil sobre la mesa. No tenía que haberle llamado. Esperaba que hubiera hecho desaparecer esta dolorosa nostalgia, en cambio ahora solo podía pensar en Susan y su CEO juntos, y esta imagen cada vez cobraba más protagonismo en mi mente. ¿Qué estaba haciendo allí? Cada día que pasaba ella se alejaba más. ¿Qué se me había metido en la cabeza? ¿Qué estaba haciendo? ¿Estaba aprendiendo a correr? ¿Deseaba verdaderamente aprender a cocinar? ¿Se habían convertido estos en los objetivos de mi vida?

—Hoy tengo el corazón oprimido... —le dije a Black, y mientras tanto decidí dos cosas: la primera, que le prepararía algo bueno para comer, la segunda se la dije arrodillándome y cogiéndole el hocico entre mis manos, como nunca había hecho antes. Pero quería asegurarme de que me escuchara—: Tengo que marcharme, Black, debo ir a preguntarle si quiere venir aquí conmigo, con nosotros. Tengo que hacerlo, lo entiendes, ¿verdad?

Era increíble, pero parecía no solo que me estuviera escuchando, sino que comprendía lo que le estaba diciendo.

El cielo aún estaba oscuro y yo ya estaba haciendo la maleta.

Fui a ver a Dolly y pedí perdón al gran gato blanco y negro por privarle de su lugar para dormir. No intentó disuadirme, puede que también a su manera comprendiera que era algo que debía hacer.

Hablé con Pietro. Le expliqué la situación:

—Si crees que es lo que tienes que hacer, hazlo. Pero ten en cuenta que en Londres no puedes correr como en las Langhe. —Y me dio una palmada en el hombro como empujándome a andar, pero también para darme a entender que me esperaba y que deseaba que volviera.

En realidad, no tenía planes concretos. Solamente sabía que debía irme y que esa sensación de no tener algo específico que hacer, aparte de convencer a Susan para que viniera conmigo, era algo completamente nuevo para mí.

Procuré saborear el viaje de vuelta con Dolly. Hice las paradas necesarias para desentumecerme y para dormir porque quería llegar a Londres con la mente y el cuerpo descansados. Susan no debía encontrarse con un hombre acabado y suplicante, sino con un compañero deseable.

En las áreas de servicio me cruzaba con otros viajeros. Algunos tenían perro. Me parecía no haber visto nunca tantos perros o quizá, pensé, mi mente nunca se había percatado de ellos. Cada vez que veía uno pensaba en Black, en ese perro que no era mi perro, y me sacudía esa sensación de nostalgia que experimentaba, diciéndome que era un sentimiento absurdo, debido a la soledad que había sentido esos últimos días y que pronto, cuando estuviera con Susan, vería todo desde otra perspectiva.

Llegué temprano, compré flores y me presenté en casa con el loco deseo de darle una sorpresa. Toqué el timbre y no contestó nadie. Volví a llamar y luego entré con mis llaves. Ella no estaba. La casa estaba vacía. Habría salido ya, o tal vez no había vuelto aún, y este pensamiento permaneció en mi mente durante un buen rato. Pensé en el pueblo, en el hecho de que allí todo el mundo sabe todo de los demás, e imaginé ir a preguntar por ella a mis vecinos, y me reí yo mismo al darme cuenta de que con mis vecinos londinenses, en todos estos años, apenas había intercambiado saludos de cortesía alguna vez que otra, no conocía sus nombres ni tampoco sabía nada de sus vidas.

Entré en todas las habitaciones y no encontré ningún cambio importante, y sin embargo percibí que había una atmósfera distinta, aunque no era capaz de saber exactamente de qué se trataba. Lo entendí cuando entré en la habitación del piso de arriba, aquella habitación que ella misma había dicho que yo debería ocupar si regresaba a Londres. Cuando abrí la puerta encontré en la cama mi ordenador y mi móvil destrozados tirados en la cama. En el armario estaba toda mi ropa y mis zapatos, y en los cajones mi ropa interior y la mayoría de mis pertenencias.

Me di una ducha sin llegar a sentirme en casa, pero decidí que el hecho de no haberla visto de entrada me daba la posibilidad de organizar con calma nuestro encuentro y la noche que por fin pasaríamos juntos.

Llamé a Syrik y le rogué que viniera.

–Me alegro de verle nuevamente, señor.

–También yo estoy contento de estar aquí, Syrik. Necesito tu ayuda. Me gustaría darle una sorpresa a Susan.

–Permítame recordarle que a la señora no le gustan las sorpresas.

–Lo sé, pero esta vez es distinto. Verás. Es miércoles, la noche que dedicábamos a nuestras cenas étnicas. Quiero prepararle una cena italiana, una amiga mía, Teresa, me ha regalado algunas cosas antes de partir.

–Como desee, señor.

Le hice algunas peticiones y le hablé de los productos que había traído, especialmente el queso *toma* piamontés, las trufas y el vino. Syrik me escuchó con condescendencia y, aunque insistí en algunas de las recomendaciones de Teresa sobre cómo tratar lo que yo consideraba manjares, no pronunció ni una palabra.

Llamé a Pietro con la excusa de decirle que había llegado y que el viaje había ido bien, pero cuando oí un ladrido alegre de fondo le pregunté por Black y me dijo que estaba bajo los tilos con Eneas, que estaba bien y que había comido.

–Tengo que reconocer que lo echo de menos –dije con sinceridad, y dentro de mí percibí la mirada de satisfacción de Pietro.

Mientras me preguntaba qué podría hacer durante mi estancia en Londres, me entraron ganas de correr, y pensé que Hyde Park estaba justo detrás de casa y que podía poner en práctica alguno de los consejos de Giulio.

Cuando entré en el parque, sin embargo, se me quitaron las ganas de correr. Caminé por los amplios caminos de siempre y entre todas aquellas personas, muchas de ellas, a decir verdad, haciendo *jogging*. No era lo que había hecho con Black en las Langhe, allí había corrido con él y solamente con él mientras me rodeaba, iba delante, me retaba, se iba y luego volvía, pero, sobre todo, allí, había corrido y experimentado el esfuerzo de acelerar cuesta arriba.

Había paseado por ese parque muchas veces, pero era la primera vez que me preguntaba por el nombre de los árboles, como si nunca me hubiera fijado en ellos, y me sorprendí buscando su perfume.

Volví a casa y me preparé para recibir a Susan.

Cuando por fin regresó y la vi después de tanto tiempo, pensé en lo guapa que era, más de lo que recordaba. Habría querido abrazarla, estrecharla entre mis brazos, pero ella se quedó fría. Syrik tenía razón. A Susan no le gustaban las sorpresas.

–Has decidido volver. ¿Por qué no me lo has dicho?

–Quería darte una sorpresa. Me he instalado arriba.

–¿Por qué has vuelto ahora? Tenías que haber regresado hace semanas.

–Lo sé, pero no era el momento, Susan. Quería ver qué vida puedo hacer allí.

–¿Entre las cabras? –Su tono sonaba enfadado, en el fondo la entendía–. Habíamos acordado que volverías.

–Bueno, pues aquí estoy.

Syrik nos trajo algo de beber y nos informó de que la cena estaba casi lista.

Habíamos hablado algunas veces últimamente y por eso le pregunté por su nuevo papel como directora, por la revista y por algunos proyectos relacionados con ella. Al hablar de su trabajo le cambió la cara, se le iluminaron los ojos de una manera que casi envidié. Pude notar que hablaba con pasión y con la convicción de que estaba haciendo algo importante. De todas formas, decía que estaba cansada, que tenía montones de cosas que hacer y que había tenido suerte de aparecer un día en que no tenía ninguna reunión de última hora o alguna cena o qué sé yo. Cuando Syrik trajo a la mesa el *risotto* al queso *toma* con trufa Susan dijo que no soportaba el olor; la animé a probarlo, pero al primer bocado dijo que no tenía hambre. Era evidente que estaba muy nerviosa y me fijé en que miraba el móvil constantemente, como si estuviera esperando una llamada, pero al mismo tiempo con la esperanza de que no sonara.

Nos sentamos en el sofá donde habíamos pasado tantas noches juntos. Hablamos de los amigos comunes y de Nic, de sus aventuras amorosas y luego le hablé de Black.

–¿Un perro? ¡No se te ocurrirá traerlo aquí!

–Por desgracia no es mío, es de Nic.

Soltó un suspiro de alivio y eso a mí me molestó. Seguí hablando de mi nuevo amigo de cuatro patas, pero de repente se enderezó y cambió de tema:

–¿Qué tienes intención de hacer, Mark?

Su pregunta me dejó descolocado. Pensaba continuamente en ello, pero todavía no tenía las ideas claras, es más, ni siquiera tenía ideas. Le expliqué que por primera vez después de tanto tiempo me sentía bien, intenté decirle que por fin había tomado contacto con mi cuerpo, que había empezado a correr.

–¿Correr? ¿Eso es lo que harás? ¿Correr?

La pregunta sonó despreciativa. Es posible que aún más de lo que pretendía. Pero, desde su punto de vista, tenía razón en estar molesta:

–Tú y yo teníamos un proyecto.

–Pero los planes pueden cambiar, ¿no?

–¿También un proyecto por el que llevas trabajando toda una vida?

No supe qué decir, sabía que hablaríamos de todas estas cosas, pero aun así no me sentía preparado. Podía percibir que todavía seguía enfadada y que cualquier cosa que le hubiera dicho no habría servido para que cambiara de idea. Al menos por el momento.

–Estoy cansada, me voy a la cama.

La noche terminó así. Ella se retiró a la que durante nueve años fue nuestra habitación y yo me sentí una vez más a disgusto en mi propia casa, como un huésped no deseado.

Me serví un whisky, pero tras un sorbo subí yo también al cuarto que me había sido asignado. Me tiré en la cama con la esperanza de dormirme pronto, pero me revelé incapaz de conciliar el sueño, así que me acerqué a la ventana. En las Langhe el firmamento era intenso y limpio, lleno de estrellas. En cambio, el cielo de Londres estaba demasiado iluminado por las luces de la ciudad y se veían pocas estrellas. No se oía los grillos ni el susurro de los árboles, solo el ruido del tráfico y algún que otro claxon. Cerré la ventana.

A la mañana siguiente Susan había salido muy temprano, tal y como me dijo Syrik cuando bajé a la cocina. Ya tenía preparado el café y estaba a punto de echar los huevos sobre el beicon frito como había hecho tantas veces para mí, pero le detuve y le dije que solamente tomaría café.

Pensé en llamar a Nic, pero luego cambié de idea, telefoneé a mi tía Daphne y le pregunté si podía pasar a saludarla. Me reprochó que hubiera pasado tanto tiempo desde la última vez que la había llamado y me dijo que era jueves y que estaba ocupada y que nos veríamos el domingo, como siempre habíamos hecho. Le dije que sí, que por mí bien, aunque me sentí rechazado por tanta rigidez, como cuando era niño y deseaba, no digo un abrazo, pero al menos algo de ternura, o una mirada cómplice, aunque ella permanecía envuelta en un manto repelente, que a mis ojos le servía para mantenerme a distancia.

Susan volvió pronto de la oficina. Dijo que solo estaría un momento, que tenía que arreglarse para salir por la noche a un evento organizado por una casa de moda. Que tenía bastante prisa.

–No necesitas arreglarte, ya estás preciosa.

El cumplido me salió espontáneo y noté que ella se me quedó mirando un momento más de lo normal. Me sonrió y me pareció retroceder en el tiempo. Me acerqué y ella no dijo nada, me miró con dulzura. Mi Susan. Le acaricié la cara con una mano y luego con los labios. Le di un leve beso y ella cerró los ojos.

–Tengo un poco de tiempo, *honey* –susurró. La cogí de la mano y fuimos a la habitación.

Había deseado hacer el amor con ella muchas veces, y pensé que aquella vez sería de nuevo decisiva en nuestra historia. Pensaba en ello mientras estaba tendido en la cama junto a ella, que no hacía más que mirar el reloj:

–Tengo que irme.

–¿Quieres que vaya contigo?

–¡No! ¿Por qué habrías de venir?

Es posible que aún no estuviera preparada para dejarme entrar del todo en su vida y en el fondo tenía razón, todavía quedaban muchos aspectos que considerar.

Yo me sentía satisfecho con el cariz que había tomado mi viaje y procuré hacérselo entender:

–Me gustaría que vinieras conmigo a las Langhe. ¿Por qué no te tomas unos días libres?

–¿Para hacer qué?

–Para conocer un mundo distinto, para que lo veas con mis ojos.

–No, Mark. Yo no quiero irme de aquí. Yo no he cambiado mi proyecto de vida.

–Pero pensaba que...

–¿Solo porque hemos tenido sexo crees que ya está todo arreglado?

–No, pero creía que estábamos intentando poner remedio.

–No, Mark. Me parece que ha sido un error, siento haberte desilusionado.

Se puso un vestido que no conocía. Celeste y dorado, que resaltaba su figura y hacía juego con sus ojos. La miraba moverse segura mientras se peinaba y se maquillaba.

Me levanté y volví al salón. Tenía varias llamadas perdidas. Era Pietro quien me buscaba. Le devolví la llamada en el acto. Contestó Eneas, y estaba llorando.

–¿Por qué no lo cogías? ¿Por qué nunca te llevas el móvil?

–Qué pasa, Eneas, estoy aquí, dime. Se trata de Black, ¿verdad? ¿Qué...?

–Estaba jugando con él en el bosquecillo y de repente desapareció. Empecé a buscarlo, pero no lo encontraba. Fui a llamar al abuelo...

–Y qué ha ocurrido, Eneas, dime...

–Volvimos al bosque y le oímos quejarse, sangraba. Debe haberle agredido un jabalí, tiene una pata herida.

–¿Y ahora dónde está?

–Le llevamos a casa y le pusimos sobre un trozo de tela. Ya no se movía...

Me habría echado a llorar con Eneas. Daba vueltas por la habitación, tenía que marcharme de inmediato.

–El veterinario... –balbuceé.

–Le hemos llamado y Pietro ha ido a llevarlo.

–Debo ir enseguida.

–Parecía muerto... –Eneas seguía llorando.

No podía articular palabra.

–Hay tantos jabalíes por ahí... Pero no sabía que hubiera en aquel bosque... –continuó Eneas.

Se me cortaba el aliento solo de pensar el dolor que debía de estar sintiendo Black. ¿Y si no se le curaba la pata?

Susan salió de la habitación arreglada, pasó por mi lado y olí su perfume.

–Tengo que regresar ahora mismo. Black, el perro... –le dije con un nudo en la garganta. Pero no me salían las palabras.

–Sí, será mejor que te vayas para allá.

Cogí mis cosas al vuelo y calculé que eran casi las siete de la tarde y que si conducía durante toda la noche llegaría a media mañana. Era una locura, pero no me quedaba más remedio. Tenía que llegar lo antes posible y además no quería dejar a Dolly en Londres.

Salí disparado. Al cabo de unas horas hice una parada y llamé a Pietro. Me dijo que el veterinario se lo quedaría toda la noche, que lo habían examinado y que le estaban haciendo radiografías y demás pruebas.

—No te preocupes, Mark, está en buenas manos.

Cuando llegué a Alba, a la mañana siguiente, fui directo a la consulta del veterinario. Me recibió una mujer más bien huraña con bata, una especie de tía Daphne de las Langhe.

—¿Ha traído los documentos?

—¿Qué documentos? Yo no sé nada, el perro no es mío, es de un amigo. Pero es como si fuera mío. ¿Puedo verlo?

—¿Cómo que no es suyo? ¿Usted no es Mark Thomas James?

—Sí, soy yo.

—Entonces el perro es suyo. Eso dice en el microchip. ¡Es increíble que no sepa que el perro es suyo! —resopló la mujer.

¡Increíble! No solo me sentía el propietario, sino que de verdad lo era. ¡Maravilloso! La emoción de aquel momento fue indescriptible. Casi se me saltan las lágrimas. Black era mío y nadie me lo podía quitar. Nunca lo había admitido, ni siquiera a mí mismo, pero temía el momento en que Nic volviera y me dijera: «Ahora me lo llevo yo. ¡Muchas gracias!». Pero eso nunca sucedería. Ahora estábamos Black y yo. ¡Y nadie más!

—Así que es mío... —balbuceé.

—Fíjese —comentó la mujer con ironía.

Llegaron Pietro y Eneas, mientras yo suplicaba poder ver a Black, ¡mi perro! Ella me echó fuera, a la calle.

—Salga fuera y cálmese, luego vuelva aquí, ¿de acuerdo? Tranquilo. ¿Entendido?

—¿Y si Black se muere?

No es que lo pensara realmente, pero habría hecho cualquier cosa para conmoverla.

–Ni está muerto ni se va a morir. Todavía está descansando –me replicó ella–, solamente tiene una pata herida. Esperemos que no se quede cojo. Eso es todo.

–¿Eso es todo, que se quede cojo? –Le habría echado las manos al cuello.

–Salga y cálmese.

De la puerta de dentro se asomó una muchacha con bata:

–Pero ¿qué cosas le dices? El perro para nada se quedará cojo..., no tiene la pata rota.

–Ella es la veterinaria –explicó la mujer señalando a la joven con el dedo–. Sabe lo que hace y lo que dice.

–Una magnífica doctora. ¡Confía en ella! –añadió Pietro.

En cuanto salí de la consulta llamé a Nic. Le conté todo lo ocurrido. ¡Y lo del microchip!

–Pues claro, Mark... –dijo en un tono sonriente, casi divertido–, antes o después habrías descubierto que Black era tuyo, pero para cuando eso llegara seguro que ya te habrías encariñado con él, no se puede no querer a un perro como Black; estás contento de que sea tuyo, ¿no?

No recuerdo cuáles ni cuántas palabras encontré para expresarle lo feliz y emocionado que estaba, y no por un sentimiento de posesión, sino porque así Black estaría aún más cerca de mí y sería mi compañero de aventuras. Ahora para él valían las dos palabras mágicas «siempre juntos», ¡imagínate! No se las había dicho ni siquiera a Susan, y ahora se las estaba diciendo a un perro, pero Black es mucho más que un perro: ¡Black es Black! Ahora estaba autorizado a pensar en todas las carreras que haríamos, día y noche, meses y años, con viento sol lluvia nieve y todo lo que nos caiga, vagando él y yo por estas Langhe. Y encima el hecho de que Black fuera mío –el pensamiento me sobrecogió– daba sentido a mi regreso y a lo que tal vez estaba a punto de convertirse en una elección de vida: no podía llevármelo a Londres entre el cemento y la contaminación, este es su sitio y por tanto será también el mío, aquí nos quedaremos Black y yo. Sin embargo, también le dije a Nic:

–Espero que no se quede cojo, el veterinario, una mujer joven, me ha dicho que eso no sucederá...

–Entonces quédate tranquilo, y sé feliz, Black es tuyo –retomó Nic–. Cuando fuimos a elegirlo donde la hermana de Viola, ese labrador negro, cómo decírtelo, lo «registramos» a tu nombre, Mark –se reía de mi angustia, reía y hablaba en voz baja con alguien, Minni me imagino, y luego dijo–: Con lo poco que te gustaban los perros no podía decirte: como te dejo solo y me vuelvo a Londres te regalo un perro, ¡es tuyo! ¿Qué opinas? ¡Habrías dicho no, gracias! Pero yo tenía que volver a Londres y quería que tuvieras cerca a un amigo de cuatro patas, un compañero, porque habría apostado las pelotas a que te ibas a quedar allí. ¡Y así ha sido! Así que te dije que el perro era mío y que te lo confiaba porque te conozco, estaba seguro de que cuidarías de él, que te sentirías responsable..., total, que lo habrías tenido cerca de ti. Estaba convencido de que poco a poco te encariñarías con él, ¿lo ves? Ha ocurrido exactamente como había imaginado y esperado. ¡Ahora no me digas que no te conozco como la palma de mi mano! Cuando me llamaste y me dijiste que habías hecho una carrera con él, que era él quien te arrastraba..., mira, no sabes el gusto que me dio, y me decía a mí mismo que cuando descubrieras que era tuyo te alegrarías a más no poder. Y de hecho...

Luego me explicó que todos los documentos relativos a Black los tenía Viola. De modo que la llamé inmediatamente, volvía al día siguiente, y añadió:

–Mira, el veterinario, quiero decir la veterinaria, se llama Giulia. Es muy buena, la conozco, además es muy simpática, es buena persona.

Quedamos para el día siguiente y volví corriendo a la consulta de la veterinaria.

–¿Podré ver ahora a mi perro? –Y pensé en el inmenso placer que me producía decir «mi perro», no en el sentido de posesión, no era eso, ¡sino por amor! Es una palabra complicadísima, «amor», ¡pero Black se la merece!

–Antes me tiene que decir cuándo me traerá los...

–Mañana por la tarde –la interrumpí, no podía estar más tiempo lejos de Black–, para ser exactos, no, pasado mañana, porque todo lo relativo a Black lo tiene Viola, que regresa a Alba mañana por la noche..., espera, no sé el apellido...

–¿Viola la librera?

–Sí, la misma.

–Ah, entonces vaya por ahí, pero despacio –dijo ella, repentinamente bondadosa–. Viola es una persona ordenada y seguro que lo tendrá todo. Vaya con su perro. Pietro y Eneas ya están dentro. De hecho, ve, aquí nos tuteamos todos, nos conocemos desde siempre. –Y ahora sonreía amigablemente.

No me avergüenza decir que se me hizo un nudo en la garganta en cuanto vi a Black.

–Va todo bien... –me advirtió enseguida la veterinaria–, solo que todavía está un poco aturdido.

Estaba allí tendido, y él también me vio. Gemía débilmente, movía la cola a duras penas, se mostraba inquieto, como si tuviera unas ganas locas de saltar sobre mí de felicidad. Pero no podía hacerlo. «Ahora me echo a llorar», pensé. Y no me importó que hubiera tres personas mirándome, de hecho cuatro contando a Black. Me incliné sobre él. Me encontré con la mirada tierna y enigmática de sus ojos afectuosos, como diciendo hola estás aquí. Balbuceé algo y él lo entendió, fueron dos palabras: eres mío, o mejor dicho tres: eres mi perro. Lo entendió, estoy seguro.

–Black... –lo abracé, me temblaba la voz–, ya estoy aquí, todo irá bien, ya lo verás.

Movía el rabo. Apoyé la frente sobre su pelo grueso, espeso y alborotado. ¡Mi Black! Fue un momento increíble, después de la muerte de mi bisabuelo nunca había experimentado una emoción igual. ¿Dónde había ido a parar el Mark que se transformaba en un iceberg? ¿En un bloque de hielo? ¡Derretido, evaporado! Ahora era capaz de sollozar, libre de hacerlo, pues por fin había llegado el momento de sacar fuera lo que había guardado en mi interior durante no sé cuántos años. Ahora todo era posible, abrazado a mi perro. «Me he vuelto humano», pensé, en un amago de ironía. Si hubiera estado a solas con Black, lo habría empapado de lágrimas y habría sido un alivio. Un desahogo bastante parecido al que había sentido la primera vez que corrí cuesta arriba con él, cuando tiré a la basura la carpeta azul o cuando dejé la noche anterior, esta vez definitivamente, mi apartamento de Londres.

Permanecí un buen rato con la frente apoyada en mi perro, en silencio.

–Eh... –por fin la voz de Pietro–, ¿todo bien?

Al momento levanté la cabeza, me giré hacia la veterinaria.

–¿Está sufriendo?

–No, no de manera especial. He hecho lo que había que hacer. No se preocupe, yo también quiero a mi perro y sé lo que se siente.

–Venga, señor Meo, no se ponga tan dramático... –Eneas se acercó a mí, dándome otra palmadita–. Black no se está muriendo, se trata solamente de una pata, ¿entiendes? –Ahora que comprendía que el perro no corría peligro, Eneas había recuperado su tono habitual.

–No está rota –intervino la veterinaria–, Black está herido, aunque no sé muy bien cómo ha sido, parece la mordedura de algún animal... –Y mientras acariciaba a Black, me fijé en su delicada mano sobre su negro pelaje–. Pero, aunque lo haya pasado mal, lo importante es que no hay nada roto, nada dislocado. Hay que tener cuidado con la infección, eso sí. Propongo dejarlo aquí un poco más. Ven a buscarlo mañana por la tarde, así nos aseguraremos de que todo está bien.

–¿Mañana por la tarde? –miré a Black. ¿Cómo que mañana por la tarde? No tenía intención alguna de seguir más tiempo separado de él. Me sentía culpable, me había ido a Londres y lo había dejado solo–. ¿No podría quedarme aquí con él yo también?

–Mark, ¡hazme el favor! –Era Pietro, autoritario–. Ahora vámonos, aquí tienen mucho que hacer, Black está en buenas manos. Volveremos a recogerlo mañana por la tarde.

–Sí, pero no puede andar, entonces... –Y de nuevo me volví hacia la veterinaria.

–Durante unos días no podrá caminar con normalidad. Se arreglará con sus tres patas. Pero no será por mucho tiempo. Habría sido distinto si se hubiera hecho un esguince, por ejemplo. Pero no es el caso –sonrió y me dirigió una mirada firme y amable–, venga, despídete de tu Black. Nos vemos mañana.

–De acuerdo, entonces, gracias.

Ellos volvieron en la furgoneta, yo con Dolly. Durante el trayecto me veía frente a los ojos de Black, esa mirada con la que me había seguido según salía de la consulta. Me di la vuelta desde la puerta para mirarlo y juro que tuve que usar cada músculo de mi cuerpo para alejarme y dejarlo solo.

Cuando llegamos a casa pregunté:

–¿De verdad no podía quedarme con Black?

–¡Deja ya de decir tonterías! –exclamó Eneas, y con crudo realismo–: Si te hubieras llevado a Black, no habrías podido saber cómo está la infección, si la tiene o no, ni siquiera sabrías si tiene fiebre; en cambio, lo dejas con Giulia, que realmente es una hechicera con los animales, lo deja como nuevo y vuelves mañana. ¿Cuál es el problema?

–Mira qué cielo más oscuro. –Pietro estaba mirando a lo alto–. Tengo que terminar de trabajar en el huerto sin falta antes de cenar y ya es tarde. ¿Me echas una mano?

Al poco estábamos él y yo en el huerto haciendo no sé qué, y el hecho de no tener cerca a Black, como de costumbre, me producía una sensación que no sé cómo describir. Seguía las instrucciones de Pietro a rajatabla, sin dejar de pensar en mi perro y también en la decisión que había tomado de quedarme en las Langhe. Maldita sea, pensé, ¡no es una decisión fácil!

–¡De ninguna manera puedo volver a Londres ahora que Black es mío!

–De todas formas, en Londres no te ha ido muy bien, ¿verdad?

–No ha ido como yo esperaba. Pero no es ese el motivo por el que he vuelto y no es tampoco la razón por la que he decidido quedarme.

–Entiendo... –comentó Pietro tranquilamente, como si hubiera dicho algo evidente, algo de cajón. Para él había sido una elección obvia, ¡para mí había sido una elección drástica! Pero estaba contento de que no me hiciera más preguntas–. Escucha, pronto empezará a llover. ¿Nos vamos?

De acuerdo, trabajamos con rapidez, la tarde pasaba y el bochorno era pesado. Estábamos empapados de sudor.

Incluso cuando subí a casa, me sentí muy extraño sin Black a mi alrededor, sin tener que prepararle su comida, sin verlo tendido donde siempre bajo la ventana de la cocina. ¡Me encontraba fatal!

Me metí en la ducha y rememoré a Black con su pata toda vendada. «No te preocupes, que mañana voy a buscarte», le dije mentalmente, y me pregunté si realmente existe la telepatía con los animales, como me había contado Viola una noche. Me vino a la mente también la veterinaria, recordé su semblante mientras me decía que ella también tenía un perro y que me comprendía. Recordé su sonrisa, breve, apenas un amago. Tenía algo especial esa chica, no recordaba bien qué, pero algo me había llamado la atención. Me había transmitido una buena vibración. Mi bisabuelo decía que hay sensaciones como cuando coges una mariposa, luego sale volando, pero te deja en los dedos un polvillo del color de sus alas. Pensé en Susan mientras estaba bajo el chorro de agua caliente, me pregunté qué tipo de polvillo me habría dejado ella entre los dedos. Y pensé que ese polvillo que me había quedado entre los dedos ya no estaba.

Me estaba secando cuando llamó Viola. Me dijo que había cambiado los planes, que había regresado a Alba y que iría enseguida en busca de los documentos de Black porque a la mañana siguiente tenía que volver a irse temprano.

—¿Ahora?

—Ahora. Puedes quedarte a cenar si quieres. Vamos, te espero.

Lo primero que pensé fue que tenía que coger la furgoneta para llevar a Black, pero luego me di cuenta de que Black no estaba.

—De acuerdo..., iré en moto.

—Oye, ¿te molesta venir hasta aquí? —preguntó sorprendida por mi salida de tono.

—Qué va, perdona, pensaba en Black ahí solo en la consulta del veterinario. Estoy demasiado acostumbrado a tenerlo conmigo.

Fui a decirle a Teresa que no estaría para la cena, ella naturalmente quiso saber por qué, le dije que iba a casa de Viola a recoger los documentos de Black para llevárselos a la veterinaria.

—Ten cuidado con la moto, parece que va a caer agua —dijo entre dientes.

De hecho, enseguida empezó a llover. Por suerte, llevaba conmigo el impermeable, pero cuando llegué a casa de Viola, estaba hecho una sopa.

Me desprendí del chubasquero, lo dejé tirado en el rellano y entré en una casa tan meticulosamente ordenada que me recordó a la de la tía Daphne.

—He preparado un par de cositas para no morirme de hambre... —La seguí hasta la cocina, de donde provenía un aroma capaz de resucitar a un muerto.

Las dos cositas eran: *agnolotti* rellenos de trufa negra, *baggianata alla piemontese*, que es un guiso de tomates, judías verdes, perejil y mucho ajo, luego asado *in dolceforte*, a saber: carne rellena de ajo y rehogada en una sartén con cebolla, vino y nata, y después los postres y el vino, un nebbiolo. En resumen, Viola había preparado una cena digna de un rey.

—También tengo un aguardiente extraordinario, de hecho, muy extraordinario.

Cuando terminamos de cenar, sacó dos vasos de un aparador y los llenó hasta el borde.

–Como me pare la policía a la vuelta y me hagan soplar, podrían arrestarme...

–Pero ¿adónde quieres ir con la que está cayendo?

En compañía del aguardiente le hablé de Black, de cómo estaba, de cuánto le echaba de menos, de lo contento que me sentía de que fuera mío, y le dije también que me parecía bien quedarme en las Langhe, y que esta decisión en realidad me impresionaba bastante.

–Pero ¡cuánto hablas! –rio ella sin hacer ningún comentario sobre mi increíble decisión. Como si tal cosa. Se levantó y se me acercó, con su generoso escote y un vestido bastante provocativo.

Me levanté de un salto y le dije amablemente que de verdad tenía que irme, que el día antes había viajado toda la noche y que estaba muy cansado. No le di la mínima oportunidad de rebatirme.

Me aseguré de tener los papeles de Black y me marché. Además, había dejado de llover.

Volví a casa, despacito, bajo un cielo húmedo y gris, las colinas estaban veladas por una suave neblina. Levanté la visera del casco cuando me encontré en el camino de tierra que pasaba junto a los viñedos y sentí en el rostro el aire que sabía a verde, a musgo, a hierba y a no sé qué más, ese aire de las Langhe que ya no podía ignorar.

¿De verdad había decidido quedarme allí ahora que Black era mío?

–Bueno, me parece bien –dije en voz alta como si me estuviera dirigiendo al mundo entero, mientras dejaba a Dolly aparcada con la pata de cabra junto a la puerta de casa. El patio estaba desierto. El gato blanco y negro estaba sentado en el primer escalón y me observaba ofendido.

–Vamos, ahora puedes acomodarte otra vez, y perdona si me he llevado tu catre algunas noches.

Después respiré hondo hasta llenar mis pulmones:

–Mañana vuelve Black, ¿no es maravilloso?

En cuanto a su pata herida, la veterinaria me había tranquilizado. Mientras subía por las escaleras de casa recordé su expresión al decirme que Black no corría ningún peligro. Vi de nuevo su mirada, azul y firme. Sí, sus ojos eran claros y pensé que había algo especial en su rostro. Pero no era capaz de recordar el qué.

Antes de dormirme me dije que a la mañana siguiente saldría a correr.

Capítulo trece

–Quiero probar de nuevo, tengo que aprender a correr –le dije a Giulio al día siguiente–. Sin embargo, hay algo... –tenía que aclarar este punto.

–¿Que te gusta correr cuesta arriba?

–Aparte de eso..., yo quiero correr solamente por el placer de correr. No me interesa entrenarme para hacer un trayecto en el menor tiempo posible. No me atrae la velocidad. No me preocupan las marcas. No quiero participar en ninguna carrera ni...

–¿Quieres correr y punto? –me interrumpió él.

–Correr y punto. Nada de maratones. No soy competitivo, vamos.

–¿No te importa recorrer un kilómetro cada vez en menos tiempo, no te interesa ser el mejor, ser el primero, adelantar a todos y cruzar la meta?

–¿Sabes una cosa? –Me entraba la risa–. Ya sé lo que significa llegar el primero, ser el mejor, superar a todo el mundo. Eso ya lo conozco. Ya he vivido esa sensación, aunque en otro contexto.

–Normalmente, con mis alumnos el enfoque es diferente. ¿De verdad me estás diciendo que no estás interesado en competir?

–Exacto. No me importa en absoluto. Deseo poder correr cuanto quiera, durante todo el tiempo que quiera, cada vez que me dé la gana hacerlo, siempre, vamos..., pero sin matarme, sin morir exhausto, deseo subir las pendientes como... –estaba a punto de decir como un ángel, pero me daba vergüenza usar un término que le pareciera anticuado.

–¿Como si tuvieras alas? –terminó él. Bueno, ¡había estado cerca del concepto de ángel!

–Exacto.

–¿Sabes qué? –me sonrió caminando desenvuelto, armonioso, elegante, mientras yo avanzaba a trompicones, tropezaba, no podía seguirle el ritmo, me sentía torpe–, ¿sabes qué? –continuó y se detuvo, mirándome fijamente a los ojos–, estoy muy contento de que por primera vez esté entrenando a alguien que quiere correr por el placer de correr, y punto.

–¿Lo dices en serio? –Por un momento pensé que se estaba burlando de mí.

–Por supuesto que lo digo en serio. –Reanudó la marcha, pero seguía sonriendo y me pareció que había perdido algo de formalidad. Sentí que estaba más cerca–. Me agrada que tu objetivo no sea la relación velocidad-espacio. Me gusta que quieras aprender a correr para disfrutar de la carrera. De verdad, me encanta. Correr te da muchas cosas, créeme. Sobre todo, aquí. La mayoría de las veces me piden que entrene para correr el maratón de Nueva York, o para ir a las Olimpiadas. Suelo trabajar con personas en constante lucha con el reloj para hacer no sé cuántos kilómetros en cero segundos. No sabes qué estrés. No, me gusta la idea de entrenar a alguien que pide lo que tú deseas. El placer de correr. Una gozada. Me relaja.

Una vez en casa le conté a Pietro que había empezado a entrenarme para correr, aunque le expliqué que, de momento, lo más importante era Black. Aspiraba a que mi perro viniera conmigo.

–Hoy te acompaño yo, vamos a recogerlo juntos. Verás como se las arregla para andar con tres patas. Se recuperará enseguida, Giulia ha dicho que la herida es profunda pero que no tiene ninguna lesión grave. Ella es fantástica, con lo joven que es, también me salvó a un perro de caza que tuvo un encontronazo con un jabalí…, algo difícil.

Y por fin, a las cinco en punto, estábamos como un clavo en la consulta de la veterinaria.

Cuando abracé a Black mi alegría fue inenarrable y también indescriptible la emoción y el entusiasmo con los que se me echó encima. Realmente increíble. Parecía transfigurado. La veterinaria y Pietro fueron testigos de la escena, también ellos parecían conmovidos, y Giulia dijo:

–Si las personas nos recibieran como lo hacen los animales que nos quieren, creo que el mundo sería distinto.

–¡Y de qué manera! –exclamó Pietro–. Imagínate si Teresa cada vez que vuelvo a casa después de haber estado fuera un par de días me saltase encima de ese modo. ¡Sería como si los dos siguiéramos teniendo veinte años!

–Vamos... –sonrió Giulia–, ¿no crees que aún te queda algo de esos años mozos?

–¡Puede que algo sí! –rio Pietro.

Abrazaba a Black y él se agitaba como loco, y gemía cada vez que apoyaba en el suelo la pata herida, protegida por un buen vendaje. Procuraba calmarlo. Hacía varios días que no nos veíamos, pero para él debían de haber pasado siglos. Finalmente soltó un gran suspiro y se tranquilizó. Pero se me pegaba como si temiera que volviera a dejarlo solo.

–Ahora sí vamos a casa –le cogí la cabeza entre mis manos, le miré a los ojos–, ¿entiendes?

No paraba de mover la cola.

–¿Tú crees que me comprende?

–Por supuesto que te comprende –dijo Giulia–, nos leen el pensamiento, lo intuyen, ven incluso lo que no está a la vista; son maravillosos. –Y abrió la puerta del ambulatorio–. Vamos al despacho, así te daré todo lo que necesitas.

–Dámelo a mí, él ahora mismo no puede hacerse cargo de nada –dijo Pietro recogiendo las indicaciones sobre las medicinas y los documentos. Yo estaba demasiado ocupado con Black, que a duras penas daba saltitos con tres patas, estaba inclinado sobre él, para ayudarle, aunque no lo necesitara.

–Si te preocupa cualquier cosa, llámame inmediatamente –Giulia se me acercó–, encontrarás el número de mi teléfono móvil entre los papeles que le he dado a Pietro.

–Perfecto, pero ¿el importe? ¿Cuánto tengo que pagar? –Estaba todavía agachado ayudando a Black.

–Lo tengo todo aquí –dijo Pietro–. ¿Nos vamos?

–¿Tengo que traer a Black aquí para que le den la medicación? –Por fin me puse de pie. Estábamos cerca, ella y yo. Me di cuenta de que no era tan alta como había pensado. Estaba despeinada, con el pelo recogido detrás de las orejas. Ojos azules y mirada firme. La mirada de alguien capaz de superar los altibajos de la vida. La suya no era una belleza que saltaba a la vista, sino que se descubría poco a poco.

–Le veré en un par de días –dijo, y nos miramos–. Para ver cómo va la herida y cambiar el vendaje. ¿De acuerdo?

Y de repente se sonrojó. Ruborizada hasta las cejas. Intensamente. Me sorprendió y también ella me pareció confundida por haberse ruborizado. Se dio la vuelta súbitamente, con un movimiento brusco. Fue hasta el escritorio y dándonos la espalda nos soltó un hasta luego.

Y nosotros nos fuimos.

En la furgoneta me senté junto a Pietro, que iba conduciendo. Black estaba conmigo, se había acomodado a mis pies, con el hocico apoyado en mi rodilla mientras le acariciaba la cabeza.

–¿No es fantástico que sea mío?

–La cosa cambia, ¿eh? Cuidar al perro de un amigo o a tu propio compañero de vida.

–Quién sabe si él lo comprende.

–Él lo sabía desde el principio... –sonrió Pietro.

Continuaba acariciándole la cabeza, me sentía demasiado feliz de tenerle cerca otra vez. Estaba pensando en la veterinaria. ¡Qué manera de ruborizarse! ¿Habría sido por mi culpa? ¿Por cómo la había mirado? No era consciente de haberla observado con tanta intensidad como para hacerla enrojecer.

Después fuimos a sentarnos a la gran mesa bajo los tilos, caía un sirimiri muy fino, pero el follaje nos protegía. Pietro fumaba su pipa y yo mimaba a Black, tendido en el banco junto a mí.

–Entonces quieres entrenarte para correr –dijo Pietro. Es como si la palabra «correr» hubiera despertado algo en Black, que se dejó caer al suelo. Fue cojeando hacia la boca del sendero que conducía al bosque y a los prados. Se volvió hacia mí y aulló.

–Pero qué quiere... –Me levanté para ir con él.

–Quiere ir a correr.

–Pero Black... –Me arrodillé y lo abracé. Me lamió la cara. Cariñoso y baboso–. Vamos, Black, ahora no puedes correr, ¿cómo te moverías? ¿Con tres patas? –Me sequé la cara como pude–. Ahora no podemos.

Me siguió cojeando mientras volvía a sentarme junto a Pietro. Se acostó a mis pies. Levantó el hocico. Me miró fijamente. Inmóvil.

–¿Qué quiere? –Me sentía a disgusto bajo aquella profunda e incomprensible mirada–. ¿Cómo puedo descifrar lo que quiere de mí?

–Todavía tienes que practicar para entender su lenguaje. Yo tardé un tiempo con mis perros.

Me levanté y cogí a Black en brazos.

–Cómo pesas... –Sonreía mientras él me apoyaba las patas en los hombros–. Ven, que te doy de comer, una comida superrica. –Lo llevaba en brazos, pesaba treinta kilos, había dicho Giulia, un peso que podía cargar. Me dirigí hacia casa, pero antes de entrar me asaltó por sorpresa un pensamiento repentino y me giré hacia Pietro–: Dime, ¿qué tiene Giulia de especial? Su rostro, no sé, tiene algo particular que no consigo adivinar; estaba tan centrado en Black...

–Algo de qué tipo, no sé..., una verruga, una cicatriz, un lunar..., no, no tiene nada de esto. Tiene una piel tersa... –Pietro estaba a mi lado y sonreía–. Tiene fascinación propia, con esos ojos azules. Su abuela, por parte de madre, era de Praga, por eso tiene rasgos nórdicos; nunca se maquilla, jamás la he visto con los labios pintados.

Tuvo un novio, un tipo de Génova, no sé mucho de él, luego no sé, quizá continúe la relación. –Dio una chupada a su pipa, y tras unos breves instantes–: ¿Sabes lo que tiene de especial? Si yo tuviera cincuenta años menos y fuera libre, andaría detrás de ella, eso seguro. Giulia tiene algo... ¡tan intenso!

¿Has entendido? Tan intenso.

–Un rostro inolvidable, está dentro de esa categoría, la categoría de las inolvidables. Sé que no es una belleza, pero a mi parecer es más que una belleza.

Se fue con paso ligero, y se dio la vuelta:

–Ha dejado de llover, esta noche cenamos bajo los tilos, ven a echar una mano, muchos hoy tienen turno de noche en la fábrica, también las mujeres.

Subiendo las escaleras con Black en brazos pensaba en lo que había dicho de Giulia. Ojos azules y su cabello despeinado. Y ese algo que Pietro también había notado, un no sé qué.

Preparé para Black una cena fastuosa y luego le di la medicina según las notas que Pietro me había dejado en la mesa. Le cepillé y mientras estaba allí sonó el móvil, quién sabe por qué pensé en ella y me sorprendió ver que era Susan.

–Disculpa, Mark, quería hablar contigo, asegurarme de que todo va bien –tenía la voz impaciente, la que solía usar cuando tenía prisa–, ¿qué estás haciendo?

–Estoy cepillando al perro.

–¡Uy, qué bien! Entonces está mejor, el perro digo... ¿Está contento Nic de que te hayas ocupado?

–El perro es mío. No es de Nic, no te lo vas a creer... –seguía hablando, pero ella me cortó.

–Perdona, pero ahora no tengo tiempo, dentro de nada tengo que estar en un desfile de moda masculina, un aburrimiento mortal. Debo hablar contigo, pero ya te llamaré, no importa cuándo, de todas formas no parece que tengas mucho que hacer. –También tenía nervios. Prisas y nervios–. Un beso, *honey*. –Y colgó.

Eso es todo.

Intenté imaginármela sentada aquí en mi cocina, lo intenté de verdad, quizá con aquel vestido de seda color mandarina que tanto me gustaba. Y con el pelo suelto.

–¿Sabes una cosa, Black? –retomé el cepillado–. No sé cómo se me ha ocurrido pensar en traerla aquí... A Susan, me refiero, el vestido de seda no pega nada en este ambiente.

Después no pensé más en ello y me puse a hablar con Black, se curaría pronto, empezaríamos a entrenar para correr, y le dije también que me instalaría en las Langhe:

–De ninguna manera te voy a sacar de aquí, ¿qué opinas? –Esto era algo tremendamente difícil de decir y de hacer. Y de comunicar. A Susan, por ejemplo–. ¿Qué opinas? –repetí.

Y todavía no estaba completamente seguro de haberlo decidido; ¿o sí?

Bueno, Black movió la cola, tan contento.

Le cogí en brazos y bajé para acomodarlo bajo los tilos. Luego fui a recibir órdenes a la cocina, puse la mesa, encendí los farolillos, las velas contra los mosquitos, se había quedado una tarde despejada de finales de junio, húmeda a más no poder. Finalmente nos sentamos a la mesa, no éramos muchos, Eneas y yo servíamos siguiendo las órdenes de Teresa sentada en la cabecera.

Tal y como acordamos, al cabo de dos días Giulia vino a vernos una tarde, mientras estaba con Eneas estudiando matemáticas y leyendo el libro sobre Aníbal.

Se bajó del coche, se acercó a Black y este empezó a gemir. Ella le acarició y él se calmó.

–Vamos a subir a casa para echarte una ojeada... –También ella les hablaba a los perros. Seguramente a todos los animales, dada la labor a la que se dedicaba.

De repente dije:

–Yo para subir las escaleras lo cojo en brazos; ahora lo lleva un poco mejor solo, pero normalmente lo cojo yo en brazos. –Y al oír su nombre, Black se levantó y se me acercó.

–Yo también quiero ver cómo le haces la cura. –Eneas cerró los libros, emocionado–. Puedo, ¿verdad?

–Por supuesto que puedes –dijo ella. Sentí un repentino fastidio, pero no dije nada.

Cuando llegamos a las escaleras, añadió:

–Ve tú delante con el perro, déjalo que camine. –Y pensé que no quería sentir mi mirada por detrás. Sin embargo, dijo–: Quiero ver cómo se las arregla Black con esa pata subiendo los peldaños.

Como sabía que vendría, después de comer había arreglado todo perfectamente, como antes de que viniera Pia, que no me dejaba pasar ni una. Todo estaba limpio y en su sitio. Incluso había fregado el suelo de la cocina.

–Le haré aquí la cura. –Dejó su maletín de veterinario en la mesa, Black se le puso al lado–. No te me pegues tanto, Eneas –le advirtió Giulia–. Ponte un poco más allá.

–Quería ver bien la herida.

–Uf... –protestó ella, sonriendo pero hablando en serio–, haz lo te digo.

Y Eneas obedeció de inmediato.

Yo me quedé apoyado de espaldas a la ventana abierta, viendo a Giulia inclinarse sobre Black cuando le quitaba el vendaje de la pata, examinándole la herida, hablándole, diciéndole que la herida estaba cicatrizando bien, que necesitaba otro vendaje pero que ella apostaba a que sería el último, y Black movía la cabeza y la miraba de tal manera que no me habría sorprendido que de repente hubiera adquirido el uso de la palabra para decirle: ¡sabes que eres estupenda! «Y no solo eso», pensé.

–Entonces me voy, Black está casi curado –exclamó Eneas.

«Perfecto, genial que te vayas», habría querido decirle. Pero simplemente me despedí de él. Nos quedamos Giulia y yo, y Black. Con su nuevo vendaje, Black se paseaba por la habitación cojeando menos, como si lo que Giulia le había dicho y hecho le hubiera convencido para apoyar la pata sin miedo a lastimarse.

–¿Cuándo podremos empezar a correr juntos otra vez Black y yo?

–Digamos que dentro de una semana –dijo mientras cerraba su maletín de veterinario.

La veía de perfil, tenía algo que no conseguía describir. Le di la espalda. Pasé la mirada por el cielo entre los tilos, del color del atardecer.

Habría querido decirle algo, entretenerla, y sin embargo me limité a darle las gracias y despedirme de ella. Nos miramos a los ojos, tal vez ella tampoco tenía ganas de irse. No obstante, le hizo una caricia a Black y se marchó.

Al cabo de un par de días inicié los entrenamientos y a partir de ese momento Giulio se puso a machacarme duro. Pero duro de verdad.

A veces, cuando lo pienso, me sorprende haber sobrevivido al intento.

Evidentemente el ser humano tiene más recursos de lo que cree. Fuerza, energía, capacidad de resistencia al cansancio, lo cual quiere decir resistir incluso el dolor, porque correr te hace sufrir; se necesita tenacidad: todas estas cosas que ignoraba tener y que si no hubiera sido por Black y por la carrera no habría sabido jamás. En resumen, si no tienes la oportunidad de comprender quién eres, y cuáles son tus cualidades, acabas viviendo por debajo de tu potencial y eso me parece horrible. Es lo que me habría sucedido si no hubiera conocido a Black. De no haber sido por él, no habría dado un paso. De no haber sido por él, nunca habría descubierto lo que se convirtió en la pasión de mi vida: correr.

Jamás habría adivinado el placer que supone correr. Y además cuesta arriba.

Con un entrenador tan concienzudo como Giulio, aprender a correr ha sido para mí una experiencia que, estaba seguro de ello, habría sin duda entusiasmado a mi bisabuelo. Cuando apretaba los dientes para no tirar la toalla, cuando seguía adelante en lugar de tirarme sobre la hierba, cuando no me dejaba atemorizar por los calambres. Ahora me mantenía la mirada de mi bisabuelo, la sentía pegada a la nuca, era una mirada de aprobación, disfrutaba como un loco ese furor anárquico que la carrera en solitario en medio de la naturaleza te infunde y ese placer salvaje que sentía por las subidas con el corazón en la boca. Si tuviera que describir *step by step* las semanas de mi entrenamiento con Giulio sacaría un manual con las técnicas más depuradas del *running* sobre cómo entrenarse para correr y sobre cómo correr para entrenarse.

—La espalda recta pero flexible, ¿entendido?

—De acuerdo, está bien.

Las primeras veces pensaba en Black y no veía el momento de que estuviera recuperado para poder correr conmigo.

—Sí, porque el problema son tus abdominales. —Me dio una palmadita divertida en la barriga. *Barriga*—. Tú también lo sabes, que están flácidos y blandos. Y pensar que solamente tienes treinta y seis años... —siguió negando con la cabeza—, ¡mírate! Tienes el vientre y las nalgas aplastadas, eso no puede ser.

Nunca había reflexionado sobre mi cuerpo de aquella manera.

—Los glúteos son músculos que hay que respetar. Si estás todo el día sentado sobre ellos se convierten en tortillas, ¿entiendes? Pero de ellos se encarga la carrera. Nosotros nos concentraremos en los abdominales.

Así que lo que ocurría es que Black estaba cómodamente tumbado y relajado bajo los tilos, observándome comprensivo, mientras yo estaba también tumbado, pero sobre la esterilla y sudando la gota gorda, acosado por Giulio, que me imponía una cantidad de ejercicios inimaginables para despertar mis abdominales de su largo sueño.

—Vamos, intenta llegar a treinta, arriba uno, arriba dos; trata de alcanzar los cuarenta.

Luego cincuenta, no paraba nunca.

Yo tocando con la frente una rodilla, luego la otra y él a mi lado haciendo los mismos ejercicios como si nada, y encima:

–Ánimo, ahora empezamos otra vez desde el principio. –Y me guiñaba un ojo para alentarme.

Por tanto, el placer de correr y correr con placer –Giulio siempre lo decía– no consiste solamente en las caminatas y las carreras hasta el límite de las fuerzas, también estaban los ejercicios que convertían mis entrenamientos en un infierno, pero yo no me arredraba.

Me había enamorado de la carrera, costara lo que costase. Esta era la verdad.

–Black, no te imaginas cómo siento los músculos... –refunfuñaba por las noches, destrozado en la cama, con solo pronunciar la palabra «músculos» se me erizaba el vello de lo dolorido que estaba–. Black, un día más así y puede que no sobreviva.

–Tranquilo, que no morirás –me dijo Teresa de buen humor una noche durante la cena–. Ya sabemos que Giulio es muy muy exigente, pero hará de ti un corredor excepcional, ya verás. Y además estar al aire libre, correr, moverte, ¿no ves lo bien que te está sentando? Hasta se te está poniendo mejor cara...

–En realidad ya la tenía de antes –soltó una risita la joven esposa del segundo hijo de Pietro, y se ganó una mirada fulminante de la suegra, pero las dos niñas también se dieron un codazo.

También Eneas me animaba:

–Muy bien, señor Meo, ¿sabe que cada día lo hace mejor?

Black, no encuentro palabras para describir lo que Black significaba para mí. Cuando terminaba los ejercicios daba saltos a mi alrededor, lo celebraba, estoy convencido.

Otra de las cosas que formaba parte del entrenamiento con Giulio era respirar por la nariz. Es decir, correr respirando «no» por la boca. Si no, se te reseca y no puedes respirar. Se debe respirar por la nariz cuando se corre, pero me resultaba muy difícil. Giulio me consolaba contándome que había gente que se daba por vencida a los diez minutos, que no me preocupara si parecía que no lo iba a conseguir, estaba seguro de que poco a poco lo lograría.

–Pero el perro, o sea Black –Giulio y yo nos habíamos parado cerca de un arroyo y me habría tirado al agua del calor que tenía–, el perro, dime, ¿respira por la nariz cuando corre?

–¡Tú siempre pensando en el perro! –estalló Giulio–. Eres tú quien debe respirar por la nariz y mucho más cuando corres. Nunca por la boca, ¿entendido? La boca sirve para hablar y para comer. La nariz sirve para respirar. El aire que entra por la nariz permite la correcta oxigenación de los tejidos y cuando corres esto es fundamental. Si no aprendes a respirar por la nariz no aprenderás a correr porque la relación entre la respiración y la carrera... –y seguía explicándomelo todo. Pero yo no era capaz, y menos con lluvia.

Un día estaba lloviendo, Black ya estaba totalmente recuperado y estaba contento de venir conmigo a correr, pero aquella mañana seguía durmiendo, yo desde la cama oía el runrún del agua, que aquí en las Langhe es música. Así que me dije: hoy no se corre. Me fastidiaba un poco, pero ¡por qué no tomarme un día de descanso! A todo esto, oí que me llamaban desde abajo: ¡era Giulio! Da igual que haga sol, lluvia, nieve, viento, con Giulio no te libras de correr. Y ese día la lluvia caía fina y tupida, como una cortina de agua incesante. Ni diez minutos después, con Black delante olfateando por todas partes, quién sabe si liebres o faisanes, ya estaba trotando junto a Giulio bajo el aguacero. Entonces empecé a correr procurando tomar y soltar el aire por la nariz, pero tenía a Giulio a mi lado quejándose de mi respiración. Insistí. Me concentré. No pensaba en nada más que en aspirar aire por las fosas nasales, conseguía incluso percibir el olor de los prados verdes y del musgo, era un aroma tan intenso que pensé que yo también me volvería tan verde como aquello que me rodeaba. Y mientras corría, con la espalda recta pero flexible, comprobando continuamente mi postura, atento a cómo pisaba con los pies, y con Black por delante yendo y viniendo al galope sin pensar en nada más que en disfrutar de la carrera.

Y fue precisamente ese día cuando descubrí de golpe, como por arte de magia, que respirar por la nariz mientras corres –y de hecho no importa si llueve– te proporciona un alivio infinito, ayudando a almacenar energía en lugar de perderla; respirando de esta manera, que ya me resultaba natural, sentía como si tuviera alas en los pies. Una sensación embriagadora. Con la lluvia que me resbalaba por la espalda y me chorreaba por la cara conseguí subir corriendo una pendiente sin pararme a la mitad, como me solía ocurrir. Llegué sobrado hasta la cima con la liviandad de un ángel. Sí, como un ángel, y cuando me paré no me faltaba el aliento, ¡algo increíble!

Miré a Giulio y me eché a reír.

–¡Bien! –dicho por Giulio y de aquella manera era un diez con matrícula de honor–. ¡Muy bien!

Estábamos en un repecho y alrededor había algunos árboles, entre ellos uno gigantesco. Giulio me dijo que era un roble, de la familia de los *Quercus*, añadió. Y me dijo que fuera a abrazarlo.

–Perdona, ¿he oído bien? ¿Abrazarlo? –Estaba dando saltitos para no enfriarme–. ¿Abrazarlo? ¿A quién? ¿Al árbol?

–Exacto. Si no sabes lo que es un árbol que te lo cuente Pietro. Él te lo explicará. Mientras tanto ve a abrazarlo. Tenemos que celebrar lo que has conseguido hoy. A partir de este momento, ya lo verás, la subida tendrá otro sabor, Mark. Celebrémoslo con un ritual. El mío, cuando consigo algún objetivo, es abrazar un árbol. Le doy las gracias. Agradezco a esta naturaleza que tengo alrededor y que me acompaña cuando corro. Te transmito este ritual, síguelo tú también. Hoy, en cierto modo, te has comportado como una planta o como un animal, como un ser vivo en armonía y equilibrio contigo mismo, se han compenetrado tu yo interior y tu yo exterior. –También él daba saltitos mientras me contaba todo esto–. Por fin has hecho esta subida a la par con tu perro... –y Black se puso de repente a mover el rabo de alegría–, igual que él, que mide sus fuerzas y dosifica sus energías, integrándose totalmente con la naturaleza, ¿entiendes? Ve al árbol, ya verás, es algo parecido a cuando entras en una iglesia.

Cuando me puse debajo de las ramas del roble, que me protegía de la lluvia, efectivamente me pareció haber entrado en un santuario. Lo que experimenté en ese momento me recordó a lo que sentí cuando mi bisabuelo y yo entramos en la iglesia de Rye, desierta, con el inmenso péndulo símbolo del tiempo. Dentro estaba oscuro y en silencio, llovía también ese día, y mi bisabuelo me dijo que el silencio era profundo porque los dioses estaban hablando entre ellos y no debíamos perturbarlos. Decía los dioses, aunque ya se había convertido al catolicismo.

Abracé el tronco. Estaba húmedo. Intenté pensar en la savia que lo recorría, en las hojas que producían clorofila para transformar la luz en azúcar, *grosso modo*, aún recordaba algo de las clases de botánica. Oía el crepitar de la lluvia en la calma total del interior. Probablemente, pensé, también aquí el silencio rodea a los dioses que están conversando entre ellos. Black me había seguido y se había agazapado apoyando la espalda contra el roble. Quieto. A la espera él también de no sé qué. Abracé el árbol aún con más fuerza.

–En el fondo, entre tú y yo solamente hay una diferencia –dije–, que tú buscas en la tierra tu alimento y en el cielo tus alianzas, yo no. Pero ambos llevamos dentro eso por lo que nacemos, vivimos y morimos, exactamente lo mismo. Este es el quid de la cuestión. El resto son pequeñeces.

Jamás se me habría ocurrido decir algo semejante a un árbol si me hubiera quedado en Londres.

–¿Estás hablando con el roble? –Giulio se acercó saltando bajo la lluvia.

–Eso pretendo.

–Si escuchas atentamente oirás su respuesta.

Apoyé la oreja en la corteza áspera y casi punzante. También Giulio vino a abrazar el roble, también él apoyó la oreja en la corteza.

–¿Has oído algo?

–Yo nada, ¿y tú?

–Tampoco.

–Debemos practicar, de momento somos demasiado humanos –se rio él–, pero ahora vamos a seguir corriendo antes de que se nos enfríen los músculos. –Y emprendimos el descenso bajo la lluvia, con cuidado de no resbalar–. O quizá el roble no tenía ganas de contarnos nada –siguió diciendo–. Pietro cree que también las plantas tienen sentimientos, y estados de ánimo, como nosotros, como los animales.

–Black siempre está de buen humor.

–Eso quiere decir que con su amo es completamente feliz.

No dije nada, preguntándome si yo también era realmente feliz.

–Yo soy su dueño, pero a veces tengo la sensación de que es él quien manda. –Y, mientras, me preguntaba de dónde provenía su felicidad, dado que yo, hasta el momento, seguía buscando la mía.

Tenía razón cuando dije que, en la pareja formada por Black y yo, era él quien hacía de guía. Había días en que no entrenaba con Giulio. En esas ocasiones yo me ejercitaba por mi cuenta. Salía temprano por la mañana, a la hora habitual, con sol o lluvia o viento, daba igual, y trotábamos hacia el camino. Black enseguida se me ponía delante y yo le seguía. Él llevaba la batuta. No me preocupaba por dónde me llevara, ni tampoco por reconocer los lugares o memorizarlos para orientarme y volver seguro a casa. Le seguía sin pensar, acompañándole a lo largo del recorrido que improvisaba sobre la marcha. Además, parecía que conocía las exigencias de mi entrenamiento, porque en cada sesión incluía rectas llanas, luego subidas, después bajadas y rectas de nuevo, en resumen, la variada ruta que Giulio también escogía, entre viñedos, por el bosque, atravesando prados y bordeando los cultivos. En ocasiones Black se metía por carreteras asfaltadas y tampoco estaba nada mal, el asfalto exige una pisada diferente, más ligera, y me agrada correr a lo largo del arcén, siguiendo la línea blanca.

Cuando voy así pienso que podría seguir hasta el infinito, que sería capaz incluso de llegar al Polo Norte.

–Él es mi guía, no te imaginas hasta qué punto me fío totalmente de él. Me lleva lejos, incluso a varios kilómetros de distancia. A estas alturas, después de todos los entrenamientos llevados a cabo con Giulio, voy rápido y lejos, Black lo sabe y es como si calculara los tiempos precisos dentro del horario máximo de un entrenamiento intenso. Cuando llegamos a un punto determinado se para, me mira, vuelve hacia atrás, y a lo mejor no sigue el mismo camino, pero calcula los tiempos perfectamente para estar de vuelta a la hora justa. –Esto se lo estaba contando a Cristina, a cuya casa iba todos los martes y viernes a las seis de la tarde para aprender a cocinar–. ¿No crees que es un perro fantástico? –Nos encontrábamos en su cocina y yo estaba frente a los fogones.

A mi vuelta de Londres había ido a su casa para decirle que sí, que aprender a cocinar con ella era realmente una gran idea.

–Cuidado, que se te está quemando la cebolla –me advirtió.

No era la primera vez que se tragaba pacientemente la interminable lista de cualidades de Black.

–Exacto...

Y enseguida, tal y como me había enseñado, añadí una pizca de agua caliente a la cebolla que había picado finamente y que estaba dorando sin dejar de remover.

–De todas formas, es increíble la forma en que percibe cuando estoy hablando de él. –Lancé una mirada a mi perro, que movía la cola, tumbado cómodamente en un rincón. Me había costado un poco convencer a Cristina para que lo acogiera en su casa.

–No dejo entrar al mío, imagínate si permito entrar al tuyo. –Este había sido su argumento.

Así que las primeras veces Black había tenido que quedarse fuera en la puerta, pero cada dos minutos me asomaba para comprobar si estaba bien. No sé cuántas veces se me quemó la cebolla y muchas cosas más. Finalmente, Cristina cedió y Black entró triunfalmente en casa seguido de la mirada compungida del perro de Cristina desde el fondo del patio, donde estaba encadenado. Pero cuando le pedí a Cristina que lo soltara porque aquella cadena me parecía una crueldad, ella había declarado:

–Si quieres lo dejo suelto, pero se abalanzará sobre ti y puede que te muerda, porque es un perro guardián y no le gustan los extraños.

–Dejémoslo entonces, pero ¿sabes?, desde que conocí a Black me han entrado ganas de trabar amistad con todos los perros. Antes me aterrorizaban, sufría una especie de fobia, como los que tienen miedo a las arañas... –Y, mientras, añadía al guiso los tomates que había pelado y cortado debidamente en dados del mismo tamaño.

Cristina decía que era demasiado meticuloso para ser realmente un buen cocinero.

–Sí, ahora los perros me interesan, y Black...

–Deja ya de parlotear mientras cocinas –cortó ella abruptamente, creo que no aguantaba más mis peroratas sobre Black.

–¿Qué más tenemos para el menú de hoy?

Me había enseñado lo básico, los fundamentos, luego habíamos pasado a recetas más o menos fáciles, algunas me salían, otras no. No obstante, había aprendido a preparar la carne al estilo de Alba, es decir, *carpaccio* de ternera macerado en limón y luego condimentado con sal, pimienta negra, aceite y trufa blanca, si la hay, y si no paciencia. De todas formas, habíamos llegado al punto en que era capaz de proponer y desarrollar el menú yo solo. El viernes me tocaba a mí y me quedaba a cenar con Cristina y Giulio.

–Esta noche espaguetis *all'arrabbiata*. Usaremos tomates del huerto de Pietro, donde trabajo a menudo, te lo he contado, ¿no? Hoy mismo le he ayudado a recolectarlos, y ¡verás qué sabor!

–¿Y de segundo? ¿Después de los espaguetis?

–En fin, un plato de espaguetis *all'arrabbiata* para cenar me parece más que suficiente.

–¡Qué cómodo! –protestó ella–. ¿Y por qué todavía no te atreves con los segundos?

–En cualquier caso, hago unos buenos platos de pasta... Con tanto correr me entra un hambre canina.

Puse la mesa fuera, también me encargaba de esto. Fuera me refiero a la mesa bajo la pérgola, frente a la cocina: platos, tenedores, cuchillos, vasos, vino, agua que nadie bebía pero que la ponía igualmente, pan; no me olvidaba de nada. Era un atardecer fabuloso, como lo son todos aquí en las Langhe, la franja rojiza que bordeaba las colinas me tenía hechizado. Preparé también la comida de los perros, a Black le puse yo mismo su cuenco, Cristina se ocupó del suyo.

Los espaguetis estaban exquisitos, lo dijo incluso Giulio que era un sibarita, y que con una mujer como Cristina, excelente cocinera, se había acostumbrado a comer como un rey. Encendimos las velas al oscurecer y se empezó a oír el cricrí de los grillos, y también oímos el cantar del ruiseñor. A estas alturas, ya había aprendido a reconocer el canto de los pájaros, parece increíble, pero era capaz de distinguir el ruiseñor del mirlo.

–¿Sabéis dónde me ha llevado hoy Black? –Y rellené las tres copas con un buen tinto.

–Nooo, el perro otra vez no... –suspiró Cristina.

–Venga, cuéntanos –Giulio levantó su copa para brindar por enésima vez–, sabes que como entrenador necesito saber lo que haces y adónde vas cuando no estás conmigo.

–Voy donde Black me lleva –bebí yo también unos sorbos–, y hoy me ha descubierto algo realmente extraordinario. Fue largo porque tuve que hacer bastantes kilómetros, él iba delante y yo detrás, subiendo y bajando, también fuimos por la cresta de las colinas, luego pasamos por pueblos cuyos nombres puedo enumerar...

–Déjalo, de verdad –protestó Cristina.

–Continúa –dijo Giulio.

–Iba entre viñedos, luego otra vez de subida, y venga para arriba y venga para abajo, estaba empezando a preocuparme, Black no se paraba nunca, andaba y andaba, tenía una meta en la cabeza y yo le seguía...

–¡Abrevia! –resopló Cristina, aunque se reía. Se giró hacia Giulio–: Desde luego, desde que se ha puesto a correr se ha puesto también a hablar. No calla ni debajo del agua. Teresa también me lo ha comentado, antes no abría la boca, y ahora...

–¿Puedo continuar? –Pero no estaba molesto, me sentía muy bien. Además, adoraba a los grillos, que siempre se oían de fondo en las noches estivales–. Entonces llegué a un pueblo, Diano d'Alba, ¿no?

–Déjame adivinar... –Giulio se inclinó hacia mí–. ¡Black te llevó a los bancos gigantes!

–¿Bancos? ¿Quieres decir que hay más? ¿Ese no es el único?

¡Me había dejado de piedra! Jamás habría imaginado que a alguien pudiera ocurrírsele algo así, y nunca habría imaginado tampoco que ese hubiera sido el primero que encontraría, que había más, ¡muchos más! Lo que sucedió entonces fue que durante la subida hacia Diano d'Alba vi de repente un cartel en el que ponía *Big Bench*, tal cual, y ya me sorprendió que estuviera escrito en inglés –significa «Gran Banco»–. «¡Qué raro!», me dije, ¿y en inglés? Luego lo vi y me quedé estupefacto: exactamente un banco, pero inmenso. Pintado de rojo, sobre una loma, justo donde terminan las hileras de vides que inundan estos terrenos a derecha e izquierda y de arriba abajo. Me dije a mí mismo que era un espejismo, que correr me estaba confundiendo la vista, que no existen bancos de esas dimensiones. Black se tumbó en el suelo justo a los pies del banco, que tenía las patas pintadas de blanco. Él, con la lengua colgando, me miraba satisfecho, seguramente me estaba diciendo: ¿has visto dónde te he traído? Toqué el banco, era de verdad, alto, muy alto, y no era un espejismo. Entonces trepé hasta él y me senté. Vaya, era increíble, en aquel banco gigante, de cuento de hadas, me sentí muy pequeño. Como un niño con todo el asombro que un descubrimiento inesperado puede provocar a esa edad. Cerrando los ojos me sentía como yo mismo a los nueve años sentado con mi bisabuelo. ¡Fantástico!

Pero me ocurrió otra cosa realmente digna de mención, y es que experimenté una emoción profunda mientras recorría con la mirada el paisaje que desde este banco mágico se abría ante mis ojos. Sí, así fue, me emocioné y me vino a la mente aquella primera vez cuando me paré con Pietro cerca de la Capilla de Barolo, él encantado con el paisaje que ya conocía perfectamente de memoria, y yo que todavía no conseguía ver nada del mundo que me rodeaba y resoplaba exhausto por la caminata. ¡Es para no creerlo, totalmente indiferente ante semejante panorama y frente a un paisaje tan maravilloso! Ya no es así, por suerte para mí, y mientras estaba allí sentado en el banco gigante, bebiendo, literalmente, todo lo que el nítido paisaje me ofrecía con sus colinas ondulantes, alguien se acercó, un hombre mayor. Trepó también él. Durante un rato permanecimos juntos y en silencio, encantados de ver el mundo. Llegaba un sonido campestre, de allá abajo en el valle. El sol calentaba. Eché una ojeada a Black, a mis pies. Se había dormido. Entonces el hombre señaló una montaña estrecha con un pico nevado en el horizonte:

–¿Ve aquello? Ese es el Monviso, el río Po nace allí exactamente. ¿Conoce usted el Po? –Me escrutó poco convencido–: Usted es extranjero, ¿verdad?

Asentí:

–Sí, pero hablo italiano y conozco el Po.

No comentó nada sobre mi acento, qué detalle por su parte, pero proseguí:

–Dicen que Aníbal pasó por el Monviso con sus tropas y sus elefantes para conquistar Roma...

Se volvió para mirarme, serio, tenía bigote y un aire autoritario:

–¿Conoces a Aníbal?

Asentí con la cabeza, sí, por supuesto que lo conocía. Además del Po también sabía algo sobre Aníbal. Pareció satisfecho y empezó a hablarme del vino.

–Vino, ya sabéis –y continué derramando en los oídos de Giulio y Cristina mi historia sobre el descubrimiento del viñedo de Diano d'Alba y el encuentro con el anciano, productor de dolcetto según me contó más tarde–. Me explicó con pelos y señales los secretos del cultivo del viñedo, en los que no voy a entrar ahora...

–Eso es, muy bien –bostezó Cristina.

–Sí, pero además me explicó que el banco gigante de Diano d'Alba está pintado de rojo rubí porque esta es la región del dolcetto, que tiene precisamente ese color, me contó cómo se lleva a cabo la vendimia y también cómo se prensa la uva. Me refirió que Gutenberg, el inventor de la imprenta, la ideó usando una prensa de uva, ¿lo sabíais?

–No... –suspiró Cristina–, esto no lo sabía, ya ves... –Y se recostó en el hombro de Giulio.

Las velas se estaban consumiendo. La velada estaba a punto de terminar. Giulio empezó a hablarme de los bancos gigantes, y me contó un montón de cosas, cuántos hay y dónde están, y a quién se le ocurrió y por qué se han puesto en los lugares en los que se encuentran, escogidos estratégicamente: cada uno ofrece una parada inolvidable en el mágico territorio de las Langhe. Dijo esto precisamente: el mágico territorio de las Langhe.

Antes de marcharme recogí la mesa, fregué los platos, puse todo en orden y me despedí de Giulio, con quien iría al día siguiente a Alba para comprar unas zapatillas de correr nuevas. Luego me puse en camino, con Black a mi lado, atravesando los prados de vuelta a casa, bajo un enorme cielo estrellado.

En fin, era feliz. Continuaba dándome vueltas a la cabeza todo lo que me había relatado Giulio. Bancos gigantes repartidos por la región. Y cada *big bench* se asomaba a un panorama sorprendente. Bancos ubicados en lugares altos. Cada uno en la cima de una subida.

Cuanto más lo pensaba, más fascinado estaba. Intuí que de mi pasión por correr estaba surgiendo una idea. Sí, una idea que podría ser mucho más que un reto.

De hecho, ahora que lo pienso, no tenía nada que ver con un reto.

Capítulo catorce

Aún daba la sombra en los arbustos y en la espesura de los árboles. Olor a hierba húmeda y hojas. Los pájaros empezaban a revolotear, llamándose unos a otros. Nos metimos por el camino habitual, luego Black tomó la delantera y yo fui tras él.

A estas alturas ya era consciente de que correr no significa solamente correr, sino un montón de cosas más. Giulio dice que cuando corres no debes ponerte a cavilar, sino que hay que mirar. Y yo había aprendido a mirar. Llegados a este punto, las deidades de mi carrera eran prados y bosques, hileras de viñas y crestas de colinas, hierbas en los bordes de subidas y bajadas, flores silvestres y avellanos, muchos avellanos y árboles frutales, e incluso el vuelo de los halcones sobre mi cabeza, reconocía sus graznidos. En resumen, por fin podía ver el mundo que me rodeaba, verlo, olerlo, escuchar sus sonidos, y el tacto también desempeñaba su papel, la corteza rugosa cuando me detenía a abrazar un árbol, el ritual de Giulio. Rumiar menos, o incluso nada, y mirar más, pero reflexionar, meditar, despejar la mente, observar la propia vida desde distintas perspectivas. Giulio decía que puedes hacer esto mientras das tus buenas zancadas en plena naturaleza. Era verdad. Así que todo lo que sucedía en mi mente mientras corría tuvo su proceso de maduración. A fuerza de correr y correr, se produjo una transformación de la que era consciente: poco a poco iba cambiando, y mucho. Por dentro y por fuera. Y no solo yo lo decía, sino también los demás.

Según corría percibía cómo iba cambiando mi cuerpo. Sentía como si tuviera brazos, piernas, espalda, glúteos y pies nuevos –incluso las ampollas que me salían– y notaba cómo estaba perdiendo tripa. Adelgazaba. Cambiaba mi manera de pensar, de mirar el mundo y a la gente, porque estaba aprendiendo no solo a correr, sino a cocinar, a trabar amistad con los demás y, sobre todo –¡sobre todo!– a convertirme en compañero de camino, carrera y vida de Black. Y esto de tener a un perro por amigo del alma sigue siendo una experiencia y una emoción extraordinaria. He aprendido a ser humilde, porque cuando corres sabes que no puedes obtener todo aquí y ahora, esa tremenda subida la afrontas ni se sabe cuántas veces antes de llegar a la cima, vas haciendo progresos poco a poco y debes ser constante, como me aconsejaba Giulio.

Un día estaba en el bar de Beppe, en la zona del comedor, no tenía ganas de cocinar y había invitado a Pietro, le conté la nostalgia que me atormentaba desde que me había despertado.

–Pero ¿qué has soñado?

Le di un trozo de pan a Black, que estaba acostado junto a mí, y bebí otro sorbo de vino.

–Un sueño de esos en que después de despertarte sigues estando mal, aunque creas que esa persona ya no te importa gran cosa. Sin embargo, no es cierto, en el fondo te importa, porque si no, no sentirías de repente una nostalgia tan brutal, ¿me explico?

–Sí, pero ¿qué has soñado?

Así que le conté el sueño, que en parte estaba relacionado con Susan, en parte con mi vida en Londres y con mi pasado, pero era un sueño confuso y bajé el tono de voz: me había percatado de que los dos vecinos de mesa pegaban la oreja para enterarse de lo que estábamos hablando. Y yo hablaba bajito, mientras Pietro escuchaba inclinándose a mi lado, y finalmente dijo:

–Es verdad, ¡nunca he entendido por qué diablos hay sueños que te producen emociones tan fuertes!

Asentí. Le solté todo. No me guardé nada en el tintero...

–Ni se te ocurra echarte a llorar ahora –me rogó Pietro en voz baja.

Permanecimos callados, también porque entretanto nos trajeron un *vitello tonnato* que exigía un obsequioso silencio. ¡Exquisito!

–Mira –al poco retomé la palabra–, a mí correr me ha enseñado a mirar las cosas desde otro punto de vista. Mientras corres, tienes todo el tiempo del mundo para pensar sobre ti mismo y sobre la vida, y he comprendido que la relación que teníamos Susan y yo era en realidad un desastre. Yo te miro a ti, con Teresa, y veo que siempre tenéis muchas cosas que deciros, siento que sois cómplices, cercanos y que, sí, Pietro, aunque ya no seáis dos muchachos, os gustáis, se nota, ¿sabes? Susan y yo éramos dos momias. Esta es la verdad. Y ahora me pregunto: ¿por qué demonios de vez en cuando me ataca esta tristeza tan profunda?

–Llevas muchos años viviendo con ella. No un par de meses. Algo cuenta, ¿no?

–Además no sé si volveré, realmente no lo sé, aunque hoy esté tan mal.

–¿Te imaginas aquí a Susan? ¿Viviendo como lo estás haciendo tú?

–No. Para nada.

–¿Te gustaría que estuviera aquí?

–No lo sé, sinceramente.

–¿Te apetece regresar a Londres?

–Eso no. Absolutamente no.

–¿Y cómo ves tu futuro aquí?

–No pienso en el futuro. Pienso en el presente. Mi presente me parece fantástico.

–No creo que Susan tenga mucho que ver con tu presente.

–No, desde luego que no.

–Entonces quédate aquí. Me encantaría. ¿De qué vivirás?

–Ganaba bastante dinero. Tengo desahogo económico para una

temporada, aunque tengo enormes gastos por la casa y lo demás. Y también paso dinero a mi familia.

—¿Mandas dinero a tus padres? —se sorprendió.

—Dejemos ese tema. —Me arrepentí de haberlo sacado.

—Perdona, no quiero meter las narices donde no me llaman, no suelo hacerlo, pero si quieres un consejo, visto que piensas quedarte, antes o después tendrás que buscar un trabajo. Un hombre tiene que trabajar. De acuerdo, me ayudas en el huerto. Pero eso no es un trabajo. Por el momento piensa en correr, pero más adelante...

Fuimos al bar a tomar un licor, por una vez me permití una excepción. Black desapareció en la cocina y cuando volvió se lamía los bigotes. No quise indagar.

Más tarde le dije a Pietro que respecto a la carrera se me estaba ocurriendo una idea y que por tanto necesitaba objetivos en lugar de hacer cada día un recorrido abierto, por decirlo de alguna manera. El proyecto aún estaba en pañales.

—¿Sería?

—No sé, es una idea que me está rondando por la cabeza; los bancos, por ejemplo, los bancos gigantes. Un objetivo, ¿entiendes? Ahora que tengo una buena resistencia y que estoy bien entrenado, está claro que no puedo prescindir de correr.

—Por otra parte, los bancos están colocados en lugares estratégicos con vistas panorámicas, de postal. Algunos están bastante lejos de aquí.

—Bueno, en fin, veremos; otro de mis planes es invitarte a comer a mi casa. Me gustaría empezar a cocinar para otras personas.

—Te advierto que estoy mal acostumbrado —observó él.

—Veré cómo arreglármelas. ¿Sabes por qué? Quiero practicar porque antes o después quiero ser yo quien cocine por las noches, en vuestra casa, y me gustaría hacer una gran comida para toda la familia. Me encantaría. En casa de Cristina cocino a menudo y Giulio todavía no se ha quejado.

Sin embargo, Giulio se quejó media hora después, cuando llegó en bicicleta, habíamos quedado en ir a Alba para comprar las zapatillas y yo quería ir en la furgoneta para llevar a Black.

–Pero cómo que en la furgoneta... –Ya estaba Giulio con la cantinela–. Tienes la moto, ya no la usas nunca, está bien que corras, pero yo contaba con una escapada, juntos, hace tiempo que me habías prometido que me darías una vuelta en moto...

Así que Giulio tomó prestado el casco de Pietro, yo fui a buscar las llaves, eché al gato del asiento y cuando salí con Dolly me giré hacia Black, que estaba sentado frente a la puerta de casa, extrañado de que me atreviera a prescindir de él.

–Eh, que vuelvo enseguida.

Nada de mover el rabo. Permaneció inmóvil. Petrificado.

–Venga, Black, espérame aquí, solamente esta vez.

–¿Vienes o te vas a quedar hablando con el perro? –me instó Giulio por detrás.

Llegó Eneas muy contento:

–Vete tranquilo, que ya me ocupo yo del perro, le daré un paseo, me lo llevaré conmigo y jugaré con él a la pelota, tú puedes irte.

Se sentó junto a Black y lo abrazó, así que yo metí la marcha ¡y hasta luego! Eneas ahora me tenía una admiración especial a pesar del asunto del tirachinas. Al final se lo devolví, pero le hice prometer que no lo usaría para asustar a los pajarillos. A cambio, le daba clases de matemáticas y repasábamos juntos historia y geografía; lo único a lo que me había negado, al menos de momento, era a enseñarle la magia del ordenador, como él decía. Para consolarlo, de vez en cuando le regalaba libros que compraba en la librería de Viola.

–Después de las zapatillas tengo que ir a comprar un libro –advertí a Giulio levantándome la visera del casco.

–Aparca allí. Vamos.

Él había elegido la tienda de zapatillas, porque yo no conocía los secretos del calzado para *runners*. Cuando nos bajamos de la moto me dijo:

–Nunca te he hablado de lo que significan las zapatillas de correr... –Y mientras acomodaba a Dolly, metía los cascos en el cofre y nos dirigíamos a la tienda, empezó a explicarme–: No tienes que dejarte llevar por las que más te gusten a primera vista, como sueles hacer con los zapatos normales, en este caso hay que tener en cuenta otras cosas.

Para ir a comprar zapatillas con Giulio antes se necesita hacer un curso de paciencia. Ambos imparables, él y el superexperto dueño de la tienda, un tipo agresivo que lo primero que dice es:

–No creas que has venido aquí a comprar zapatillas que te harán correr más rápido, ¿me explico? –Yo me encogí de hombros, asegurando que no tenía ninguna pretensión y añadió–: Escucha bien, quien crea que..., bueno, ya sabes que no existen zapatillas que sirvan para correr más rápido, ¿verdad? Pero sí existen el compromiso y la constancia, recordémoslo.

Palabras dignas de la tía Daphne. Mientras tanto, ya me estaba probando un par de zapatillas rojas que había cogido de un estante y que me habían llamado la atención.

Entre Giulio y el dueño de la tienda, que se llamaba Max, me soltaron un sermón sobre qué cosas debía priorizar y qué cosas debía evitar en una zapatilla, términos para mí incomprensibles como *drop*, *mesh*, *foam*, disquisiciones sobre el ancho (el pie debe moverse), el largo (cuidado con las uñas negras al bajar), etcétera, etcétera y etcétera, y cuando señalé las zapatillas rojas y dije que me gustaban:

–¡Pero fíjate! ¿No ves que tienen el *toe spring* elevado? –Giulio las miraba por todos lados–. La punta es demasiado alta, ¿es que no lo ves? Esto significa que tu dedo gordo del pie...

–Sí, entiendo, pero me gustaría probármelas. A lo mejor me parecen cómodas. La regla número uno es que las zapatillas te resulten cómodas, ¿no?

–Está bien, póntelas –resopló Giulio.

–Ve a probarlas a la cinta –ordenó Max señalando con el índice–. Ánimo.

Caminé y caminé, luego me puse también a correr, después de nuevo a andar, esas zapatillas rojas me parecían perfectas.

Y sin embargo creo que tu dedo gordo no apoya bien en el suelo –protestó Giulio–, y si haces trabajar al dedo gordo te juegas la correcta biodinámica, créeme.

Y mientras, informaba a Max sobre mi nivel de preparación, del tipo de entrenamiento que seguía, de mi salud, de mi peso, altura, capacidad de concentración, atención... Todo indispensable para la correcta elección de la zapatilla. Y finalmente Max dijo:

–Mira estas... –Me puso delante de las narices un par de zapatillas negras como el carbón–. Estas tienen todas las cualidades que necesitas de acuerdo con lo que dice Giulio, y pienso que de él puedes fiarte ciegamente –me soltó toda la perorata sin respirar.

De mala gana me quité las zapatillas rojas. Giulio cogió una de ellas:

–¿No ves que no son lo suficientemente flexibles? La flexibilidad es esencial e imprescindible para no forzar el pie... –Y dale que te pego no sé cuántos minutos más.

Me puse las zapatillas negras y fui a probarlas a la cinta, con esos dos observándome con los brazos en jarras. Jueces implacables. No podía más.

–No me van. –Me bajé de la cinta–. No las siento mías –me senté y me las quité–. Y además me parecen... siniestras.

–¿Que te parecen qué? –Max se me plantó delante.

–Siniestras. Lúgubres. Son zapatillas lúgubres.

–¿Y esto qué tendrá que ver? –dijo Giulio indignado.

–Claro que tiene que ver. Correr es un placer. Las quiero rojas, de un color alegre, o sigo con las mías viejas y me da igual si están destrozadas.

Cuando salimos de la tienda, Giulio tenía la cara larga, pero yo llevaba bajo el brazo mis zapatillas rojas, ¡y punto! Y me daba exactamente igual si tenían la suela fina, y por tanto notaría cada irregularidad del terreno, a mí me iban bien, Giulio en cambio no fue capaz de contenerse:

–¡Verás como vuelves a buscar las negras!

Mientras tanto fui a buscar un libro para Eneas a la librería de Viola. Allí estaba ella, se había cambiado de peinado, con los rizos sobre los hombros. Llevaba uno de sus habituales escotes y lucía una sonrisa de oreja a oreja:

–Mira quién se deja ver por aquí, nuestro Mark... –Me abrazó riendo.

Sonreí liberándome de su abrazo un tanto excesivo.

Escogí un libro de aventuras mientras Viola hablaba con Giulio, a continuación, colgó en la puerta el cartel de «Estoy en el bar de enfrente» y fuimos a tomar algo.

–Mañana te daré un respiro –le aseguré brindando–, hoy me he pasado, vino en el almuerzo con Pietro, luego el licor, ahora aquí...

–Mañana con tus zapatillas nuevas rojo fuego tendrás mucho que hacer –pronosticó Giulio, benevolente por fin–: De todas formas, si te sentías a gusto con ellas has hecho bien en llevártelas.

A la vuelta atajé por otros vericuetos, estaba disfrutando con la moto, desde el viaje a Londres no la había tocado, y ahí no la disfruté como debía. Nos levantamos la visera del casco y atravesamos los viñedos, era un atardecer sereno, había bajado el calor y en el aire flotaba un aroma a hierba y a verde que no podía despreciar. Dejé a Giulio con Cristina, luego me dirigí hacia la carretera secundaria que lleva a Neive, quería ir a ver el banco gigante y el recorrido para ir corriendo.

«Mañana vendré con Black», pensé. Y me di la vuelta para volver a casa.

Aquella noche nos pusimos a hablar de los bancos gigantes. Pietro comentó que el artista americano había hecho realidad su gran proyecto: aquí en las Langhe se contaban más de ciento cincuenta bancos esparcidos por toda la comarca, idénticos en cuanto a materiales y dimensiones, pero de colores diferentes y diversos significados. Y en Monferrato había más.

–Son como puntos fijos, guardianes del territorio, de nuestro esfuerzo para sacar de estas colinas las terrazas sobre las que discurren los viñedos, y nuestro vino. Esta es mi forma de ver los bancos. Como ya te he dicho, todos se ubican en miradores panorámicos, para llegar a ellos hay que hacer buenas subidas.

–No es casualidad que para mí sea una gran satisfacción correr cuesta arriba, ¿cuál es el punto más alto de las Langhe?

–Mombarcaro, es precisamente una cumbre. No está lejos de aquí. Se encuentra a novecientos metros de altitud, no es un banco. Pero para compensar desde allí se puede ver el mar.

–El mar... –Y me veía con Black bajando hasta el mar y corriendo por la playa, luego bañándonos entre las olas; me imaginaba la escena, soñaba con los ojos abiertos. Los labradores adoran el agua y me encantaría ver nadar a Black.

–Eh, ¿te has quedado hechizado? –Me tendió el vaso vacío para que se lo llenara–. ¿Podrías decirme cuál es tu meta respecto a los bancos gigantes? ¿Qué tienes en mente?

–No sé, un recorrido, una especie de maratón, algo épico, ¿entiendes? Algo importante, memorable, que anuncie algo...

–¿Algo como qué?

–No sé. Algo como la sensación de pagar una deuda, como un agradecimiento; o quizá un peregrinaje, pero con un sentido parecido. No sé, tengo que darle más vueltas.

En esa época ayudaba a Pietro en diversas tareas. Cuando llegué aquí, ni siquiera era capaz de fijar un clavo y Pietro me había enseñado todo, estupefacto ante mi total incapacidad para usar las manos. Lo único que sabía hacer era arreglar cualquier problema relacionado con Dolly. Por lo demás, cero. Poco a poco estaba aprendiendo: sabía levantar una tapia, reparar puertas y ventanas, también arreglar las persianas, era capaz de enjalbegar y enfoscar, retocar la hoja de una puerta que no cerraba, barnizar un mueble, construir una conejera, se me daba bien cortar la hierba y trabajar en el huerto. Me estaba instruyendo en muchas cosas. ¡Yo que no me había movido de mi supersilla ergonómica durante tantos años nada más que para montarme en Dolly! Ahora realmente me encontraba capaz de ayudar a Pietro a levantar la valla que servía para proteger el gallinero y las conejeras. Aquella tarde estaba trabajando duro y en silencio. Continuamos incluso con la llovizna de costado.

Y mientras Pietro y yo hablábamos de mi hipotético itinerario por los bancos gigantes, el proyecto iba madurando.

–¿Cómo te imaginas tu recorrido mágico? ¿Llegas a uno de los bancos gigantes, luego vuelves a casa a dormir y al día siguiente te diriges a otro?

–No lo sé. No lo veo de esa manera; debería ser un recorrido único que fuera desde cada uno hasta el siguiente.

–En cualquier caso, no harás más que correr, por lo que he entendido. Correr y correr.

Unos días después Eneas se puso en pie cuando terminamos de cenar.

–Mira lo que te he traído.

Once resplandecientes años. El orgullo de quien, hablando de sorpresas, maldita sea, ¡sabe un rato! Se abanicó con algo que llevaba en la mano, parecía un librito, o un fascículo.

–Adivina para quién es...

–¡Para mí! –intentó una de las primas de Eneas.

–No señorita, es para él. –Eneas se volvió hacia mí, que estaba sentado junto a Teresa y tenía a Black tumbado a mis pies–. Es para el señor Meo. –E hizo una reverencia ceremoniosa.

–Deja ya de llamarle así –le gritó Teresa–. El Meo era uno de mi pueblo que..., olvidémoslo.

–De acuerdo, es para Mark. –Eneas apartó vasos y platos haciendo espacio en la mesa. Extendió un papel grande que parecía ser un mapa geográfico. Acercó las lámparas–. Mirad aquí...

–¿Y...? –Pietro se puso las gafas.

–El mapa con los bancos gigantes de las Langhe –anunció. Le brillaban los ojos. Estaba exultante–. Todos los lugares donde están ubicados. Todos los senderos para llegar hasta ellos. Todas las subidas y las bajadas. ¿No soy un genio?

Todos se quedaron callados. Mirándome. Hubo un momento en que solamente se oían los grillos. Un coro.

–Sí, soy un genio. –Eneas pasó una mano por el papel para aplanar los dobleces–. Y ahora, Mark, ¿quieres que tracemos tu recorrido mágico?

De repente todos se inclinaron para ponerse encima del mapa marcado con los lugares donde se ubicaban los bancos gigantes y empezaron a dar opiniones.

¡Habían resuelto que de ninguna manera podía decidir yo solo el recorrido de una iniciativa semejante! Teníamos que hacerlo juntos.

Capítulo quince

La gente de las Langhe es especial, empezando por la gran familia de Pietro. Las personas de las Langhe te dejan una marca para siempre y sin posibilidad de deshacerte de ella. Tampoco quieres quitártela, dicho sea de paso. Conociendo a cada uno de ellos y sus historias he aprendido muchísimas cosas de la vida, cosas que no aprendes si estás todo el día sentado frente al ordenador recorriendo en la pantalla un ejército de números.

De modo que allí estábamos, hombres y mujeres, las dos niñas y Pietro, e incluso Nino, el tío abuelo nonagenario que hablaba únicamente en dialecto y que solo se dejaba ver en las cenas muy de vez en cuando porque se acostaba temprano. Todos inclinados sobre la mesa con el mapa extendido del genial Eneas. Para ver mejor acercábamos los faroles, alguno había apuntado con la linterna del móvil en los lugares de los bancos gigantes.

Era como si yo no existiera, permanecí callado, escuchándoles, con Black dormitando acostado a mis pies. Para quien no lo hubiera comprendido, dado que se trataba de las Langhe, eran ellos quienes tenían que decidir lo que debía hacer.

—Mira ese, estuve con Sandra, es altísimo y todo de color rojo, ¿sabes?, cuando Sandra y yo... tuvimos una buena discusión aquel día, precisamente en Neive.

—Venga ya, no debe comenzar su recorrido en Neive. Debe iniciarlo más cerca. Diano d'Alba está aquí al lado...

–¡Pues yo creo que debería empezar más arriba! En Castagnole Monferrato.

–Qué dices... –protestó Rosetta–. ¡Castagnole! Si lo mandas al Polo Norte llega antes.

–¡Sí, Castagnole, venga! Conozco ese banco, es de color granate..., el Ruchè, el vino de los domingos. Castagnole está aquí al lado...

–Mark es de los que corren, va como una liebre, no tiene problemas a la hora de machacar kilómetros.

Comenzó una trifulca, hasta que Pietro interrumpió:

–Pero ¿no deberíamos preguntarle también a Mark? Quizá si le dejarais echar un vistazo al mapa...

–Mark no tiene ni idea... –vociferó Nino en tono autoritario. Era la primera vez que le escuchaba hablar en italiano y no en dialecto–. Nosotros somos quienes tenemos que decidir la ruta.

–Pero es él quien correrá.

–¿Y entonces por qué no ir de una vez al banco gigante de Niella? Que además está a pocos kilómetros del de Braglia, y así hace dos bancos a la vez... ¿Y no sería mejor si va hacia el norte, al de Fontanile?

Cuando me levanté y dije: «Voy a dar de comer a Black» a nadie se le ocurrió decirme «No, quédate aquí con nosotros y danos tu opinión». No me prestaron la más mínima atención, no me hicieron ni caso, literalmente. Me fui invisible como un fantasma mientras a mis espaldas oí a Teresa decir:

–Sí, pero si va hasta Niella, ¿podéis decirme dónde duerme? No puede volver a casa.

«Volver a casa», estas dos palabras me impactaron tanto como el sonido de una trompeta. La trompeta del ángel anunciador que suena para decirte: «Mira, ya has llegado, este es tu sitio, aquí está tu hogar».

–Mi hogar, ¿has entendido, Black? Tuyo y mío –y me eché a reír con él–, en casa..., está decidido, Black, ¿dónde deberíamos estar tú y yo sino aquí?

Casa: encontraba fantástico que Teresa hubiera usado esta palabra refiriéndose a mí. No solo me habían acogido, sino que ¡también me habían aceptado! Miraba a mi alrededor: casa no eran aquellas paredes, aquella ventana y unos cuantos muebles, casa era algo más, mucho más: era «casa», ¿entiendes, Black?

–De todas formas, ¿sabes qué? Uno de estos días voy a encalar y barnizar también aquellas ventanas.

Black caracoleaba a mi alrededor, movía el rabo con expectación y, de repente, vi que sobre la mesa había un recipiente y una nota: «Querido Mark, he preparado la comida para el perro, le va a gustar, un saludo, Pia». Pero qué buena persona es Pia.

–Vamos a darle las gracias a Pia –dije a Black vertiendo el contenido en su cuenco.

Me senté a mirarle mientras devoraba no sé qué condumio, pero debía de estar bueno. Oí el rugido de una moto a través de la ventana abierta. Por el ruido deduje que se trataba de poca cosa, nada importante. De hecho, cuando bajé con Black, vi una mísera 350 aparcada junto a mi moto. ¡Dolly es el hada Morgana en comparación!

Black corrió hacia los tilos y yo me dirigí hacia el banco entre Eneas y Pietro, todos estaban acalorados y con el Barolo en la mano. Y yo era el don nadie en el fuego cruzado de la disputa.

–... y luego puede ir a Parodo y después a Dogliani, para terminar en Monforte d'Alba, mira aquí...

–Sí, ¡y acto seguido se cae muerto!

–¡No tiene tu barrigón!

–¡Habla por ti, yo estuve en el banco de San Martino el domingo! Todo a pie.

–Insisto... –hablaba Nino de nuevo y en italiano, no en dialecto–, debe partir de Fontanile, ¿está claro? –Y dio un puñetazo sobre la mesa–. ¡Allí están los robles centenarios!

–Y además, ¿quién le llevará a Fontanile, que está en el quinto pino? ¿Tú? ¿En silla de ruedas? –exclamó Rosetta.

–Vaya bruja estás hecha –dijo Nino entre carcajadas–, mira que yo con mi Apecar puedo llevar donde quiera al señor Meo.

–Vamos, tío... –Eneas se reía–, no le llames así tú también, se llama Mark.

–En mi opinión... –dijo una voz que reconocí al instante: salió de la oscuridad, estaba sentada junto a Teresa, en un extremo de la mesa, ahora la iluminaba la luz de los faroles–, para hacer un recorrido de este tipo, yo haría algo.

–No te había visto... –¡La frase más genial que se me pudo ocurrir! El farol la iluminaba desde abajo, pero conseguí ver sus ojos azules tirando a violeta. O quizá fueran violeta–. ¿Has venido a ver a Black? –me parecía extraño.

–No, ha venido a verme a mí –aclaró Teresa poniéndole el brazo en los hombros–, Giulia es como una ahijada para mí; su abuelo fue novio mío, luego llegó Pietro, ¿verdad, Pietro? –Y de repente añadió–: Era un veterinario extraordinario, y también su hijo, o sea, el padre de Giulia, buenísimo también él y ahora la tenemos a ella, la mejor de todas.

–Acaba de llegar... –puntualizó Eneas–, mientras estabas arriba dándole de comer a tu fiera.

–¿Entonces aquel cacharro es tuyo? –señalé a sus espaldas.

–Aquel cacharro es mi vieja y fiel Four 350, para que lo sepas –replicó riéndose, tenía una risita como de conejillo, de sorprendente regocijo para alguien que normalmente tenía una expresión seria–. Era de mi padre.

–Ella conduce la moto como si fuera un hombre –declaró orgulloso Eneas–, sube los peñascos con la Four, si no ¿cómo diablos va a llegar hasta las granjas de ahí arriba?, ¡con tu moto no podrías!

–Bah, ¿lo intentamos? –me encontré riendo. No sé, ¡me sentía contento!

Vi que Giulia, ahora a plena luz, llevaba una camiseta negra. Percibió mi mirada y comprobó con un pequeño y rápido gesto que el primer botón estaba abrochado mientras yo decía:

–Pero ahora que lo pienso, a las alturas yo voy a pie. Corriendo y con Black.

–¡Recuerda sin embargo que has salido de Fontanile! –espetó Nino, el Barolo se le estaba subiendo a la cabeza.

–Espera, tío, Giulia estaba diciendo que en su opinión... –se entremetió Eneas–, ¿en tu opinión qué, Giulia?

–Yo pienso que... si hiciera algo así, y nunca lo haré porque no estoy entrenada... –hablaba de manera reservada, con cierto apuro, todos se habían vuelto hacia ella para escucharla, su turbación me enterneció–, yo llevaría un diario.

–¿Un diario? –dijo Eneas frunciendo el ceño–. ¿Cómo los de los deberes del colegio?

–No, hombre, no... –explicó bostezando su prima–, un diario quiere decir un cuaderno donde escribes lo que haces cada día.

–Eso es, muy bien, Chicca... –dijo Giulia–, exactamente eso, un diario día por día. Y no escribiría la descripción de lo que se ve desde los bancos gigantes, o el panorama, sino que describiría lo que percibes, las emociones, los sentimientos, el cansancio, la alegría, la belleza, o también la tristeza, la nostalgia, no sé... –Se giró hacia Teresa–: ¿Verdad, Teresa? ¿Qué te parece? –Teresa asintió con contundencia y Giulia continuó dirigiéndose de nuevo a mí–: Hay muchas guías frías que describen los bancos gigantes: gira a la derecha, luego a la izquierda, ahora mira la iglesia, después ahí arriba y luego ahí abajo, no es esto lo que yo haría. En fin, me refería a escribir en un diario lo que sientes y lo que experimentas cuando estás en los bancos gigantes.

Y llegó la hora de irse a la cama.

Para quitar la mesa nos quedamos Eneas y yo, Giulia se fue enseguida, casi sin despedirse, la vi subirse a su Four, ponerse el casco y marcharse, y mientras la veía alejarse parecía un chico con aquellas caderas estrechas. Ni siquiera tuve tiempo de decirle que su propuesta me gustaba. Sí, me gustaba de verdad. Aquella noche saqué el brazo de la cama para apoyar la mano en el lomo de Black, que dormía en su estera. En ese cálido contacto, reconfortante, me preguntaba qué me transmitía a mí desde su misteriosa animalidad y qué le transmitía yo desde mi humanidad, y estaba convencido de que las ventajas eran más para mí que para él. Oía su respiración, incluso roncaba, discretamente, pero roncaba. Estaba muy contento de tenerlo conmigo. Le escuchaba a él, a los grillos, a los ruiseñores y también al *chiu*, como lo llama Eneas, un ave rapaz nocturna que además se la conoce con otro nombre, el autillo. Ciertamente, escuchaba los sonidos de la noche, los silenciosos ruidos de la noche de estas Langhe en donde vivía. Pensaba en Giulia y en su risita de conejillo y en cuando había dicho, seria y sin mirarme, avergonzada, que si ella fuera yo escribiría sobre sentimientos y emociones. Me gustó mucho en ese momento. Pensé también en Susan, a quien tenía que llamar uno de esos días.

En los últimos destellos del sueño, ya al amanecer, soñé con mi bisabuelo. Y mientras preparaba el café y tostaba un par de rebanadas de pan, con Black trotando a mi alrededor impaciente por salir, me acordé de él cuando decía: «Mark, ten cuidado con hacer tonterías, que luego se vuelven en tu contra». Tenía once años, pero esta frase –como tantas otras– no la he olvidado jamás. Ha sido difícil ponerla en práctica y, según me servía el café humeante, pensé que la sola idea de tener que ponerme frente a un ordenador, como había estado haciendo durante años y años, me ponía los pelos de punta, pero decidí seguir adelante, ¡y quién sabe si aquella elección se volvería en mi contra!

Y, hablando de pelo, ahora que había sido capaz de hacer otra elección de vida sabía que no me sucedería, dentro de diez años no me encontraría con «más barriga y menos pelo». Por no hablar de lo demás.

–Black, viejo amigo, qué maravilla estar aquí, ¡es como si finalmente hubiera abierto los ojos!

La verdad era que había descubierto que estaba tremendamente bien conmigo mismo. O mejor aún, me había descubierto a mí mismo.

Preparé la comida de Black, luego fui a vestirme y me puse mis queridas zapatillas rojas, estaba contento con mis piernas entrenadas, estaba realmente orgulloso. Y mientras bebía el último sorbo de café pensé en cuántas veces había sufrido por las ampollas en los pies, las contracturas, los calambres, el dolor en los cuádriceps, y también la maldita punzada en el músculo piriforme, que es ese puntito mefistofélico en forma de triángulo en las nalgas que sabe cómo hacerte ver estrellas. No es mi intención enumerar la penosa y lastimera lista de todos los percances que sufren los corredores, lo que quiero destacar de todo esto es la increíble belleza de correr, la vida dentro y fuera de ti y el descubrimiento, la fatiga y la satisfacción de correr cuesta arriba.

Empezamos a correr cuando apenas había amanecido, una carrera breve porque me esperaba Pietro. Cuando volvimos estaban todos ya levantados, incluido Nino, que andaba con su Apecar controlando a sus cuatro ovejas arriba, en Alta Langa, más allá de Levice.

Me gustaban las nubes blancas y deshilachadas que surcaban el cielo aquel día, altas, que pasaban de un lado a otro del horizonte; de vez en cuando miraba hacia arriba y sentía una intensa sensación de libertad. El viento traía olor a hierba, vides y menta, y ese horizonte de colinas me parecía el más hermoso del mundo.

Íbamos Pietro y yo a recoger la uva blanca, subiendo a duras penas por las terrazas, un trabajo duro. No eran propiedad de Pietro: «Entre los amigos nos echamos una mano», me había dicho cuando subí con Black a la furgoneta para ir hacia Roero.

Mientras hablábamos, bajaba la mirada de vez en cuando para ver a Black, tumbado bajo la mesa, y él movía el rabo y me devolvía la mirada mientras Pietro nos servía el vino y Beppe nos ponía delante los pimientos en *bagna cauda* (salsa caliente con anchoas, ajo y aceite) y el tartar de Fassona.

—Esta noche tengo clase de cocina con Cristina y cocino yo, puedo proponerle preparar estos pimientos, nunca los he hecho, y como mañana no voy a correr, estoy disponible para cualquier trabajo que haya que hacer. Tenía intención de construir una mesa de madera para sustituir la de la cocina, quería hacerlo yo mismo, ¿qué te parece? –La casa donde vivía no era mía, pagaba un alquiler a Pietro, y era normal que le comentara si quería cambiar cualquier cosa del mobiliario.

–Me parece bien lo de la mesa, cuando quieras nos ponemos con ello. Vamos a comprar los materiales a Canelli, además allí también hay un banco gigante, empiezas a ver dónde está ubicado, aunque en mi opinión para ir andando desde aquí hay una buena tirada...

–Todavía tenemos tiempo para decidir el recorrido –y me entraba la risa–, quería decir «tenéis» tiempo para decidir el recorrido.

–Venga, vamos, tienes que entenderlo, en cierto modo eres un campeón para nosotros, una especie de representante nuestro...

–Por tanto, el sentido de la carrera es...

–Pues claro, es que corres tú, pero es como si corriésemos todos nosotros –dijo riendo y llenándome la copa–. Vamos, bebe, que hoy no corres...

Así que en el bar nos tomamos un aguardiente y mientras estábamos en el mostrador y la mujer de Beppe, excelente cocinera y amorosa con los animales, estaba ofreciendo a Black algo delicioso en la cocina, Pietro me puso de repente una mano en el hombro:

–Pues visto que te quedas aquí a vivir debes empezar a tomarte las cosas en serio, Mark. –Mostraba la gravedad de un general antes de una batalla importante.

–¿Qué es lo que no va? –estaba alarmado.

–Todo va estupendamente, pero tienes que ponerte a trabajar. Ya te he dicho que un hombre debe trabajar. Tienes que buscarte una ocupación, aunque tengas dinero suficiente como para vivir toda la vida sin mover un dedo.

Detrás del mostrador, Beppe, callado, limpiaba, sacaba brillo y escuchaba.

–Aunque tengas un montón de dinero, ¿me explico? –insistía Pietro.

–En realidad, con lo que tengo ahorrado me puedo apañar para un año como mucho. No más. He ganado mucho, es cierto, pero me gasté casi todo en comprar la casa en el centro de Londres.

–¿Y entonces?

–Bueno, ahí vive Susan...

–Me has dicho que además pagas tú todos los gastos, como el servicio y las facturas. –Me miraba de reojo.

–Eh, sí. –Y me esperaba que hablara también del dinero que envío a mis padres, pero esto no lo mencionó.

–En fin, he dejado de trabajar de golpe, me he largado, y Susan... –No continué.

–No sé –comentó él y vació su chupito de un trago–, me pareces un pollo para desplumar, perdona que te lo diga.

–¿Qué quieres decir con eso? –Me sentía a disgusto.

–Me has dicho que Susan dirige una revista de moda importante. Yo vivo aquí en el campo, pero no soy tonto, sé algo de cómo funciona el mundo, y también sé que ser director de ciertas publicaciones está muy bien pagado.

–Es cierto, Susan gana dinero. Sin embargo, yo...

–Oh, déjalo ya –me interrumpió–. Te diré algo: hay una finca grande no muy lejos de aquí, es una tierra buena y con viñedos, pero está muy mal gestionada por una gente a la que le importaba un bledo; está manga por hombro, medio derruida, abandonada, ¡una bodega donde también se puede hacer agricultura ecológica, la de verdad, la DOC! –Alargó el vaso para que se lo llenara Beppe, que no paraba de aguzar el oído, curioso. Pietro bebió un sorbo y luego prosiguió–: Podría ser muy interesante, si se administra bien, ¡y está en venta!

–Es verdad, la conozco –intervino Beppe, que evidentemente no se había perdido ni una coma–. Si tuviera dinero la compraría ahora mismo: también sé lo que piden..., piden unos buenos cuartos, un dineral. –Llenó también mi vaso y prosiguió–: Si me lo permites, Mark, y si he oído bien, te diría que vendieras tu casa de Londres y que utilizaras el dinero para comprarte esa finca, vale la pena, ¡vaya que si vale la pena! –Señaló a Pietro con el dedo–: ¿Tengo razón?

–Justamente. Es lo mismo que opino yo.

–Sí, pero...

–Sé lo que estás pensando –declaró Pietro afable–, cómo decirle a Susan que haga las maletas y que se vaya de tu casa, ¿a que estabas considerando eso?

–¿Y sabes lo que te digo yo, Mark? –intervino Beppe, que obviamente se había tomado el asunto muy a pecho–. Te recomendaría que te embolsaras los millones de la venta de tu casoplón, digamos que coges tres, uno se lo das a tu exmujer y con los otros dos te compras la finca y la pones en marcha. Y el tema de tu exmujer lo dejas resuelto.

–No es su exmujer –precisó Pietro, puntilloso.

–Vaya, ¿y vas a dejar gratis un palacio a alguien que ni siquiera es tu mujer? –dijo Beppe más indignado que burlón–. Pues va a tener razón Pietro cuando dice que eres un pollo para desplumar.

Sentí un poderoso impulso de dejarlos a todos plantados e irme a correr. Porque sabía que correr te depura, te hace reflexionar, te aclara las ideas, te pone en contacto contigo mismo, con tus verdaderos deseos. Quizá. ¿Y ella? Susan no era de las que se aprovechan así de los demás y yo me sentía indudablemente culpable respecto a ella.

Nos fuimos a correr, pero no me sirvió de mucho, no conseguí averiguar qué sería lo mejor.

Después nos presentamos en casa de Cristina, para la clase de cocina. Black siempre estaba a mi lado.

–Hoy no dices nada, estás muy callado. –Cristina me observaba con los brazos cruzados–. Te veo muy pensativo.

–A veces pasa.

–Mañana vamos a cenar a tu casa, Giulio y yo, así participaremos también nosotros en el trazado de la ruta de los bancos gigantes, me lo ha contado Sonia, la que trabaja conmigo en la quesería. El recorrido de los bancos, qué idea...

No dije nada.

–¿Qué tienes en la cabeza? ¿Problemas?

Luego dejó de atormentarme porque también llegó Giulio y nos tomamos un vaso de vino con unas albóndigas que había aprendido a hacer. La cena no estuvo mal. Giulio estaba entusiasmado con mi proyecto, pasamos la velada hablando de ello, pero en un rincón de la mente tenía dando vueltas la infeliz frase de que era un «pollo para desplumar». Seguía pensando que Susan no era ese tipo de persona.

–Ahora nos vas a contar qué te ronda por esa cabeza –soltó Cristina–, no soporto verte más tiempo pensando en otra cosa.

–Es que... –decidí dar un rodeo–, Pietro y Beppe, ya sabes, Beppe el del bar, me han hablado de una finca que está en venta, una explotación vinícola, creo que se llama La Fagiolina o algo así...

–Pero qué dices de Fagiolina –dijo Giulio riendo–, se llama La Barbatella, esa que dos desgraciados hermanos de Turín han echado a perder: la heredaron de su abuelo, que tenía la cabeza bien puesta. Sí, ahora la venden, han pedido una buena cantidad, una cifra muy alta, pero es un lugar ruinoso.

Cristina me miraba intrigada.

–¿Te interesa? De hecho, me han dicho por ahí que no te falta el dinero...

–¡Ni se te ocurra, Mark! –Giulio agitaba el dedo índice negando en el aire–. De ninguna manera. No puedes convertirte de la noche a la mañana en viticultor, o agricultor. Ni siquiera sabrías cómo escoger el personal necesario para trabajar ahí; ni de broma, ¡olvídalo si es que se te ha pasado alguna vez por la cabeza!

–Pues claro, tienes que entenderlo, Mark –subrayó Cristina–, no puedes llegar aquí de ninguna parte a ocuparte de nuestras tierras.

Tal vez tuvieran razón, ¿qué se me estaba metiendo en la cabeza?

–Yo en cambio, si fuera tú, ¿sabes lo que haría? –Giulio, que trabajaba como tantos otros en la fábrica de Alba, tenía ganas de dar consejos–: Yo sería guía turístico aquí en las Langhe.

–¡Esto sí que es una buena idea! –Cristina se inclinó hacia mí, sonriente–. Sí, por supuesto, tú eres inglés, pero hablas italiano perfectamente, aprendes todo lo que hay que saber de estos lugares, pero todo, y luego... Hay montones de extranjeros que vienen aquí y necesitan buenos guías turísticos.

–Y además es un trabajo divertido. Siempre estás por ahí. Si yo supiera cómo hacerlo...

–A ti no te gustaría, venga, Giulio; no te veo ahí explicando que los *infernòt* que usan luego como bodegas se excavan en la toba con las manos...

–Cierto, yo sé enseñar a correr y es lo que me gusta –declaró Giulio riendo–, sin embargo, Mark, tras el recorrido de los bancos gigantes podrías planear, no sabría decirte, un itinerario de árboles. Por ejemplo, Napoleón, cuando pasó por aquí con su ejército, plantó cedros del Líbano en los sitios que le gustaban, y todavía están ahí, en Monforte d'Alba, por mencionar alguno. Napoleón sí sabes quién es, ¿no? –Y me examinaba inseguro, sospechando que no sabía de historia.

Es cierto, Napoleón y la batalla de Marengo, el 14 de julio de 1800, la segunda campaña de Italia: se lo estaba repitiendo a Eneas al día siguiente, al atardecer bajo los tilos.

–¡Y a quién le importa! –comentó Eneas.

–Bien, escucha, en aquella batalla hubo doscientos mil muertos. Un baño de sangre.

–Sí, Mark, pero qué aburrimiento, siempre hay avalanchas de muertos, ¿pero qué tipo de historia es la historia? Cadáveres, muertos, matanzas; muchas gracias, puedo vivir sin ello...

La verdad es que tenía algo de razón, y mientras tanto pensaba que me apetecía correr.

–Y luego tú quieres que yo aprenda todo a la perfección, le buscas tres pies al gato... –se quejó Eneas–, no puedes ser tan exigente, y encima es solo un repaso, ya está, no puedo más.

Le contesté solemnemente:

–La Historia con H mayúscula hay que conocerla bien, hay que saber qué han hecho los hombres en el pasado y quiénes eran, si no estudias nunca sabrás en qué planeta te ha tocado vivir.

–¿Y ahora qué tienen que ver los planetas? Y además hoy estás distraído, se te nota...

Exacto, seguía pensando en lo de la finca agrícola, hay que aprender mucho para comprender algo, pero también hay que estudiar incluso para ser guía turístico y la idea me fascinaba, y pensaba también que un día de esos tenía que llamar a Susan.

Además, sentía una extraña inquietud, y no conseguía adivinar por qué.

–¿Entonces? ¿Vamos a empezar otra vez con esto de las batallas, Mark?

No respondí porque llegó a mis oídos el zumbido de una moto que se acercaba y un momento después la Four entró escupiendo en el patio.

Y mira por dónde, me di cuenta de que estaba emocionado.

Giulia, en pantalones vaqueros y camiseta, con un jersey atado al cuello y sandalias, que es algo que en mi opinión no se debe hacer cuando se va en moto. Si te caes te destrozas los pies.

Aparcó la Four junto a Dolly, en el asiento de Dolly estaba tumbado el gato negro y blanco, que levantó el hocico molesto por la invasión. Giulia se quitó el casco, se pasó una mano por el pelo, hizo una caricia al gato, que se quedó encantado, y luego vino hacia mí. Me había levantado e iba a su encuentro, me sentía ligero como una pluma, iba como flotando.

–¿Qué tal va? –preguntó sin sonreír.

–Yo bien. ¿Y tú? –Estaba endiabladamente contento de que hubiera venido. Mucho.

–Preguntaba por el perro, no por ti. –Ahora sonreía. Una sonrisa de oreja a oreja. Luminosa.

–Allí está, debajo del banco. –Le devolví la sonrisa, pero él ya la había oído y corría hacia ella–. Black está estupendamente –dije como para enmascarar mi mirada.

Saludó a Eneas intercambiando algunas frases sobre la pesca con mosca. Al parecer a veces iban juntos a pescar, cosa que no sabía. Giulia se inclinó sobre Black, que meneaba el rabo y empezó a corretear a nuestro alrededor.

–He venido a ver a Teresa...

–Dime... –le propuse de repente sin dejarla continuar e intentando hablar bajo para que Eneas no me oyese–, esta noche cenan todos aquí, están a punto de llegar Giulio y Cristina también, se pondrán a hablar de los bancos gigantes, pero yo quería decirte, bueno, si te apetece, tú y yo podíamos irnos, tal vez, a Gorzegno, me parece que hay un concierto de jazz, suponiendo que te guste la música de jazz –y cuando terminé de soltarlo de una tirada tenía la boca seca.

Mientras tanto miraba a Black, que seguía dando brincos a nuestro alrededor.

–¿Un concierto de jazz? –la oí decir con voz insegura.

–A mí me gustaría. –Y la miré fijamente, mientras pensaba «Dime que sí», «dime que sí...».

Me quedé observándola, mudo, tenía razón Pietro, no era una belleza clásica, pero su rostro entraba en la categoría de memorable, de prodigiosa intensidad, como había leído en alguna parte y como seguro sabía también Pietro. Tenía algo conmovedor, eso es.

Me miraba seria, con esos ojos color violeta, no azules, mientras se mordía un labio. La encontré adorable.

–Me encantaría que vinieras –repetí en voz baja, estaba nervioso y no puedo explicar hasta qué punto. Después me di cuenta de que aquel fue el momento en que me enamoré de ella. Precisamente ese. No era fácil de entender. Y no era una tontería. Estaba allí esperando su respuesta, aguantando la respiración, y pensaba *goodness*, ¿y si dice que no porque no le intereso, o si dice que no porque tiene novio? Y esperaba...

¡Esto sí que es correr cuesta arriba!

–Pues claro –dijo ella después de lo que me pareció una eternidad. Como si necesitara semejante cantidad de tiempo para valorar la propuesta y decidirse–. Por supuesto.

–¿De verdad te apetece? –Esperaba haber entendido bien.

–Claro, con mucho gusto –lo dijo en voz baja, sin dejar de mirarme. Sonrió y con aquel gesto luminoso se reflejó la tensión.

–Genial... –Estaba feliz, respiraba de nuevo, era como cuando subes la cuesta y lo consigues–. Le pediremos la furgoneta a Pietro para poder llevar a Black también, ¿te parece?

–Me parece –reía. Y se mordía el labio.

A lo mejor se reía de mi apuro, de mi alivio demasiado evidente, de mis ansias, pero a quién le importa. Estaba frente a ella, habría querido besarla, pero no lo hice. Ella me observaba interrogativa y esquiva. Yo intentaba comprender lo que estaba pasando por su mente en aquel momento. Me estaba evaluando. No, no podía besarla. Habría sido un error. Era como aprender a correr, si haces un gesto equivocado lo estropeas todo. Ella sonrió y se dirigió hacia la Four, me habría gustado detenerla con un abrazo y besarla en la nuca, tenía el cabello hacia delante dejando ver esa nuca tierna, salpicada de pecas.

–Mientras vas a coger la furgoneta, voy a saludar a Teresa. –Como si fuera sencillo y evidente lo que pensábamos hacer, y yo me apresuré a buscar a Pietro, que todavía estaba en el cobertizo. No se inmutó y me lanzó las llaves diciendo:

–Devuélvemelas por la mañana.

Mientras conducía, seguía pensando en lo increíble que era tenerla a mi lado. Era silenciosa pero sonriente, la miraba cada tanto, con el rabillo del ojo, sí, estaba sonriendo. Tenía a Black a sus pies, con el hocico en sus rodillas. Le acariciaba. Su mano blanca y suave sobre el manto negro de Black.

En Gorzegno deambulamos entre la gente, ella llevaba a Black con la correa. En un momento dado la cogí de la mano:

–¿Estás bien?

Ella se rio:

–Sí, claro. –Y dejó su mano en la mía.

Emocionado, no dije nada más. Sostuve su mano ingenua y delicada, pero también sólida y enérgica. La mano de alguien que está ahí. Me habría gustado decirle lo mucho que me gustaba, pero en su lugar le dije:

–Tienes una mano agradable.

Y ella replicó riendo:

–Tú también.

Comimos unos bocadillos y bebimos algo, con la música de jazz de fondo, y me sentí exactamente en el lugar donde debía estar y en el momento adecuado. Cuando acabó el concierto nos fuimos a Mombarcaro, no estaba lejos, ella me pidió ir allí. Mombarcaro, en lo alto. Era la primera vez que subía hasta allí, el viento soplaba entre los árboles, desordenaba las hojas en un continuo susurro, la plaza estaba desierta y nos sentamos en un banco. Olía a bosque.

En fin, aquella noche había un montón de estrellas, luego el cielo se cubrió de nubes y se puso a llover.

Capítulo dieciséis

A la mañana siguiente seguía lloviendo y mientras preparaba el café telefoneé a Susan. Me dijo que iba a ir a Génova, al Salón Náutico, tenía que cubrir una exposición de decoración para yates.

–Ven a Génova, *honey* –dijo–. Nos vemos allí. Te daré la fecha con tiempo y te diré dónde podemos quedar. Hacia finales de mes. Tengo que hablar contigo sin falta. ¿Me has oído?

–Claro. –Estaba en la ventana y miraba a lo lejos, donde estaba Dolly, junto a la Four de Giulia. La había cubierto con una lona para protegerla de la lluvia.

Giulia no había venido a dormir a casa. Ni siquiera se lo había propuesto. Empezó a llover cuando estábamos en Mombarcaro, le dije que no podía volver a casa en moto, a no ser que tuviera un chubasquero, y ella dijo:

–De acuerdo, entonces, por favor, ¿podrías llevarme tú a casa?

Así que la acompañé hasta donde vive en Alba. Y cuando estaba frente a la puerta de su casa no me pidió que subiera, me dijo adiós y un instante después me encontré de nuevo con Black en la furgoneta. Había dejado tras de sí su delicado perfume. Al ponerme en marcha pensé que ni siquiera un beso, ni eso.

–¿Entonces vienes a Génova? –Susan me lo pidió dos veces, como si temiera que yo le dijese que no. Su voz, más bien seca, me molestó.

–Por supuesto. –Naturalmente que iría. Pero no quería saber lo que me tenía que decir. Nada de expectativas. Estaba esperando el *face to face* para hablar.

Nos despedimos, ella soltó otro *honey*, que de repente se me antojó irritante. La había tomado con ella y no entendía por qué. Sí, estaba resentido.

–¿Por qué diablos estoy enfadado con ella? –le pregunté a Black, que esperaba su desayuno tan contento como siempre–. Intenta responderme. –Y, mientras, le llenaba su cuenco.

Me tomé el café asomado a la ventana abierta hacia aquel paisaje que había pasado a ser tan familiar y tan querido; la lluvia de aquella mañana, los tilos, los viñedos a lo lejos, la ondulación de las colinas. Además, ahora estaba ella, tenía alguien en quien pensar. Y la deseaba.

Habíamos quedado en que iría a buscarla a su consulta por la tarde, en su Four. Por la tarde, ¿cuándo? No me había dado una hora exacta.

–Black, vamos a correr, lo necesito.

Al cabo de un rato, bajo la lluvia y con mis zapatillas rojas, enfilaba con alivio el sendero, correr en ese momento me servía para reencontrarme, para sumergirme en la naturaleza, para sentir el placer de afrontar una subida trabajando con todos los músculos y con la voluntad, para sentirme a mí mismo y al mundo exterior. Cuando corres te disuelves en la carrera, te transformas.

A mi regreso seguía preguntándome cuánto tiempo faltaba para la tarde, es decir, para el momento de ir a buscarla. Un par de siglos, seguramente. Decidí encalar la cocina y, mientras estaba preparando todo lo necesario en el cobertizo, Pietro me dijo que no era una idea muy acertada hacerlo con aquella humedad y con esa lluvia. No me importaba. Tenía que hacer algo. O me volvería loco.

Black me miraba feliz y en la radio sonaba *What's the Story* de Oasis y otras canciones que me sabía de memoria. A los veinte años era fan de los hermanos Gallagher. Trabajaba, escuchaba música, pero sobre todo pensaba en Giulia, rememoraba cuando estábamos sentados uno junto al otro, la noche anterior, y yo miraba sus espesas pestañas rizadas, sin maquillaje, y me aguantaba las ganas secretas de besárselas suavemente. Y recordaba su semblante mientras me hablaba de su padre, de lo reconocido y querido que era por sus habilidades:

–Nunca perdía la paciencia y jamás lo vi tratar mal a nadie.

Luego me explicó que había aprendido de él a no desquitarse con los demás cuando se te tuercen las cosas.

–¿Sabes cuando estás nervioso y la tomas con el primero que pasa, aunque no tenga nada que ver? Pues yo le vi poner en su sitio a uno que había perdido su cartera y para desahogarse estaba maltratando a su caballo.

Y esta historia me llegó al alma, porque me acordé con disgusto de mis berrinches de antaño. Entonces fue ella quien me escuchó con los ojos como platos cuando le hablé de mi bisabuelo, de aquella vez en Cornualles en que, con la moto, resbalamos en la grava y salimos volando, y al levantarme le dije con frialdad, orgullo y rigidez: «No me ha dolido», mientras me chorreaba la sangre por las rodillas despellejadas, y él, que en realidad no se había hecho nada, me sacudió gritándome:

–Si te duele debes gritar, no debes excluir a los demás de tu dolor, de tu pena, de tus caídas, no debes fingir que no ha pasado nada. Nunca finjas que no ha pasado nada cuando estás sangrando, ¿entiendes?

Giulia había asentido.

–Nunca hay que fingir...

–Nunca hay que fingir, ¿verdad? –quise subrayar yo.

Y ella:

–No, nunca.

Cuando por fin llegó el final de la tarde de aquel día, cuando después de esperar no sé cuánto tiempo, la vi salir del ambulatorio, estaba claro que no podía –y no quería– fingir ser una especie de merluza congelada con todo lo que sentía por dentro; así que salté de la furgoneta con el corazón alborozado. No sé cómo logré intuir que ella también estaba emocionada, tal vez por cómo levantó las cejas cuando me vio, interrogativa. Casi un poco temerosa. Pero no por mí. Y entonces:

–*Oh my God* –dije, y respiré hondo, me sentía como si no hubiera tomado aire desde la noche anterior–. Me alegro mucho de verte.

–Vaya... –rio ella.

Sucedió allí mismo, en la calle, ni fui consciente de que la había estrechado entre mis brazos. La besé, o mejor dicho, nos besamos, así fue. Nos besamos como dos personas que no se dan cuenta de nada de lo que sucede a su alrededor, como dos personas a las que no les importa que la gente pase y mire sonriendo o piense «Mira estos dos...».

Aquella noche cenamos ella y yo en casa de Pietro, con toda la familia, todos se comportaban como si la presencia de Giulia junto a mí fuera lo más normal del mundo. Esta vez fue Pietro quien extendió sobre la mesa, nada más terminar de cenar, el famoso mapa con los bancos gigantes. Cuando me atrevía a decir algo, enseguida se apresuraban a callarme:

–Deja, que ya lo pensamos nosotros.

Y fue Giulia quien sacó un cuaderno que le dio a Teresa para que empezara a registrar las etapas del recorrido comenzando en Diano D'Alba, y en esto estaban todos de acuerdo, yo en absoluto porque ya había estado ahí.

–Eh, tú te callas... –me fulminó Nino cuando intenté abrir la boca para protestar.

Giulia se reía. Adorable.

Todavía llovía y siguió lloviendo durante toda la noche. Se oían las gotas chocar contra los cristales, estábamos los dos acurrucados en mi cama. Emergió un cuerpo blanco de impactante e inesperada belleza cuando le quité los vaqueros y su camiseta de chico, que tiré al suelo. Su piel era de terciopelo. Tenía que levantarse temprano para trabajar en no sé qué granja, nos duchamos juntos y la envolví en mi albornoz; estaba radiante, con el pelo mojado pegado en las mejillas. Ojos color violeta y hermosa boca.

Ahora corría todos los días, devoraba kilómetros corriendo y caminando y andando por cuestas con un placer salvaje que no puedo ni explicar, con Black siempre a mi lado. Y a Giulia, cuando nos veíamos cada tarde, le decía:

–Es una especie de anarquía correr de este modo, estás fuera de cualquier esquema, de cualquier conformismo. Corres no por ganar, no por alcanzar una meta, yo ni siquiera corro por llegar el primero, estoy contra todo y contra todos, y mientras corro me fundo con la naturaleza. –La estrechaba contra mí y la besaba en el hueco entre el cuello y el hombro.

Solía correr con Giulio, necesitaba un entrenamiento duro e intenso porque el «itinerario mágico de los bancos gigantes», como lo habían llamado los miembros de esa gran familia, exigía una forma física impecable. Y mientras corría, solo pensaba en cada instante pasado con Giulia. Y entonces, a veces se colaba en mis pensamientos, como una cuchilla, el encuentro que tendría con Susan en Génova. Ya faltaba poco. El pensamiento volvía enseguida a Giulia, a lo bien que estábamos juntos, a lo que nos contábamos de nosotros mismos.

Aquel día habíamos ido hasta Alice Bel Colle. Otra vez le había pedido prestada la furgoneta a Pietro para no dejar solo a Black; él me lanzó las llaves sin comentarios. Ella me había dicho que había que ir a Alice Bel Colle porque cuando regresas ya no eres el mismo.

Pues bien, creedme, no se puede dejar de ir a Alice Bel Colle, no importa de dónde vengas. En toda mi vida no he visto un paisaje igual. Es único. Estábamos sentados, ella y yo, en el banco gigante, con Black debajo revolcándose en la hierba. El banco es de color rosado, como el color del vino de aquí, lo llaman el «Banco gigante del sol» porque desde que amanece hasta el ocaso está iluminado por el sol, esto nos lo contaba una pareja de ancianos octogenarios que, mientras hablaban, levantaban el bastón hacia el inmenso paisaje que se extendía frente a nosotros.

–Hay que estar agradecidos por la grandeza del mundo, ¿no creéis? –decía la mujer.

–¿Habéis visto alguna vez un horizonte igual? Solamente en las Langhe, os lo digo yo. –Era él quien hablaba.

–Aquí sentados nos volvemos como niños, ¿a que sí? –Y ahora era la mujer quien señalaba con el bastón hacia Giulia–. ¿Volverías a tu niñez?

–Pues claro. –Se reía y me apretaba fuerte la mano.

–¿Y tú? –Me apuntó con el bastón como si fuera un arma.

–Yo... –Era la típica pregunta que no soportaba, pero decidí ser sincero–. No volvería para nada a mi niñez.

El hombre pareció indignarse, y siguieron hablando entre ellos, siempre apoyados en sus bastones. Nosotros dos nos quedamos callados, yo abrumado por aquella desagradable pregunta, Giulia tal vez esperando que le diera una explicación. Pero no preguntó nada. Permanecimos largo rato inmersos en aquel paisaje que no logro describir, hay que ir a Alice Bel Colle, hay que sentarse en el banco rosado y dejarse llevar por la inmensidad, ¡ya está!

Para comer entramos en una *trattoria*, estábamos hablando, Black se acomodó bajo la mesa, ella me contaba cosas de cuando era niña y su padre le enseñaba a conducir la moto igual que mi bisabuelo había hecho conmigo. No recuerdo qué comimos exactamente, pero del queso sí que me acuerdo, *bross* lo llaman, tiene cierto deje picante que exige una segunda copa de Barbaresco:

–Como sigamos así no llegaremos a casa.

Fuimos a sentarnos en la hierba bajo un olmo, ella también se sabía los nombres de los árboles, y le hablé del ritual que Giulio llevaba a cabo, y yo también, cuando iba a correr: abrazar un árbol y escuchar la savia y las hojas más altas hasta llegar a la raíz más profunda, los intercambios minerales y las señales del árbol. Seguía hablando, pero percibía que las palabras «Yo no volvería a la niñez, gracias» seguían suspendidas en el aire. Black estaba tumbado junto a mí, tenía la mano sobre su lomo, mientras pensaba en aquella pregunta con los ojos cerrados. Giulia permanecía en silencio y tenía la cabeza apoyada cariñosamente sobre mi hombro. Así que decidí que con ella sería distinto y empecé con un:

–Aunque no me gusta contar esta historia...

–No te estoy preguntando nada, Mark. –Había comprendido enseguida a qué me estaba refiriendo.

–¿Sabes por qué no me gusta? –continué. Y después de reunir algo de valor–: Porque cuando hablo de mi infancia puedo parecer una víctima y no quiero que eso suceda. El pobre niño abandonado por sus padres, como el protagonista de una novela del siglo XIX. Y que luego me fue bien porque en algún momento llegó mi bisabuelo y me recompuso, o sea, volvió a juntar todas las piezas..., más o menos, quizá más que menos. –Y miraba los reflejos del sol a través de las hojas sobre nuestras cabezas–. Esto no lo he hablado nunca con nadie. Solo con mi bisabuelo, una vez.

Giulia me miraba en silencio. Ni siquiera lo había hablado con Susan. Me avergonzaba de ello, como si hubiera sido culpa mía. Mi primera infancia fue espantosa, pero se la conté tal cual, sin hacer comentarios. Al final me sentía como si me hubiera vaciado.

–Es una suerte que estuviera ahí tu bisabuelo...

–No quiero que me compadezcas.

–No te compadezco, no seas tonto.

–También te contaré dónde están mis padres; ahora tienen una barcaza. Están en la Provenza. Viven en los canales. Antes tenían un velero, dieron la vuelta al mundo, o casi.

–¿Y de qué viven?

–Mi banco les envía una asignación cada mes.

–¡Vaya! –comentó frunciendo el ceño.

–¿Tú no lo harías?

–No lo sé...

–Bueno, pues yo sí. Creo que por orgullo o tal vez por una extraña forma de venganza. Mando dinero, puedo hacerlo. De momento puedo hacerlo. Pero no quiero verlos, ni saber nada de ellos. Nada. Cuando empecé a ganar dinero como corredor de bolsa, se enteraron por mi tía Daphne y dieron señales de vida. Decían que los hijos deben ayudar a los padres. De acuerdo, así que decidí mandarles algo de dinero. Y sigo haciéndolo. Es solo dinero. –Y continué–: Cuando me abandonaron, primero me fui a vivir con mi tío Gregory, pero luego fue mi tía Daphne la que me llevó con ella. No puedo llorar por mi infancia porque nunca me han permitido ser un niño. Ellos no me dejaban ser un niño, mi tío porque no era capaz de relacionarse con un chiquillo y mi tía porque cada vez que me acercaba a ella decía que un hombre no se pierde en sensiblerías, que tenía que ser fuerte y que debía estudiar para llegar a ser el mejor. No importaba en qué. Tenía que ser el mejor.

Fuimos a dar un paseo, en silencio, cogidos de la mano, Black corría de un lado a otro. Y cuando nos subimos a la furgoneta le dije que tenía razón, que hay que ir a Alice Bel Colle porque después nunca volverás a ser el mismo, yo por ejemplo ya no era el Mark incapaz de hablar de sí mismo.

Seguimos juntos todo el día, y luego fuimos a cenar a casa de Pietro, para contarles –¡a los demás!– mi excursión a los bancos gigantes, con Giulio diciendo:

–Mark no estará listo antes de un par de meses.

Y Teresa protestando:

–Pero ¿vas a obligarle a correr en invierno para que se muera de frío? ¿Por ahí en las colinas a bajo cero y en calzones? Anda ya...

Y yo:

–Vamos, Giulio, en un par de meses no..., dentro de poco, ¿no?

Y el hijo mayor de Pietro, el padre de Eneas:

–¿Y tú por qué quieres hacer este recorrido? Me parece agotador. Yo corrí durante un tiempo, luego lo dejé...

–Eso, Mark, ¿por qué lo haces? –preguntó Eneas.

–Lo hace porque es nuestro corredor, lo hace por eso y quiero que todos sepan que tenemos a alguien capaz de hacer el recorrido de todos los bancos. El Forrest Gump de las Langhe.

–Dejadle hablar a él –protestó Teresa.

–No sé el motivo... –Era la verdad, me costaba entenderlo, solamente sabía que «debía» hacerlo.

Después de cenar, Giulia y yo, bajo la luna llena, atravesamos el patio y subimos a mi casa, a oscuras, con Black detrás, no había luz en la escalera: Y como mi teléfono móvil no tenía linterna y el suyo se había quedado sin batería, subimos las escaleras a tientas, pero entre risas. Cuando llegamos a la cocina, encendí la luz:

–Entonces tú –me preguntó sonriendo–, ¿cómo llevas eso de no estar conectado? Todo el mundo tiene un montón de cosas dentro del móvil... No conozco a nadie que salga de su casa sin él, como tú haces, incluso cuando vas a correr –y lo decía mientras ponía el suyo a cargar, por si tenía alguna emergencia–. Tú no recibes mensajes, no puedes conectarte a internet, ¿no te importa?

–Por supuesto que me importa... –La abracé, sabía a verbena, no es que yo supiera cómo olía la verbena, ella me lo había explicado–. Estoy bromeando, lo único que me importa es que estés tú.

Ambos soltamos una carcajada. Era una sensación fantástica reír con ella, sentir cómo su cuerpo se estremecía con el alborozo, cómo perdía el control. Así que aquella noche y los días que siguieron, en cuanto terminaba de trabajar nos veíamos, y pasábamos juntos la tarde y la noche, siempre juntos.

Hasta aquella mañana en que dejé a Black con Pietro. Iría a Génova con Dolly.

–Hay mucho tráfico cuando se celebra el Salón Náutico –me dijo Pietro–, será mejor que vayas en moto.

Había quedado con Susan en el Porto Antico, a las once de la mañana. Me había llamado dos días antes:

–Tengo mucho que contarte. Te espero en el Porto Antico, en el muelle donde está el acuario.

Le había contestado que de acuerdo, bajo la mirada seria de Giulia.

Confía en mí Giulia, confía en mí.

Iba conduciendo por la carretera pensando en Giulia, en cuando le había hablado de Susan, de mi larga relación con ella, de la vida en Londres, de la magnífica casa, también le había hablado de Syrik. Le había contado todo. Había sido sincero, muy sincero, al menos eso creía: incluido el hecho de no haberle dicho nada a Susan cuando dejé el trabajo de bróker, hasta la famosa pausa de reflexión, pasando por mi sufrimiento, la nostalgia, mi viaje a Londres para intentar recuperar nuestra relación y de cómo las cosas se habían quedado en el aire. En resumen, me había vaciado al completo. También Giulia me había contado todo sobre ella, sobre su relación con un tipo de Génova, que había durado dos años, y que había terminado hacía un tiempo, sin pausa de reflexión, ni remordimientos ni lamentos.

Sin embargo, cuando me preguntó:

–Pero según tú, ¿dónde te has equivocado con Susan? Habéis estado juntos muchos años... Yo, por ejemplo, con mi historia cometí el error de no querer comprender que no teníamos nada en común.

Le respondí vagamente que Susan y yo habíamos cometido muchos errores, pero que no sabía exactamente cuáles, no me apetecía ponerme a analizarlos en ese momento y lo dejé pasar.

Giulia había sido tan prudente en sus preguntas sobre Susan que me provocó ternura, hasta que un día me interrogó:

–¿Qué sientes ante la idea de volver a verla? –Estábamos en la cocina, por la noche, tomando algo, antes de acostarnos–. Perdona la pregunta, a lo mejor son cuestiones que no se tocan –añadió sin mirarme, con esas pestañas largas, gruesas y curvadas suyas.

No lo sabía con exactitud. Tal vez fuera un temor que serpenteaba desde algún lugar recóndito, como si al encontrármela otra vez frente a frente pusiera en riesgo cada decisión de las que había tomado últimamente. Me sentía agarrotado, ¡como si tuviera que presentarme ante el juez supremo para justificar todas mis acciones! Me rondaban por la cabeza sus comentarios de cuando fui a Londres: «¿Tu plan es hacer un recorrido por los bancos? ¿Corriendo? ¿Y para qué? No sirve para nada: ni creas un beneficio corriendo, ni ganas nada. Tampoco vas a ganar un nombre. Ni te harás famoso».

Mientras conducía junto al mar, por la carretera de la costa, pensaba angustiado que había sido convocado a un juicio. Y me fastidiaba haber ido en moto y no en la furgoneta con Black. Me imaginé estar con él al lado, pegado a mí, soñaba con pedirle opinión, como solía hacer a menudo: «¿Y tú qué piensas?», le preguntaba, y él me miraba con sus ojos vivaces y me animaba. En cambio, estaba allí solo con mi angustia.

Aquel día lucía un sol espléndido. Aparqué a Dolly en un parking, metí el casco y la cazadora en el cofre. Luego me puse en camino. Pregunté a los transeúntes cómo se llegaba al Porto Antico. Había una multitud, Pietro tenía razón. Atravesé las calles atiborradas de gente, era la primera vez que iba a Génova. Me metí la mano en el bolsillo buscando el móvil, me habría gustado llamar a Giulia, pero ella me había pedido: «No me llames al llegar, prefiero que no lo hagas, ya nos veremos a la vuelta...», y pensé que si la hubiera tenido a mi lado en ese momento me habría parado a besarla en plena calle a pesar del gentío que me rodeaba. Llegué al Porto Antico, caminé por los soportales, luego me detuve a mirar el mar y me deslumbró.

Busqué el muelle. Habíamos quedado donde el acuario. Me dirigí hacia allí y vi un bar abierto. Con mesitas. Sombrillas. Y allí estaba Susan, bajo una sombrilla, sentada a una mesa. Gafas de sol, pintalabios rojo intenso, pelo perfectamente arreglado que apenas le llegaba a los hombros. Reconocí sus pendientes largos de coral. El vestido, en cambio, no se lo había visto nunca. Era de seda y le dejaba los hombros al descubierto. Estaba estupenda.

No sé qué sentí cuando me detuve frente a ella, tenía una maraña de cosas en mi interior. Me quedé ahí de pie, mirándola, con el corazón encogido.

–¡Caramba, Mark...! –exclamó ella, subrayando de tal manera mi nombre que se volvieron a mirar los de la mesa de al lado. Se quitó lentamente las gafas de sol con un gesto algo teatral–. ¡Pero si estás espléndido!

Me di cuenta de que las dos chicas de la mesa de al lado se miraban entre ellas, me dio apuro y me senté frente a Susan.

–Vaya físico tan increíble... –Susan dejó las gafas sobre la mesa, estaba bien maquillada y realmente guapa–. Hasta casi pareces más alto, y has adelgazado, *honey*. Antes no estabas mal, pero ahora... ¿Te estás dejando barba? Además, estás bronceado... –sonrió y percibí de nuevo su hoyuelo, su famoso hoyuelo en la mejilla derecha–, ¡como el de Matthew McConaughey!

Y oí aquella risa que tan bien conocía, ronca y profunda, sensual. De devoradora de hombres, tal y como la había definido un día Nic con acritud.

–Estás impresionante. –Y seguía riendo.

–Tú, tú sí que estás fantástica –se lo dije de corazón, estaba guapísima de verdad, y me sentí como un idiota.

No sé si fue por mi vieja costumbre de quedarme congelado en momentos de turbación, pero de repente me sentí como en una telenovela, donde los cuerpos, las miradas y las palabras son falsas y excesivas, y me sentí tremendamente fuera de lugar, como si todo se hubiera convertido en cartón piedra, todo fingido.

Sin embargo, la cruda realidad me cayó encima de golpe, y fue la misma Susan quien me la echó en cara:

–Tenemos que dejar las cosas claras de una vez por todas –empezó, y luego dijo–: Yo te quiero, Mark.

No respondí. Me eché hacia atrás apoyándome en el respaldo. «Aquí estamos –pensé rígido–. Ahora me pide que volvamos juntos y le digo que no».

Sin embargo, no fue así.

–Tengo que decirte muchas cosas. –En ese momento se acercó un camarero y ella pidió dos zumos de naranja, pero yo pedí que me trajera un café. Cuando se alejó–: Había pedido uno para ti, siempre tomabas zumo, ¿no?

–Sí, pero ahora prefiero café –dije tranquilamente.

Ella hizo un amago de sonrisa y continuó:

–Tengo la impresión de que tú y yo nunca hemos tenido una conversación seria, Mark. Me parece que ha llegado el momento de hacerlo. He apagado el móvil. Lo primero que quiero decirte es que desde que te marchaste me puse a reflexionar sobre nosotros dos. Tenía mucha rabia dentro, y no solamente porque no me hubieras dicho que dejabas el trabajo, eso solamente fue la gota que colmó el vaso. Era un resentimiento que llevaba dentro desde hacía mucho tiempo porque, a excepción de los primeros tiempos, que fueron maravillosos, empezaste a vivir en tu mundo y a dejarme a un lado. No me contabas nada. A veces parecía que ni te dabas cuenta de que estaba ahí.

Yo la escuchaba callado, pero el corazón se me salía del pecho.

–Y además tus hábitos, Mark. Siempre las mismas cosas el mismo día y a la misma hora. Y yo te seguía porque también soy un animal de costumbres, lo sé, pero tus hábitos a veces eran malditas manías, como aquella vez que se me rompió el asa de tu taza azul con pececitos, ¡ay si no te tomabas tu café en ella!..., te pusiste como loco y encima la tomaste con Syrik, el pobre, que no había roto un plato. ¿Lo recuerdas?

Lo recordaba. Estaba furioso. Aquella taza me la había regalado mi bisabuelo, aunque, al fin y al cabo, no era más que una taza. Ahora me doy cuenta de ello.

–¿Y cuando me viniste pidiendo que tuviéramos un hijo? Venga, no me lo podía creer, pero en lugar de decirte que no quería un hijo porque te sentía más lejos que si estuvieras en la luna, ¿qué te dije yo? Que no podía porque estaban a punto de ascenderme.

En realidad, para ser sincera, tenía miedo de decirte que nuestra relación hacía agua por todas partes..., miedo de que te marcharas, miedo de quedarme sola.

Llegó el camarero con lo que habíamos pedido. Pagué. Susan le quitó el papel a la pajita y empezó a beber. Levantó la cabeza y me lanzó de nuevo esa mirada directa suya, cogiéndome por sorpresa.

–No te estoy acusando, también ha sido culpa mía que todo se haya ido al garete, yo también era tan condenadamente formal como tú. Me volví altanera, me sentía odiosa, estaba furiosa y no te lo decía, pero no quería acostarme contigo, no me apetecía sentir tus manos sobre mí.

Tenía el estómago tan encogido que no podía ni tomarme el café.

–Una cosa que no me perdono es que para consolarme solía decirme: sin embargo, estoy viviendo con Mark. Es guapo, rico, reconocido, nos envidian, con él me siento segura... Mark, Mark *el Lobo*, ¿entiendes? ¿Estabas cerrado como una ostra, rutinario, aburrido? Paciencia... ¡*El Lobo*!

Bebía pequeños sorbos, miraba a su alrededor, comprendí que había pensado mucho en lo que me estaba diciendo.

–Luego viniste a Londres –continuó– y pensé que las cosas podrían haberse arreglado, pero me di cuenta de que el Mark que había conocido hacía tanto tiempo ya no existía. Me hablabas de Italia y del perro y de correr, me parecía tener delante a otra persona. Nosotros teníamos planes, Mark, y tú los echaste por tierra.

Yo me limitaba a mover la cabeza. «Entonces –pensé angustiado–, entonces así estaban las cosas y yo no me daba cuenta de nada, ¡de absolutamente nada!».

–Perdóname... –conseguí pronunciar.

–Maldita sea, Mark, yo me he equivocado, pero tú..., tú has cometido miles de errores. Intenta recordar cuántas veces me has dicho que no, que ya hablaríamos.

–¿Decir no? ¿Te decía que no?

–No estoy aquí para hacerte una lista, Mark. Por recordarte solo una ocasión: aquella vez en que te supliqué que fuéramos juntos a París y me respondiste que yo iba a menudo por trabajo y que no veías por qué me habría gustado volver contigo. ¡Eras un auténtico cabrón!

En sus ojos había reaparecido el rencor y yo me sentí como un gusano.

–*Oh goodness...* –Yo seguía moviendo la cabeza y la miraba apenado–. No me explico cómo no me di cuenta, estaba concentrado en mi trabajo, en los clientes, en ganar la mayor cantidad de dinero posible para comprar la casa, pensaba que eso era suficiente...

–No he venido aquí para oír tus excusas –luego me miró de nuevo–, y no estoy aquí para pedirte que volvamos a estar juntos. Quería decirte también que dentro de poco dejaré tu casa, que me mudo. Mi padre me ha comprado un apartamento cerca de Marble Arch. Te avisaré cuando me marche, en un par de meses.

El enojo había desaparecido, ahora me miraba interrogativa, como intentando comprender qué me pasaba por la cabeza.

–Quería ser el mejor, Susan, quería mejores clientes, quería la mejor casa, porque me han enseñado que debía aspirar a lo mejor. Pero perdí de vista el hecho de que no es importante tener lo mejor o ser mejor que los demás, sino ser mejor respecto a uno mismo. Hay que aspirar a ser la mejor versión de nosotros mismos y no me di cuenta de ello, simplemente no lo entendía. Lo único que sé es que estaba mal, que no podía seguir adelante con esa vida. Estaba perdido y no sabía cómo reencontrarme.

»Llegado a ese punto, me pareció que la mejor solución era pararme. Y cuando lo hice y me quedé sin nada, he entendido lo que realmente deseaba. Y también he comprendido que no deseamos las mismas cosas. Lo siento, Susan. Me di perfecta cuenta cuando fui a Londres: estabas muy a gusto con tus trajes de noche y tu trabajo, mientras que yo me sentía fuera de lugar, y comprendí que aquel ya no era mi mundo.

–Entonces tú también estás de acuerdo, no podemos seguir juntos –parecía sorprendida y aliviada al mismo tiempo.

–Sí, creo que es lo mejor, para los dos. –Me levanté y ella hizo lo mismo. Me acerqué a ella, nos miramos a los ojos con una sonrisa nueva para ambos. La abracé y ella me devolvió el abrazo. Fue un abrazo sincero. Aspiré su perfume, por última vez.

Me fui. Sabía, sin necesidad de darme la vuelta, que Susan se había puesto nuevamente sus gafas de sol. Quizá para esconder los ojos llorosos, como estaba haciendo yo.

Me encontré bajo los soportales. Tenía hambre, pero la prisa por dejar Génova atrás me impidió entrar en un bar. Mientras recorría las calles telefoneé a Nic. Necesitaba oír su voz.

–Lo hemos dejado definitivamente –le dije sin preámbulos.

–Sabía que terminaría así –me respondió lacónico. Nic tenía la capacidad de ver más allá.

Con Susan había pasado años bonitos. Sabía que había cometido muchos errores, tal vez lo había estropeado todo, no había sido sincero con ella ni conmigo mismo. «No debo cometer otra vez las mismas equivocaciones», pensaba. Y en mi mente aparecía Giulia, sentada frente a mí, riendo por cualquier cosa que había dicho yo, divertida, con su mirada cariñosa.

Encontrarme de nuevo con mi vieja Dolly me supuso un alivio. Algo conocido. Conduje despacio entre el tráfico que había en la carretera de la costa, luego desde Savona hacia las Langhe, y cuando miré hacia aquel perfil de colinas en el horizonte que tan bien conocía, me sentí finalmente en casa.

Crucé lentamente la carretera provincial que atraviesa las colinas para dirigirme hacia Levice. A derecha e izquierda, viñedos y avellanos, bosques y de nuevo viñedos y avellanos y bosques. Aquí y allá, los primeros colores del otoño. Paré la moto en un alto de la carretera, me bajé, me quité el casco y miré a mi alrededor. No había nadie. Escuché el silencio y el susurro del viento. En el aire flotaba un aroma a verde y menta. En lo alto revoloteaba un cernícalo. Planeaba dando vueltas en círculos, luego se quedaba inmóvil, quieto en el aire como si estuviera clavado en el cielo azul, y de repente se abalanzaba sobre su presa agazapada entre la hierba.

Oh goodness, me estaba viendo en el muelle del Porto Antico frente a Susan, y era incapaz de definir lo que estaba sintiendo.

–¿Dónde estás?

–En casa. Bajo los tilos –respondió Pietro–. ¿Y tú?

–Estoy llegando.

Colgué el teléfono, me puse el casco y me monté en Dolly.

Cuando llegué, Black me demostró una felicidad indescriptible. Había reconocido el rugido de Dolly, había corrido a mi encuentro y allí estaba, dando saltos a mi alrededor como un loco, aullaba, ladraba, parecía que se le iba a despegar la cola de lo fuerte que la movía; seguro que habría hablado de haber podido, quién sabe si para preguntarme dónde diablos había estado todo ese tiempo, su entusiasmo me conmovía y me agradaba al mismo tiempo.

Aparqué a Dolly, me quité el casco y la cazadora mientras el gato blanco y negro esperaba en la puerta de casa preparado para saltar sobre el asiento con aire de reproche. Abracé y acaricié a Black y le dije lo feliz que estaba de volver a verle y que era el mejor perro del mundo y además precioso, obviamente. Después me dejé caer encima del banco frente a Pietro, sentado a la mesa bajo los tilos. Estaba hecho trizas.

–¿Estás vivo? –me miró de arriba abajo.

–Más o menos. –Black se había tumbado en el banco junto a mí. Me miraba con adoración. Seguía moviendo el rabo. Le acaricié. Me lamió la mano.

–Tienes una cara...

–Me imagino...

–Nosotros ya hemos comido. Así que Teresa te ha dejado preparado esto. –Señaló el plato con pan y salchichón. Luego indicó el vaso y la botella–: He pensado en el Barolo. –Y nos sirvió a los dos–. ¿Brindamos por algo?

–Bueno, no sé...

–No importa. –Extendió su vaso y lo chocó contra el mío.

Le conté todo, sin censurar ninguna de las palabras de Susan, ni siquiera las que más me habían dolido.

Apoyé la cara entre mis manos. Respiré profundo.

–Perdona que te lo pregunte, pero ¿estás desesperado por Susan? ¿Querías volver con ella?

Levanté la cabeza de golpe:

–Qué va, nunca volvería con ella, jamás. Es que yo... siento no haberme dado cuenta de lo infeliz que era ella. ¿Cómo es posible que no me haya percatado de ello? Estaba como perdido en un mundo que no me pertenecía.

–Un gilipollas –concluyó secamente–. Un gilipollas como tantos otros.

Permanecimos en silencio largo rato.

–Pero se puede cambiar en la vida. Aquí no te perderás, al contrario –dijo finalmente Pietro.

Pensaba en Giulia. Y luego en Susan, que me decía que era rígido, que yo solamente pensaba en mí, que no hablaba con ella. No, no repetiría los mismos errores.

–Y además has aprendido un montón de cosas. Incluso a correr.

–Me he puesto en forma físicamente, pero por dentro..., por dentro pensaba que había hecho algún progreso, y sin embargo ella me ha dicho cosas que no me esperaba, que yo no había comprendido...

–¡Vamos, vete a correr de un banco gigante a otro! ¡Ve! ¡Verás que te ayudará!

–¿A qué?

–Igual que los caracoles, ya sabes; tienes que purgar muchas cosas malas que has hecho y cosas malas que te han quedado dentro. Corres y purgas. Purgar, ¿sabes lo que significa?

Sí, por supuesto. Lo sabía.

–En mi casa lo llamamos expiación –dije en voz baja.

–No solamente eso, no dramaticemos –sonrió Pietro–, ¿cuántas veces me has hablado del placer de correr cuesta arriba? Y por aquí solo hay subidas. Esto ya lo has descubierto, ya sabes lo que significa, estás a mitad de camino de tu maratón particular.

–¿Y si no lo consigo?

Capítulo diecisiete

Diez días después estaba corriendo por la carretera provincial número 249, siguiendo la línea blanca. Respiro rítmicamente, con pisada regular sobre el asfalto, cuando corro por la línea blanca podría llegar hasta el fin del mundo. Podría no parar nunca. Estoy como hipnotizado. Además, había soñado con mi bisabuelo, y pensaba en el sueño mientras atravesaba corriendo Mango, donde me había enfrentado a subidas y bajadas. Black siempre me acompañaba, iba delante o detrás, y de vez en cuando se revolcaba en la hierba. Tenía frío, no me sentía en perfecta forma, no estaba motivado, eso es. Estaba triste en cierto modo. Me encontraba invadido por una sombra muy oscura de la que no podía deshacerme ni con la ligereza de la carrera. Había dormido aferrado, más que abrazado, a Giulia y, al abrir los ojos, me di cuenta de que ella también estaba despierta. Además de Black. «¿Y si no lo consigo?», me había despertado para decirme exactamente eso; ella sabía lo que significaba para mí la carrera de los bancos gigantes. Ella no es de las que te tranquiliza, menos mal. Ella es de las que intuyen, que te escucha, aunque no te diga nada, luego eres tú quien tiene que levantar la cabeza. Cabeza alta y espalda recta, como cuando corres.

Y solamente era el principio.

Ahora me había adentrado por los senderos, iba cuesta abajo, un buen desnivel que a la vuelta sería una subida. Bajar cansa más que subir, al menos para mí; los largos años en Londres habían sido todos cuesta abajo, ¡pero qué cansancio, qué soledad, qué pesadumbre! Aquí en las Langhe corría con mi amado perro junto a mí, y miraba a mi alrededor, el otoño había derramado sus colores sobre los viñedos, había aprendido que el amarillo claro y oscuro que serpentea en las hojas de las cepas quiere decir que es uva blanca, y de hecho estaba corriendo en las laderas del moscatel. «Me encuentro en un mundo maravilloso», pensé.

Tal y como había decidido la gran familia, la primera etapa era Santo Stefano Belbo, y mientras bajaba estaba atento a dónde ponía los pies, me veía frente al Mark que había descrito Susan, un yo frío y desagradable que sabía verdadero, en quien me reconocía con exactitud y me daba una profunda lástima. Y vergüenza. ¿Por qué no había logrado entenderlo por mí mismo?

Esta primera etapa, entre la ida y la vuelta, sumaba unos cuarenta kilómetros. Era lo que entre corredores se llama una etapa doble, es decir, un trecho por la mañana y otro trecho por la tarde. En esta primera etapa debía llegar al banco gigante sobre Santo Stefano Belbo y después regresar a casa. Corría entre viñedos jaspeados de amarillo dorado, no había nadie por allí, solamente los halcones que volaban sobre mi cabeza en el silencio de aquella mañana, una mañana cualquiera para los demás, pero esencial para mí.

–Pues sí –había dicho la noche anterior el hijo de Pietro, el padre de Eneas–, mañana es un día importante, das inicio a esta carrera que no es nada fácil, pero estamos orgullosos de que tú la hagas.

–Habéis diseñado un itinerario que ni un camello... –había protestado Rosetta, que a pesar de todo siempre estaba de mi parte.

–Pero él no debe correr por diversión –había saltado Cristina; también estaban ella y Giulio alrededor de la mesa, bajo los tilos–, es una especie de peregrinaje, una prueba interior...

–Una expiación –había puntualizado Pietro, que de vez en cuando tenía por costumbre no guardarse las cosas para sí mismo.

Había levantado el vaso en dirección a Nino:

–¿Brindamos? Mañana empiezo a correr; te doy las gracias porque eres el que más ha insistido en que esta ruta de los bancos gigantes fuera realmente dura.

–Un hombre es un hombre y debe hacer cosas para demostrar que es un hombre –había declarado él levantando su vaso–. ¿Lo ves? Ni siquiera me tiembla la mano con lo viejo que soy. Es porque soy un hombre.

–Digamos un hombre quisquilloso –había precisado Rosetta, y todos brindamos.

Eneas se había levantado:

–Y ahora os leeré la lista de lugares donde se encuentran los bancos gigantes, Mark debe pasar por todos y si no lo consigue..., ¿si no lo consigue?

–Si no lo consigue quedaremos fatal, en el bar he estado alardeando con todos de que tenemos un campeón y dicen que no lo logrará... –esto lo dijo Gianfranco, el que trabajaba en Génova.

–Está claro que debe hacerlo en pocos días –había puntualizado Giulio–. No en un año, de lo contrario no sería válido.

–Lee tú, que es tu letra. –Eneas había entregado el cuaderno a Giulia.

–Primera etapa, Santo Stefano Belbo –había leído ella dedicándome una de sus luminosas sonrisas–, luego Coazzolo, Neive, Diano d'Alba...

–Diano d'Alba no, ya he estado –protesté–. Allí empecé a comprender la belleza del paisaje. Con una vez basta, ¿no?

–¿Qué hacemos? ¿Nos lo saltamos? –Giulia miraba a Nino–. Incluso podríamos eliminarlo. En total son quince bancos. ¿Pasa algo si solamente hace catorce? –Y aquí me miró a mí.

–Yo digo que sí –asentí.

–¡Vendido! –había confirmado Nino, bondadoso conmigo, y Diano d'Alba desapareció del itinerario.

–Entonces... –retomó la palabra Giulia–, para estos tres vuelves a casa cada día. Desde Arguello en adelante duermes fuera, pasarás de un banco a otro y tú... –Se giró hacia Pietro.

–Siempre encontrarás a alguien que te dé hospitalidad. Ya está todo organizado –confirmó él.

–Entonces, después de Neive, Arguello...

–Lo conozco –saltó Eneas–. El reino de los cucos. Hay un...

–¿Quieres cerrar la boca para que Giulia continúe? –le gritó su padre.

–Arguello, Niella Belbo, Dogliani, Monforte d'Alba, Monchiero, Piozzo, Carrù, Clavesana, Cigliè, Niella Tanaro...

–En Niella tienes la ventaja de que hay dos bancos gigantes muy cerca el uno del otro, y luego en Clavesana puedes ir a saludar al inventor de los bancos gigantes –la interrumpió Teresa–. Vive allí, es inglés, podéis charlar un rato.

–Entonces, así, llevamos trece. –Eneas había ido contando con los dedos.

–Trece parece un número maldito –dijo Giulio frunciendo el ceño.

–Venga ya, son catorce, si eran quince...

–¿Queréis matarlo? –espetó Rosetta indignada–. Míralo, está hecho un palo, para cuando termine será transparente.

Rememoraba aquellas voces de la primera noche mientras estaba en el banco gigante amarillo verdoso, del color de la uva moscatel, con Santo Stefano Belbo y las innumerables viñas a mis pies. Las voces de esas personas con las que vivía desde mi llegada a las Langhe, la gran familia. Me incliné hacia Black, que estaba tumbado a los pies del banco:

–En tu opinión, ¿crees que podría prescindir de estas personas? ¿Crees que las decepcionaría si les dijera que no conseguiré hacer el recorrido por todos sus bancos gigantes? Según tú... –Finalmente Black levantó el hocico para mirarme, con la lengua fuera, parecía estar riendo, o quizá lo estaba haciendo–: ¿Crees que llegaremos hasta el final? Tú desde luego, Black, pero yo...

Me bajé del banco de un salto y me tendí en la hierba junto a él. Miraba el cielo. Nubes por aquí y nubes por allá. No sé por qué asociación de ideas me vino a la mente el campo de narcisos que había visto en primavera y pensé en Giulia, porque esas son sus flores favoritas. Le puse la mano en el lomo a Black:

–Y pensar que te debo a ti el haberla conocido: ¿cuántas cosas buenas has traído a mi vida? Incluso a ella, sobre todo a ella.

Rememoraba también cuando Giulia y yo nos volvimos a ver, a mi regreso de Génova. Había ido a esperarla frente al ambulatorio, pero casi no era capaz ni de mirarla a los ojos de lo abrumado que me sentía por todas las cosas que me había echado en cara Susan. Giulia salió a mi encuentro. Había percibido las oleadas de vergüenza y confusión que me agitaban por dentro, lo comprendí por su expresión. Lo primero que me preguntó fue:

–Dime solamente si te vuelves a Londres o si te quedas. –Y se refería a si seguiríamos juntos.

–Me quedo –había exclamado con contundencia–, por supuesto, estoy aquí y me quedo, ¡pero qué cosas dices!

Y ella me miró fijamente, con esa adorable seriedad suya, esa manera de mantener la espalda recta y la barbilla alta, en contraste con su pelo alborotado. Y esa luminosidad en los ojos.

Sentenció:

–No me digas nada. Ahora no. Me lo contarás cuando..., no sé cuándo. Pero ahora no.

Y nos fuimos a cenar donde Beppe, una cena silenciosa, con Black debajo de la mesa y nosotros dos cogiéndonos de la mano a ratos. Luego a casa a hacer el amor.

Mientras estaba tendido en el prado junto al banco gigante de Santo Stefano Belbo, mirando las nubes que se dejaban llevar por el viento y pensando en Giulia, Black me dio con el hocico. ¿Y ahora qué? ¿Beber y comer? Ten en cuenta que hemos hecho un montón de kilómetros; esta era la esencia de su pensamiento.

Fue en aquel momento, con los músculos fatigados por el esfuerzo, la falta de aliento, los pies en movimiento, el viento en la cara, la repentina alegría que surgió dentro de mí extendiéndose por todo mi cuerpo y reconfortándome, cuando empecé a encontrarme de nuevo con la belleza del escenario que me rodeaba. El que había elegido para vivir. Y Black por delante, marcando el camino, feliz.

—Ahora estoy mejor —le dije a Giulia. Habíamos tomado algo ligero en mi casa, y estábamos rematando la cena con una copa de vino—: Pero esta mañana me sentía fatal, no sé si lo lograré, pero sé que... —Me había inclinado hacia ella, sentada al otro lado de la mesa, y la había besado. No había nada más que decir. O tal vez podría haberle dicho: estoy enamorado de ti. O un te quiero. Ahora estaba preparado para hacerlo.

Segunda etapa Coazzolo; no por la carretera asfaltada 51, sino por los senderos de tierra, lo que significa cuesta arriba, cuesta abajo, cuesta arriba, cuesta abajo de nuevo. No me explico por qué razón Black está tan excitado, quizá por el cuenco lleno de comida que le esperaba a mitad del camino. Corría de atrás hacia delante, haciendo el doble del recorrido.

—¡Tú puedes, tienes cuatro patas! —le decía—, yo solo tengo dos.

El día era ventoso, se percibía un fresco otoñal. A medida que avanzaba —debo decir que a buen ritmo—, me iba entrando un hambre canina: estaba realmente hambriento. No había recorrido ni diez kilómetros cuando empecé a notarla y no hacía más que pensar en lo que el día anterior me había encontrado en Santo Stefano Belbo: un panadero amigo de Pietro con una tarta de manzana y agua de manantial —nada de vino cuando corres— me invitó a su casa:

—Mira cuántos libros, ¿a que nunca te lo habrías imaginado?

Yo asentía y mientras tanto daba buena cuenta de la tarta, exquisita por cierto, y Black devoraba un cuenco lleno de delicias para él. Me acordaba de la tarta y corría hacia Coazzolo, preguntándome qué me habría organizado Pietro allí. Me había dado la dirección de un pariente suyo que tiene un restaurante. Es verdad que cuando corres no puedes meterte entre pecho y espalda un civet de conejo regado con Barolo, pero algo rico sí. Cuando llegamos al restau-

rante, la primera en la frente: «Cerrado por motivos familiares».
El hombre que estaba sentado en el banco de al lado me explicó:

–No se ha muerto nadie, es que se han ido a pasar el día a la playa, hoy no se puede comer aquí.

Entendido: nada de *cugnà*, esa mostaza de uva de la que Pietro me había contado maravillas y que se come con distintos quesos. El hombre sentado en el banco continuó:

–¿Sabía que por aquí pasaba, hace siglos, la ruta de la sal? La llamaban así porque iba a Liguria, los de aquí les bajábamos uvas y vino, mientras que los de abajo nos subían sal, aceite y pescado, e incluso anchoas...

Black y yo escuchábamos con la tripa vacía.

Fuimos al banco gigante:

–Lo siento, Black, pero no llevo dinero cuando corro, así que hoy no comemos.

No movió la cola, refunfuñando en el banco pintado de un precioso color azul, con el morro apoyado en las patas delanteras. De vez en cuando me lanzaba una mirada: ¿no podías organizarte mejor? Encima tengo que ayunar, ¡yo que siempre te acompaño! Tienes razón, perdóname, Black.

Pero no nos consolamos, aunque el panorama era indudablemente extraordinario y había una pequeña capilla medieval muy original decorada por uno de los dos que habían pintado la que había visto con Pietro, cuando todavía era un Mark incapaz de dar un paso y ciego a la belleza del mundo.

–Qué raro –le dije a Black, que seguía sin mover la cola–, cuánto he cambiado.

Él me miraba enojado.

Salimos abatidos de Coazzolo, pasamos junto a las estacas con forma de lápices de colores gigantes que se colocan para soportar las cepas, y que dejaron a Black completamente indiferente. Llegamos a casa deprisa y muertos de hambre, después de no sé cuántas subidas y bajadas, y bajo un buen aguacero. Nos abalanzamos sobre la comida. Luego nos desplomamos y, vagamente entre sueños, sentí a Giulia a mi lado, que había vuelto tarde del trabajo, y que cuando me desperté por la mañana ya se había marchado. Había una nota sobre la mesa, junto a mi taza. Dos líneas en inglés: *I wandered lonely as a cloud...* y besos. Adorable Giulia.

La tercera etapa era Neive y, en cuanto Black y yo asomamos la nariz fuera de casa, se puso a llover. Nos encaminamos hacia el sendero procurando no hundir la cabeza entre los hombros. Me preguntaba qué nos encontraríamos en Neive, hechos una sopa, a nuestra llegada. Pietro me había dado la dirección de un amigo suyo productor de Barbaresco. Corría entre los árboles que goteaban y tenía los ojos fijos en Black, siempre parecía conocer mi meta, enhebraba los caminos hacia Neive a una velocidad de vértigo, también corría en círculos, de vez en cuando se daba la vuelta como diciéndome «es un mal día, volvamos a casa». Pero, ¡adelante! La carrera de los bancos gigantes se hace con lluvia y nieve, no solo con buen tiempo, en caso contrario, vaya una expiación.

En medio del cansancio y la incomodidad de aquella carrera me acordé de la cantidad de «noes» que le había dicho a Susan, ¡no le faltaba razón al echármelos en cara!

Corriendo entre charcos me vi delante del ordenador, era sábado, ella estaba en el umbral de la puerta de mi despacho pidiéndome que la acompañara a visitar a una antigua niñera que vivía por no sé dónde en Pembrokeshire, habría sido una buena ocasión para pasar el fin de semana juntos, ella y yo, lejos de todo y de todos, y yo sin despegar los ojos de la pantalla le contesté que el sábado tenía que trabajar y que el domingo por la mañana iría a dar una vuelta con Dolly, y que por la tarde la tía Daphne nos esperaba, como de costumbre. Ella no dijo nada y se fue cerrando la puerta suavemente. Y esa otra vez, y también aquella otra.

Corría con la lluvia golpeándome la cara y empezaron a caer en cascada otros tantos «noes», ¡oh *goodness*, había dicho tantos! ¿Y por qué, además? Con pena y vergüenza los fui desgranando uno tras otro mientras corría por los caminos que llevan a Neive, senderos embarrados, resbaladizos, cubiertos de maleza, pero que eran los que habíamos elegido para mi ruta y que convertían la subida a Neive bajo la lluvia en una ascensión heroica, que había afrontado solamente porque a mi lado estaba Black, que me apoyaba a cada paso.

La carrera fue tan dura, y estaba tan dolorido, tanto por dentro como por fuera, debido al remordimiento y a la lluvia, que cuando llegué a la plaza de Neive casi me echo a llorar del alivio, porque reconocí la furgoneta aparcada de Pietro.

Se asomó por la ventanilla:

–Te he traído una muda.

–Todavía no hemos llegado al banco.

–Te espero aquí, luego vamos a casa de mi amigo y repones fuerzas.

El encuentro con Pietro me dio una recarga de energía. Tomamos la pequeña carretera que descendía en forma de serpentina, luego giramos a la izquierda y corrimos por asfalto hasta un pequeño valle, pasando por viñedos, rosales que colgaban henchidos de agua y árboles entre los que reconocí cerezos. Pietro me había enseñado mucho sobre árboles.

Eché una ojeada al cartel que decía «Parada del viandante» que lleva al banco.

–Tranquilo, Black –dije encaramándome a la estructura resbaladiza por la lluvia–, aquí nos pararemos solo un segundo.

El banco es de color verde intenso, brillante bajo la lluvia, que se había hecho fina, y yo miraba la cima de la colina con la torre de Barbaresco, de frente, al otro lado del valle, pero en ese momento, francamente, apenas veía el paisaje, me había asaltado un pensamiento, y le dije a Black, que había empezado a temblar casi tanto como yo:

–Pero yo, ¿he amado realmente alguna vez a Susan? ¿La he querido de verdad? ¿Y ella? ¿Qué nos ha mantenido juntos durante tantos años? –Black me miraba desanimado con las orejas chorreando agua–. Pero a ti te quiero de verdad, sé que te quiero.

Y me miró desolado como diciendo: entonces vámonos a casa.

Me bajé del banco de un salto, no era más que un mísero ser empapado de agua, de decepción y de confusión. De esa guisa me aventuré a ascender hacia la plaza de Neive, y mientras subía se me iban aclarando las ideas y fui capaz de preguntarme qué significa querer a alguien. ¿Quería a Giulia? La amaba con locura, de eso estaba seguro, pero querer me parecía algo indispensable cuando se ama a alguien realmente.

Había dejado de llover cuando Black y yo bajamos de Neive para tomar el camino de retorno. Pietro nos dio de comer y me trajo una muda de ropa. A ratos corríamos y a ratos caminábamos, el viento barría las nubes y los senderos estaban embarrados. No muy lejos de casa resbalé y me levanté magullado y cojo.

Al día siguiente mi mayor recorrido fue el de la cama a la silla de la cocina, pero sentado veía las estrellas del dolor, y de la silla iba al baño o a la ventana de la cocina, donde me asomaba malhumorado con Black, que se restregaba contra mí comprensivo y de vez en cuando ladraba como diciéndome: vamos, es solo una pausa, para nada has fracasado en tu proyecto, ¿no es así?

En cambio, yo temía que sí. Y le dije:

–De todas formas, cada vez que vaya a Neive me vendrán a la mente todos los «noes» que le dije en su momento a Susan; en mi opinión esta caída ha sido un castigo de los dioses. –Y me pasé la noche rememorando mis años con Susan, no por añoranza, desde luego que no, sino por intentar comprender lo que me había sucedido mientras estaba con ella.

No podía correr. Los de casa, la gran familia para entendernos, venían a visitarme de uno en uno, se había corrido la voz de que estaba de pésimo humor y de que no quería ver a nadie. Como si de uno en uno fuera igual a ninguno.

–Hacemos igualmente los deberes de matemáticas, ¿verdad? –Eneas tiró sus libros sobre la mesa de la cocina. Estaba junto a la ventana, apoyado en el alféizar, solo con girarme hacia él me dio un pinchazo de dolor en la nalga y el muslo:

–Me duele estar sentado.

Y él enseguida:

–Túmbate entonces, te metes en la cama y me vas diciendo...

Y yo haciendo esfuerzos por no levantar la voz:

–Eneas, ¡hoy piérdete!

Vino Giulio, y no hice ni caso a lo que me dijo.

Rosetta me trajo una tarta de manzana, sabía que cuando corro es mi alimento favorito:

–Acabo de sacarla del horno, no te la comas de un bocado, solo un pedazo, y el resto para cuando empieces a trabajar, tampoco te falta tanto. –Ella siempre tan optimista. Y llamaba «trabajar» a la carrera de un banco a otro–. Vamos, así podrás ir a correr antes de que se cubra de nieve.

¡Lo que faltaba! Y encima la nieve. Renqueaba por la casa y miraba el mapa de mi recorrido de un banco al otro, evitando todas las carreteras provinciales para ir por senderos, caminos, veredas; siempre subiendo y bajando, una buena cantidad de subidas, y me odiaba por haber resbalado con tan mala suerte.

–No veo la hora de que reanudes la carrera –me dijo Pietro al cabo de unos días–, no soporto verte con esa cara de pocos amigos. Cuando corres se te ve feliz, en cambio ahora estás sacando lo peor de ti. –Puso sobre la mesa una botella de Barolo y se largó.

Entonces llegó Nino, aún no era de día. Asomó la cabeza por la puerta, guardando las distancias, como si las secuelas de mi caída fueran contagiosas:

–Creo que te has lesionado a propósito porque no eres capaz de soportar la paliza. –Y puso un gran tarro oscuro en el suelo–: Cosas de mi abuela, si te untas con esto te recuperarás pronto.

Giulia estaba conmigo, se estaba preparando para ir a trabajar, me giré hacia ella:

–¿Has oído? Encima lo he hecho aposta, según él, porque no me siento capaz. –Estaba furibundo–: Estoy enfadado conmigo mismo por haberme caído, no con los demás, y encima...

Me apoyé en la mesa y ella fue a coger el tarro con el ungüento de la abuela. Me lo puso delante.

–Puede venirte bien –dijo secamente.

–Oye –suspiré–, sé que me he comportado fatal estos tres últimos días...

–No sabes cuánto –dijo ella mientras comprobaba su maletín de veterinario.

Se me acercó, me besó, cogió su maletín y se marchó seguida por Black, que meneaba la cola amigablemente, y antes de salir se volvió para decirme:

–¡Qué pesado eres!

Me asomé a la ventana y vi la Four tomar el camino que lleva a la carretera y a Black correteando entre la hierba y los arbustos de avellano más allá de los tilos, olfateando rastros. Fui a ponerme la pomada de la abuela. No sé muy bien de qué estaba hecha, en el tarro no había nada escrito y el olor recordaba vagamente a algo ácido, como a mosto. «¿No me digas que la uva de las Langhe también sirve para esto?». Confié e hice bien porque me hizo un efecto que no habían hecho ni los antiinflamatorios ni las pastillas de Giulio; el ungüento de la abuela de Nino obró milagros. A las pocas horas empecé a recuperar el aliento y el dolor iba remitiendo.

Esa misma tarde me sentía mejor, hasta tal punto que ya podía bajar las escaleras, con Black nervioso dando saltos a mi alrededor.

–Tengo la sensación de que el encierro ha tocado a su fin –le dije mientras caminaba incrédulo por el patio–, en un par de días retomamos.

Luego me crucé con Nino, que pasó cerca de mí con su Apecar, se detuvo y se asomó con esa sonrisa burlona suya:

–¿Ves? Ha sido decirte que no serías capaz y te has curado.

Y yo me apresuré a decir:

–¡Ha sido tu pomada!

–¡Fíjate tú, la pomada! –Soltó una risita, metió la marcha y se fue traqueteando.

Aquella noche con Giulia extendimos de nuevo el famoso mapa sobre la mesa, estudiando las rutas; aún me faltaban: Arguello, Niella Belbo, Monforte d'Alba, Monchiero, Dogliani, Piozzo, Carrù, Clavesana, Cigliè, Niella Tanaro y Paroldo, que vistos en el mapa no parecían tan distantes el uno del otro, pero entre ellos solamente había veredas y senderos y subidas y bajadas por las colinas. Niella Belbo y Monforte d'Alba, en coche por las carreteras provinciales, están a poco más de media hora, haciendo el trayecto a pie por caminos de cabras y veredas, se tardaban por lo menos cinco horas en ir de un pueblo a otro. Cinco horas y veintidós kilómetros. Subiendo y bajando. Y yo tenía que hacerlo corriendo.

Realmente necesitaba hacer un duro recorrido de meditación y purificación, porque me di cuenta de que esos días de dolor no había estado muy agradable con nadie. Así que empecé a justificarme dirigiéndome a la puerta del baño: Giulia estaba secándose el pelo.

Estaba intentando enmendar mis culpas, y ella de repente:

–No, por favor, ahora que ya ha pasado todo déjate de excusas –se miraba críticamente en el espejo con el móvil todavía apagado–, si las vacas y los caballos hicieran como los hombres cuando les duele algo, sería un infierno para los veterinarios. –Sin embargo, se dio la vuelta para mirarme–: En cualquier caso, ese ungüento de la abuela... ¡fabuloso, afortunadamente! –Se echó a reír, encendió el móvil, echó la cabeza hacia delante dejando caer el cabello como una lluvia y dio por finalizado el debate sobre mi mal humor.

Cuando nos acostamos apoyó la cabeza en mi hombro, el cabello perfumado como a hierbas mágicas; de repente sentí un gran deseo de contarle con detalle cada palabra de mi conversación con Susan y en voz baja empecé a hablar, pero ella se durmió casi al instante. Un sueño profundo. Entonces mentalmente y con el corazón le prometí que nunca me dejaría llevar por la apatía, que siempre hablaría las cosas con ella, que me confiaría a ella.

Durante un par de días corrí de un lado a otro, por los caminos habituales, con Black a mi lado, solo para despertar un poco los músculos. Después me sentaba a la mesa bajo los tilos y apuntaba en un cuaderno la descripción de los bancos gigantes que ya había visitado: de qué color eran y las vistas panorámicas a las que se asomaban, y luego anotaba ideas y pensamientos personales, sobre mi vida y sobre los demás, mis emociones de banco a banco.

La siguiente etapa era Arguello, quedaba a casi veintidós kilómetros y unas cinco horas a pie de casa. Preparé yo mismo el desayuno aquella mañana, Giulia tenía que estudiar no sé qué en sus apuntes de trabajo. Y cuando terminamos de tomar el café le dije:

–No nos veremos hasta que acabe la ruta: Paroldo, la última etapa –fui a lavar la taza–, me fastidia un montón no verte, pero tengo que enlazar una etapa con la siguiente y no puedo regresar a casa para dormir. –Y acto seguido, para disimular la punzada que sentía en el pecho sin saber por qué, le dije que en Arguello empezaría la etapa de Niella Belbo. Eran treinta y cinco kilómetros en total y dormiría allí. Pietro me había dado una dirección y había organizado mi llegada.

–Treinta y cinco kilómetros corriendo arriba y abajo..., no está mal. –Sentada frente a mí con la barbilla apoyada en las manos, me miraba con una ligera sonrisa. No entendía si admirada por mi empresa o disgustada por la separación.

–¿A veces te resulto insoportable? –No sé cómo me salió de repente esta pregunta.

–Desde luego que me resultas insoportable a ratos. –Se levantó, se me acercó, se inclinó a besarme. Entonces se fue rápidamente a coger el casco y la cazadora de la moto–: Insoportable pero también imprescindible... –se giró riendo–, piénsalo.

–No, escucha... –Me levanté–. Debo decirte algo seriamente. Si por un casual me pierdo por el camino, me refiero a que si no lo consigo o que... En fin, quería contarte lo que me dijo Susan, todavía no hemos...

–Perdona, me tengo que ir. Ya llego tarde. –Y salió disparada.

Encontré una nota en una de las zapatillas rojas de correr: «*I wandered lonely as a cloud...*», que es la poesía dedicada a sus queridos narcisos. Y en la otra zapatilla: «Buen viaje, amor mío». Metí las dos notas en el cuaderno de los sentimientos. Me vestí, o mejor dicho, me desvestí, iba en calzones, como decía Rosetta. Black me miraba desde el umbral y movía la cola. De vez en cuando gimoteaba. Sabía perfectamente lo que íbamos a hacer.

–¿Y si no lo consigo? –le pregunté con las manos en jarras.

Se me quedó mirando, ¡probablemente aburrido por mi patetismo! Si no lo consigues, ¿sabes qué?

–¿Que soy un estúpido?

Exacto, asintió, y sin mover la cola fue raudo hacia la escalera, no veía la hora de salir. Dejando Neviglie a la izquierda corrí hacia el sur, en dirección a Arguello, el desnivel era aceptable, una subida suave, como la había definido Giulio, pero no era muy de fiar. El viento no era fuerte pero era afilado, estaba a punto de convertirse en tramontano. Corría y sentía la perfecta concordancia entre mi respiración y el ritmo del paso, corría y tenía a Black delante o a mi lado, excitado, con la nariz al viento.

De vez en cuando desaparecía entre los arbustos de avellanos, luego resurgía triunfante con aire de haber vencido a un oso y reanudaba la carrera por delante de mí. Yo corría, y mientras tanto me sacaba la piel a tiras, ahora veía el semblante helado de Susan aquella vez que estábamos en la playa, en Brighton, como de costumbre, y Claire, que acababa de divorciarse, había venido de visita. Un par de días después Claire y yo «casi» nos enrollamos en la playa. Qué avergonzado me sentí por aquel desliz. Corría hacia Arguello, descenso, ascenso, bajada, subida y mientras tanto pensaba que con Giulia jamás en la vida habría podido llegar a una situación semejante. A ratos corría, a ratos caminaba, cuando corría iba veloz como el viento y sudaba.

–Me purgo como un caracol –le dije a Black–, ¿quieres ver cómo me deshago de todo lo que arruina mi vida y la de los demás? Me lanzó una ojeada indiferente, era evidente lo que estaba pensando: ¿aquí cuándo se come?

Llegué al banco de Arguello, abriéndome paso entre enjambres de niños que correteaban aquí y allá, parecían mariposas con sus dorsales de colores, una excursión escolar hasta el banco gigante, pintado de un precioso verde guisante. Más tarde me encontré frente a un buen plato de judías blancas estofadas y pan, la especialidad del lugar, me dijo el amigo de Pietro que vivía en una casita a las afueras del pueblo, él, su mujer, los viñedos, el huerto con judías blancas y dos gatos durmiendo al sol. Black comió pan y leche aguada. Nos tumbamos a la sombra de un olmo y me pareció que cavilaba: ni siquiera un poco de carne, ¡con todo lo que hemos corrido! Casi me quedo dormido de pie antes de emprender el camino hacia Niella Belbo, otros quince kilómetros, primero cuesta abajo y luego cuesta arriba, después subidas y bajadas y viñas y avellanos y matorrales y viñas.

Corría, evitaba caminar, había salido tarde de Arguello y quería llegar antes de que se hiciera de noche, los días ya eran más cortos, el viento levantaba las hojas secas de alrededor, debía tener cuidado de no resbalar. Veía a Black avanzar con esfuerzo, y yo tampoco iba mucho mejor, treinta y cinco kilómetros subiendo y bajando no son poca cosa. A Niella, que es todo cuesta arriba, llegamos ambos con la lengua fuera. Todavía no era de noche pero casi, el banco gigante, de un hermoso azul cielo, se asomaba a lo que llaman una grandiosa vista del valle de Bormida. Este terreno elevado donde han colocado el banco lo llaman la Explanada del Amor, una definición romántica que a Black y a mí no nos podía dar más igual. Me miró compungido: tenía hambre. Saltamos del banco y corrimos hacia el pueblo en busca de la casa del pariente de Pietro, el hijo de un primo suyo, al que encontramos esperándonos en la puerta. Se trataba de un hombre inmenso con una barriga enorme que nos recriminó:

—A estas horas suelo estar ya en la cama, ¿no podríais haber llegado antes?

Black y yo, con el rabo entre las piernas, entramos en la casa. El hombre me entregó una bolsa que le había llevado Pietro —el genial y generoso Pietro— con una muda para mí, un par de pantalones vaqueros, una toalla, el cepillo de dientes y poco más. Cenamos en una cocina llena de sartenes colgadas en las paredes, manojos de hierbas secas y un montón de cosas más. Yo en la mesa no hacía más que dar las gracias a una viejecita de no sé cuántos años que no paraba de llenarme el plato. Había tres niños encaramados en un catre contra la pared —lo que sería mi cama—, me miraban en silencio sin perder detalle. Black estaba fuera en el patio:

—Aquí los perros no comen dentro de casa —me había advertido el hombre—. Ella es la madre de mi suegra —dijo señalando a la anciana—, es doña Alma. —Y siguió diciendo—: Aquí el móvil no funciona —me advirtió.

«Entonces —pensé—, no puedo llamar a Giulia».

—Para telefonear hay que volver al pueblo.

No puedo hacerlo, pensé. Hizo señas a los tres niños:

—Aquí nos vamos a la cama con las gallinas. —Y según desaparecía con su prole por el pasillo, me llegó una voz femenina enfadada:

—¿Entonces qué? ¿Va a quedarse despierto hasta mañana?

—Está nerviosa y tiene motivos —me informó doña Alma poniéndome delante un trozo de queso—, está esperando el cuarto.

A continuación, abrió la puerta, dejó entrar a Black y se puso a tejer. Estaba a punto de dormirme entre el repiqueteo de las agujas y el ulular de algún búho cuando oí un aullido y luego otro. Black gruñó.

—¿Qué ha sido eso? —le di una palmada a Black.

—¿Qué quieres que sea? Son lobos.

¿Lobos? Un coro. Aún más cerca. Me levanté. Otra palmada a Black.

No sé cuándo logré conciliar el sueño, con aquellos aullidos en los oídos, pero treinta y cinco kilómetros de carrera surtieron su efecto. Doña Alma me despertó al amanecer, sacudiéndome un hombro, casi no había ni amanecido:

–Eh, *nani*. Tienes que irte. Te he preparado algo para comer. Pietro ha dicho que dejes aquí tus cosas y que ya se ocupará él.

Salí al patio. Estaba en silencio. Bueno, no, oí cantar a un gallo. Bueno, a dos, para ser exactos. Café con leche en un tazón grande y rebanadas de pan que compartí con Black.

Me encontré con doña Alma cuando salía hacia Monforte. Llevaba una cesta llena de huevos.

–Cómete uno fresco, está recién puesto. –Apoyó la cesta en un muro bajo, sacó una navaja del bolsillo y abrió un agujerito en un huevo–: Sorbe por aquí. –Y mirándome directamente añadió–: Los huevos están limpios, ¡eh!

Sorbí: bueno, viscoso. Y yo:

–Oiga, los lobos... –señalando hacia las colinas boscosas, ya era de día–, voy por caminos, veredas, bosques, y nunca hay nadie...

–Los lobos no atacan al hombre. –Y me miraba con los ojos entrecerrados, como si fuera un cobarde–. Casi nunca.

Capítulo dieciocho

Entre hileras de viñas bajé por un sendero, porque Niella está a más de setecientos metros de altitud y Monforte se encuentra más abajo. Monforte era mi siguiente destino. Cuatro o cinco horas de camino. Black estaba a mi lado, con las orejas alertas, él también tenía presentes a los lobos de la noche anterior. Todavía no había salido el sol, hacía frío, el cielo estaba despejado, pero se veían algunas nubes al fondo, esperaba que no fueran de lluvia.

–Vamos, movámonos.

Y caminamos con rapidez, empezaría a correr un poco más tarde. Al doblar la curva y pasar junto a un bosquecillo de hayas vi un prado con ovejas, no me gustó, enseguida pensé en los lobos. Donde hay ovejas hay lobos, solía decir la tía Daphne, y nunca esa frase había cobrado tanto sentido.

Continuamos. Cada vez que Black se daba la vuelta, yo también lo hacía. ¿Y si al final del camino, a mis espaldas, me hubiera encontrado con un lobo? Nunca había visto ninguno en persona. ¿Cómo eran? ¿Qué altura tenían? ¿Eran rápidos? Me puse a correr entre los árboles del bosque, por ahí no había nadie, solo se oía a los pájaros y alguno de ellos, con el sol colándose entre las hojas, empezó a cantar alegremente como si no hubiera ningún peligro. Lástima que estuvieran en los árboles y no en el suelo, entre los matorrales del camino, como nosotros.

Black escrutaba los alrededores. Yo le daba vueltas a la frase de la tía Daphne y me preguntaba si sería verdad. También en la vida sucede: cavilaba sobre el hecho de que a veces se es lobo y otras veces se es oveja, y que según el momento los roles pueden invertirse.

Corría por un pequeño valle de vegetación espesa y oscura, apenas nos llegaba el sol. Corría y por fin logré comprender que en muchas ocasiones, con mis «noes» o con mi mal humor, había hecho que Susan fuera donde yo quería y que hiciera lo que a mí me apetecía. Y viceversa, también.

Ya llevaba un buen rato corriendo, Black también trotaba sin pararse y sin perderse, iba derecho hacia Monforte, como si él tampoco viera el momento de salir de la espesura. Llegué aliviado a un pueblecito y nos detuvimos a beber en la fuente.

Proseguimos evitando veredas demasiado solitarias y cuando llegué a Monforte afronté con actitud positiva la subida, porque decir que Monforte es todo cuesta arriba es quedarse corto.

–¿Sabes una cosa, Black? –dije mientras buscábamos dónde diablos habían instalado el banco gigante–, ¿sabes una cosa? Ahora pararemos aquí, como acordé con Pietro. No continuaremos hasta Monchiero.

Y con este plan, que me pareció una solución inmejorable al problema de los lobos, me encaramé junto a Black al banco color violeta intenso. El panorama era sugerente: un antiguo campanario, que comenzó a sonar en ese preciso instante, con un repique de campanas.

Aquella noche Black y yo nos quedaríamos a dormir en casa de un amigo de Pietro que era carpintero. La casa estaba en la parte medieval de Monforte, en una de sus callejuelas. No había timbre, llamé a la puerta, pero no contestó nadie. Telefoneé a Pietro, y me dijo que encontraría una llave en una grieta de la pared abajo a la derecha y que mi habitación era la que tenía mis cosas, que él mismo las había dejado allí para mí. Me explicó que su amigo volvería por la noche. Entré. La bolsa estaba junto a una cama en una pequeña habitación con el techo bajo de vigas.

Había una minúscula ventana que daba al callejón, un escritorio y muchos libros. En la cocina, sobre la mesa, encontré vino, pan, queso, embutidos y un trozo de pastel de verduras. En el suelo había un cuenco para Black.

Pasamos la tarde paseando por el pueblo. Llamé a Giulia, la echaba terriblemente de menos. Hablamos largo rato y su presencia no presente me transmitió la calma que necesitaba. Me quedé dormido y si los lobos se acercaron al pueblo, no los oí.

A la mañana siguiente desayuné y luego lavé la taza y el cuenco, dejando todo perfectamente ordenado. Salí con Black por los senderos que descienden de Monforte hacia Monchiero, mi próxima parada. El recorrido que nos esperaba era más o menos llano, vimos más ovejas pastando y aceleramos el paso sin detenernos a hacer preguntas sobre los lobos a dos jóvenes que estaban charlando cerca de allí. Seguimos corriendo, pero sin forzar, llegaría a Monchiero en menos de una hora. Árboles frutales, bosque bajo, casas, árboles frutales, bosque bajo. Bosque bajo y no más casas, avellanos, y también algo que olía a lluvia.

Black se apartó y se metió en una vereda, decidido. Le seguí. Había un arroyo. Él bebió a grandes tragos mientras yo me sentaba en un tronco abandonado en la orilla, ya estaba cansado y el día no había hecho más que empezar.

—Todavía me queda mucho camino por recorrer, Black, ¿lo conseguiré?

Black se puso a mi lado, apoyó la cabeza en mi rodilla, me miró desde abajo, con sus apacibles ojos castaños llenos de afecto, como diciendo: qué aburrimiento, amigo, esta pregunta estúpida...

—¿Seré capaz cuando termine esta dura prueba de comprender algo más sobre mí mismo? No sé, ¿aprenderé a ser mejor persona? —Y le acariciaba la cabeza, rascándole detrás de las orejas. Él bostezó como si para nada le importara—. Echo de menos a Giulia, esto que siento por ella es verdaderamente indescriptible. Nunca había experimentado un sentimiento semejante por Susan, ahora me doy cuenta. ¿Será amor, Black? ¿Me habrá llegado finalmente?

—¿Con quién estás hablando? —de repente se me plantó delante un chaval—. ¿Con el perro?

–Estoy hablando con el perro, sí, eso es.

–Haces bien, los perros entienden todo. Por como vas vestido, pareces un corredor.

–Sí, mi perro y yo.

–¿De dónde has salido?

–De Santo Stefano Belbo.

–Vaya... –comentó él.

Le enumeré los pueblos que había atravesado corriendo y los que me faltaban, uno tras otro.

–No es ninguna broma... ¿y luego?

–La última etapa es Paroldo.

–El pueblo de las brujas –resopló–. Yo que tú no iría allí. Allí hay muchas brujas. Hasta mi abuela conoce a una. Pero son mejores que los médicos, fíjate. Si vas a ellas y les caes simpático te curan, si no les caes bien, la abuela dice que te vuelven más tonto. –Luego levantó la cabeza para mirarme a la cara–. ¿Y tú por qué haces esta carrera? ¿Has hecho alguna apuesta?

–No exactamente. La hago porque... –dudé al escoger la palabra justa y comprensible que no fuera «expiación», pero que recogiera el sentido de mi carrera en esta tierra de las Langhe tan extraordinaria.

–¿Entonces? ¿Sabes o no sabes por qué haces esta carrera?

–Solamente estaba buscando las palabras... La hago porque... Bueno, es como en los cuentos, el protagonista tiene que superar dificultades y pruebas de valor para convertirse...

–¿Para convertirse en un héroe?

–Bueno, al menos un hombre que...

–Te entiendo –me interrumpió él–, para convertirse en alguien que no engaña a nadie y que hace las cosas en serio.

¡Fulminante! Con unas pocas palabras había expresado exactamente el sentido de todo el asunto.

–¡Perfecto! –Le miré con admiración–. Ser un héroe es no engañar a nadie y hacer las cosas en serio. ¿Dónde lo has aprendido?

–Lo has dicho tú: lo he aprendido de los cuentos de hadas, solo tienes que leerlos y lo entenderás. –Se alejó, pero enseguida se dio la vuelta–: ¿De verdad eres capaz de realizar esta proeza?

–¿Por qué me lo preguntas?

–Porque tienes aspecto de estar de vacaciones. No pareces una persona que se toma las cosas en serio.

Oh, vaya, ¿esa es la imagen que doy? Y mientras le veía alejarse, oí gemir a Black.

–¿Y tú qué opinas, Black?

Me miró nervioso como diciendo: ¿nos movemos o qué?

–Un momento, ¿de verdad doy esa imagen? ¿Parezco alguien que no se toma las cosas en serio?

Por toda respuesta Black se fue trotando y se metió nuevamente por el sendero más allá de los avellanos, el que debíamos tomar para llegar a Monchiero. Se dio la vuelta para mirarme: ¿te mueves o qué? Me puse a correr. Como un enjambre de avispas, montones de preguntas sobre mí se arremolinaban a mi alrededor, la más sencilla de ellas era: ¿soy realmente alguien que corre como si estuviera de vacaciones? ¿Parezco alguien que no se toma las cosas en serio? De ser así, ¿llegaría a Paroldo, la última etapa, más tonto que antes? ¿Tal y como quieren las brujas?

En Monchiero, una aldea con apenas un grupo de casas, con sus antiguas callejuelas y su sabor medieval, subí corriendo hasta el Borgo Alto; la carretera, entre dos hileras de árboles, está asfaltada, menos mal. Giré a la izquierda pasada la iglesia, atravesé el prado y Black corrió hasta la fuente para beber. Yo trepé hasta el banco gigante entre los árboles, que empezaban a perder sus hojas secas.

Fue la primera vez, delante de aquel paisaje infinito, que experimenté con sorpresa la sensación de estar en mi tierra, no digo aquí en Monchiero, me refiero a las Langhe en general.

–Es exactamente eso, ya sabes –le dije a Black, que estaba sentado a mis pies–, correr cuesta arriba es tremendamente cansado, sin embargo, es así como he descubierto la belleza de la vida. Cuando corro cuesta arriba me siento ligero y me siento a mí mismo, me percibo al completo. Es como si mi existencia cobrara sentido y comprendiera también el sentido del mundo que me rodea...

–¿Y cuál sería? –Junto a mí se había encaramado un hombre también en calzones como yo, un *runner*, vamos, con el pelo blanco y de apariencia áspera–. ¿Y cuál sería?

–No es fácil de explicar.

–Perdone, pero he oído sus palabras sobre el sentido del mundo; ¿con quién estaba hablando?

–Intentaba explicarle a mi perro que desde que vivo en las Langhe he aprendido a reconocer las emociones, los sentimientos, el cansancio, las lágrimas y el placer. En fin, el sentido de la vida...

–¿Ah, sí? –Me miró suspicaz, puede que se estuviera preguntando si estaba borracho–. ¿Y qué le dice su perro?

–Quiere saber por qué este banco es blanco.

Se rio y siguió el juego:

–Bueno, entonces puede decirle a su perro que este banco gigante es blanco porque el río Tanaro, que fluye por estas tierras, ha esculpido las colinas, y el corazón de las montañas es blanco; aquí lo único que es de color rojo es el vino tinto. –Se bajó del banco–. ¿Hacia dónde se dirige ahora?

–A Dogliani, está a unos seis kilómetros. –También yo salté a tierra.

–¿Y las subidas?

–Estoy deseando llegar a ellas.

–Usted parece un buen tipo... –Y se fue por el camino de bajada.

Bien, pues mientras me encaminaba hacia Dogliani experimenté una sensación maravillosa. Con Black delante que me iba marcando el paso, era como si estuviera corriendo por lugares totalmente conocidos; aunque nunca había estado antes, corría en mi tierra, en un territorio que me había elegido, corría en la tierra donde había nacido Giulia, donde viviría mi futuro... Uf, iba sonriendo mientras corría, la subida era dura, pero dura de verdad, y me sentía feliz.

¡*Goodness*! ¿Lograría llegar a mi destino? ¿Aquel objetivo físico y esa meta, digamos, interior?

En Dogliani, bajo un inmenso castaño de Indias, encontramos el banco gigante de color verde azulado, quién sabe por qué se eligió ese color, pero no encontramos a nadie que nos lo explicara. Dogliani es una joya de torreones, campanarios e iglesias; me abracé al castaño de Indias, apoyé la oreja en el tronco para escuchar la conversación que mantenían las raíces con las hojas allá arriba.

Luego me di la vuelta hacia Black, que me esperaba pacientemente:

–Yo también tengo hambre, aunque todavía no son las diez de la mañana, ¿y tú? –Y meneó el rabo, por supuesto que tenía hambre, ¡si no hacía más que correr!

Telefoneé a Pietro y me recomendó a un amigo suyo, con quien podríamos ir a tomar un tentempié, no en Dogliani sino en Piozzo, la siguiente etapa, a unos nueve kilómetros.

–Ten en cuenta que en el día de hoy tienes que llegar hasta Niella Tanaro. Allí habrá de cenar y donde dormir. Desde aquí son unos treinta kilómetros o algo más –debo admitir que solo con decirlo sentía escalofríos–, pero casi todo es terreno llano.

Treinta o treinta y cinco kilómetros, hacía tiempo que corría y era la primera vez que me lanzaba a una aventura similar, y mientras pensaba en ello con el móvil en la mano, me crucé con la mirada de Black que me decía: ¿ya empezamos con los lloriqueos?

–Eh, ¿a qué viene este silencio? ¿Te noto un poco preocupado, o me equivoco? –La voz de Pietro era firme.

–Para nada, de hecho, ahora vamos a Piozzo para tomar un tentempié, ¿dónde comemos hoy?

–En Piozzo ve a la panadería que encontrarás cerca de la farmacia, el dueño es amigo mío, ahora le aviso de que vas a ir. Luego, cuando estés en Clavesana, me llamas y te doy la dirección para la comida. –Y en un tono más suave–: Tienes que terminarlo todo mañana.

–Si no, ¿no vale?

–Este era el acuerdo. Gianfranco ha hecho apuestas en el bar. Está arriesgando el tipo...

–Ah, ya.

Treinta kilómetros más o menos en total. Para esta noche. Algunos hacen treinta y uno, y luego añaden otros nueve. Darío, por ejemplo, un amigo con el que me encontraba a menudo en mis entrenamientos.

Desde Dogliani son poco más de nueve kilómetros a Piozzo, llegué al banco gigante de color naranja. Había un fuerte olor a cerveza debido a la fábrica que hay enfrente. El color naranja es en honor a la calabaza que cultivan por aquí, según me dijo el panadero amigo de Pietro; también me dijo que Piozzo es el lugar más bello del mundo. ¿Cómo podía culparle después de la tarta de manzana que me plantó delante, recién salida del horno? Y Black también encontró muchas cosas ricas en su cuenco.

Luego eché a correr, pero con calma, a buen ritmo, relajado, de lo contrario corría el riesgo de no llegar a Niella antes del anochecer. Sin embargo, de Piozzo a la siguiente etapa, que es Carrù, hay menos de cinco kilómetros, y llegué allí al trote, Black estaba fresco como una lechuga, pero yo no me encontraba en mi mejor momento, estaba agotado.

–No, para nada estoy en forma. Quizá no lo consiga... –Me había detenido frente al sombrío castillo de Carrù.

Habíamos quedado allí con Giulio, que había nacido en el lugar y había ido unos días a hacer no sé qué trabajo. Giulio se reía mientras se defendía de Black, que nada más verle se le había echado encima moviendo la cola y ladrando, ni que Giulio fuera su amo y llevara sin verle años. Me quedé ahí esperando, algo molesto, a que terminaran de hacerse carantoñas. Sucedió lo mismo cuando fuimos con Giulia a la feria del caracol en Cherasco –me sorprendió saber que los caracoles también se crían– y en mitad de la multitud, entre *majorettes*, bandas musicales, vendedores, degustaciones, puestos, tortillas de caracol, arroces con caracol, caracoles asados, al espeto y en perejil, nos encontramos con Pietro y Teresa, y Black les festejó efusivamente. Teresa incluso llegó a tomarme el pelo:

–Mira qué cara pones, ¿no estarás celoso? ¿Tanto te molesta que Black nos salude con tanta alegría?

Yo con una sonrisa forzada dije que no, que dónde iba a parar, que no soy celoso, pero cuando Giulia y yo, ninguno de los dos amantes de los caracoles, nos refugiamos en una pizzería fuera de Cherasco, ella, con esa media sonrisa suya y la mirada limpia, dijo:

–Oye, por cierto..., que no pasa nada por sentir celos..., aunque sea de un perro.

Frente al castillo de Carrù y mirando a Black y Giulio abrazados como dos enamorados recordé aquellas palabras. Estaba de mal humor y eso me hacía estar pesimista:

–No sé si lo lograré...

–Pero qué dices, quedan menos de treinta kilómetros y la mayoría en llano, por supuesto que lo conseguirás. –Giulio sonreía contento mientras seguía acariciando a Black–. Desde luego que lo harás...

–Sin embargo, vuestro castillo es muy tétrico –rezongué.

–El castillo se construyó por seguridad...

–Pero qué seguridad... –se indignó una mujer menuda que se había parado junto a nosotros con su carrito de la compra–. La seguridad es peligrosa, ¿no lo sabe usted?

Y Giulio contestó:

–Lo único que sé es que tengo que volver al trabajo. –Me indicó el recorrido para llegar al banco gigante, se subió a su bicicleta y se marchó.

Le di vueltas a aquella frase, sin entenderla, «la seguridad es peligrosa», quizá tuviera dentro una verdad que se me escapaba. El caso es que, sentado en el gigantesco banco dorado de Carrù, miraba con el ceño fruncido a Black, que correteaba alegremente de un lado a otro y de vez en cuando me miraba con la lengua fuera, sin duda riéndose de mí y de mi mal humor. Estaba como diciéndome: ¿hoy estás de mal humor? Luego fue a tumbarse en uno de los pequeños bancos que rodean al grande, cuatro bancos enanos de distintos colores; y bueno, en fin, estaba molesto, salí hacia la carretera, pero con el rabillo del ojo comprobé si Black me seguía y efectivamente venía detrás de mí.

–Clavesana está cerca de aquí –le dije en tono desagradable mientras se ponía a mi altura–, a solo unos kilómetros más.

Y salí corriendo hacia el banco gigante rojo fuego de Clavesana Gorrea, lo pasé sin sentarme, llegué al banco azul de Clavesana Lo Sbaranzo y aceleré hacia la siguiente etapa, Cigliè, a nueve kilómetros. Pero Black se paró delante de mí, impidiéndome continuar: tenía hambre.

–Claro. –Y de pronto, al encontrarme con la mirada suave, cariñosa e insondable de este adorable labrador mío, se me pasó todo: se me pasó el mal humor, se me pasó la cara larga. Y, entonces, inclinándome para acariciarlo, le susurré–: Te prometo que la próxima vez tendré más cuidado con mi mal carácter, ¿o crees que se me irá por arte de magia cuando llegue al Paroldo?

Quién sabe, ¿pero vamos a comer o no?

Después de comer contuve las ganas de ir a tumbarme debajo de un árbol con Black, no quería llegar tarde a Niella Tanaro, como me había ocurrido con Niella Belbo. Así que enseguida emprendimos el camino por la carretera hacia Cigliè, a ratos caminaba, a ratos corría, pero despacio, sentía las piernas y eso me fastidiaba. Envidiaba a Black, que corría tan contento, y contemplé el plácido paisaje vespertino a mi alrededor: pensaba en Giulia, que todavía no había querido escuchar lo que me había dicho Susan en Génova, y recordé la ocasión en que Susan me había sometido a un interrogatorio riguroso, interminable y asfixiante nada más volver de un encuentro con una exnovia que tenía que devolverme unos libros.

Llegué al banco gigante de Cigliè y, según me dijeron dos niños sentados a mi lado, el color era morado porque no había más colores, se les habían acabado todos y solamente les quedaba ese.

El cielo se fue despejando a medida que corría hacia Niella Tanaro, estaba claro, pero con un ligero viento fresco, otoñal en definitiva. Me quedaban unos seis kilómetros, no más, y me costaba creer que hubiera llegado a la penúltima etapa. Antes de entrar en Niella me paré. Black se recostó a mis pies. También él estaba cansado. Y llamé a Giulia.

–Pareces satisfecho, ¿lo sabes? –fueron las palabras con las que me saludó el amigo de Pietro cuando me abrió la puerta de la casa en la que pasaría la noche–. ¿Correr un montón de kilómetros le hace a uno así de feliz?

Lo que pasa es que conservaba las palabras que me había dicho Giulia, recordaba su voz tierna, recordaba muchas cosas, y dije:

–Es que acabo de hablar con mi... –vacilé un instante, aún estaba en el umbral de la cocina–, eso es, sí, mi novia –terminé diciendo; y el hombre se me quedó mirando serio y mudo. Como si hubiera dicho algo inconveniente.

Me llevó a una habitación en el desván, donde encontré la bolsa que había dejado Pietro para mí, y luego me enseñó el baño con ducha:

–La he instalado yo –dijo con orgullo–. Tú lávate, cámbiate, después baja a la cocina donde hay comida para ti y para tu perro.

Cuando bajé con Black a mi lado, en la cocina solamente estaba el amigo de Pietro:

–Me llamo Zenón y los demás no importan, se han ido todos a otra parte porque tienen que seguir peleándose los unos con los otros, pero tú no hagas caso de nada, esas son las grandes alegrías de la familia. –No había ni rastro de ironía en su voz, era la constatación convencida de lo inevitable.

Y mientras tanto me servía en el plato una sopa de verduras, junto a un vaso de vino, pan y queso. A Black le puso un cuenco hasta arriba de algo que olía bastante mejor que mi sopa de verduras, pero no importa.

–Pietro me ha hablado de tu carrera de los bancos gigantes y por qué la estás haciendo. Creo que estás llegando al final.

—La última etapa es Paroldo. Mañana. Son unos veinte kilómetros. Me parece imposible.

—¿Cómo te sientes?

—Vaciado —rebañé el plato con el pan—, sí, vaciado, no consigo pensar en otra cosa. —Y no me molesté en quejarme de que mis piernas ardían del cansancio.

—Hasta tu perro está agotado —sonrió Zenón, señalando a Black, que se había tumbado junto a mí y dormitaba, ignorado por los dos gatos acurrucados en el aparador.

Zenón cogió una rama que estaba pelando con un cuchillo:

—¿Sabes qué madera es esta? Es de avellano y me sirve de herramienta como zahorí. ¿Sabes qué es un zahorí?

Jamás había oído esa palabra.

—Pues te lo explico. ¿Ves? Este bastón termina en V, con dos empuñaduras, como puedes comprobar, unidas entre ellas y en toda su extensión. Lo agarro con ambas manos y camino, la punta del bastón debe rozar el suelo. En un momento dado, cuando el bastón se pone a vibrar, significa que ahí abajo hay agua, entonces yo me paro y señalo el punto de la vibración. A continuación se excava. He encontrado mucha agua; se han construido muchos pozos gracias a mis rastreos. Soy famoso por ello. No todos lo consiguen, hay que tener ciertas dotes, y como cerca de aquí está Paroldo, que es un pueblo de brujas y hechiceros, algunos dicen que soy hechicero y me tienen miedo. —Me miró satisfecho—. ¿Antes estabas hablando con Giulia?

—Vaya, ¿aquí siempre sabéis todo de todos, incluso de un pueblo a otro?

Corté un trozo de queso.

—Estás enamorado, ¿verdad? Sí, sí, estoy seguro.

—¿Y por qué?

—Porque te acabo de ver. —Se peinó el bigote, pensativo—: Es difícil enamorarse de verdad, amigo mío. Más difícil que encontrar agua.

Luego silencio. Ambos callados. Él con vete tú a saber qué en la mente. Yo pensando en Giulia.

Salimos juntos para dar un último paseo a Black. El cielo estaba estrellado y el viento era cortante. Dimos una vuelta por los alrededores. Luego exclamé:

–Me he olvidado de pasar por el banco gigante antes de venir aquí. ¿No podríamos ir ahora?

–Voy a coger la linterna.

Así es, el banco gigante de Niella Tanaro fue el único en el que me senté de noche en vez de visitarlo de día. Mirando las estrellas en lugar de ver el paisaje. El cielo en lugar de la tierra.

Un inmenso cielo lleno de estrellas, Zenón y yo mirando hacia arriba, Black trotando por ahí.

–¿Ves? –dijo Zenón en voz baja como si estuviéramos en la iglesia–, este es el misterio, lo tenemos sobre nuestras cabezas: la inmensidad, y nosotros somos una brizna, y aquí estamos...

Contemplando el infinito y rutilante espectáculo, me acordé del Museo de Londres, donde estaba la famosa mandíbula del mamut, y de lo que decía mi bisabuelo. Él también me llevaba a mirar las estrellas, algunas noches me despertaba y me conducía a cualquier parte con Dolly, mirábamos el cielo, y me contaba cosas.

–¿Ves Orión? Aquellas estrellas de allí...

Y fue Zenón quien me explicó las constelaciones aquella noche, y cuál era Orión y cuáles eran las Pléyades, algo que sabía de memoria pero que me encantó escuchar de nuevo, me hacía sentir en casa, y además oíamos roncar a Black, que se había quedado dormido debajo del banco.

El banco de las estrellas es amarillo. Zenón lo iluminó con la linterna para que se viera bien.

De camino a casa me contó que por ahí cerca había una galería –la llamó «hipogeo»– y que el día del solsticio de invierno el sol, a mediodía, entraba hasta el fondo para iluminar, probablemente, un altar de poblaciones antiguas.

LA FELICIDAD DE CORRER CUESTA ARRIBA

—¿Ves qué curioso? —y bostecé, estaba hecho polvo—, también en Inglaterra hay algo parecido, casi idéntico, en una colina, ¿no es increíble?

—Es porque sabemos muy poco de nosotros mismos, de nuestra historia, de por qué estamos aquí; tan poco... Y es extraño el hecho de que no nos demos cuenta de lo limitado de nuestros conocimientos; vivimos y hacemos siempre lo mismo, los mismos errores o las mismas heroicidades. Pero no sabemos nada, créeme que nunca he entendido cómo consigo encontrar el agua, sé que la encuentro y con eso me basta. El resto es un misterio.

También veía las estrellas por la ventana de mi cuarto en el desván. Black dormía junto a mi cama y yo aquella noche me sentía ligero. Antes de apagar la luz había sacado de la bolsa que me había dejado Pietro el cuaderno en el que, desde el primer banco gigante, el de Santo Stefano Belbo, había ido escribiendo no tanto lo que veía sino lo que sentía, lo que experimentaba, aquello que cuando te sientas en un banco gigante empiezas a comprender de ti mismo frente a estos horizontes inconmensurables. En cada banco había escrito un pensamiento, un sentimiento, así que añadí el pensamiento del banco de Niella Tanaro, bajo la noche estrellada, y creo que es el que más me conmovió de todos.

A la mañana siguiente, Zenón y yo coincidimos en la cocina. No había nadie más. Black comía de su cuenco, yo estaba tomando mi café y una excelente tarta de manzana.

—Ah, se me olvidaba esto. —Zenón se sacó del bolsillo una hoja de papel doblada por la mitad—. Me la trajo Pietro poco antes de que tú llegaras. Es de Giulia. Ha dicho que te aprendas de memoria lo que está escrito y que dejes el folio en la bolsa con tus cosas.

—Aprender de memoria... —Pasé la mano por el papel arrugado. Reconocí la letra de Giulia. Leí y releí.

—Me ha dicho Pietro que tienes una memoria prodigiosa; ya sabes que aquí nos contamos todo lo de los demás. —Sonrió y me puso delante otro trozo de tarta–. ¿Te dará tiempo de meterte todo eso en la cabeza? No son tantas líneas.

–No, no son tantas. –Y no voy a decir cómo me sentía, porque al leer aquello que me había escrito Giulia tenía como una mano apretándome el corazón, como decía mi bisabuelo en ciertas ocasiones.

–Pietro me ha contado que con el trabajo que hacías en Inglaterra necesitabas una memoria de elefante. Me ha dicho que eras muy bueno: con tu retentiva enriquecías aún más a los ricachones, según Pietro. Ahora la memoria te servirá para otras cosas. ¿Cuánto tardarás en meterte todo en la cabeza?

–No mucho. –Y no hice ningún comentario sobre mi antiguo trabajo.

A estas alturas había aprendido bastantes cosas al respecto. Folio en mano, recorría de arriba abajo el patio frente a la casa de Zenón, y leía, repetía, memorizaba. Zenón, sentado en un banco, me observaba con curiosidad. Black, tumbado, me escrutaba impaciente: ¿cuándo nos vamos a correr?

Poco menos de una hora después, Zenón, Black y yo nos encaminamos hacia el sendero que lleva hasta Paroldo. Zenón había decidido acompañarme durante un trecho.

Tienes unos veinte kilómetros hasta llegar a Paroldo, no conozco tanta gente que lo haga a pie, ni mucho menos corriendo. Ahora no corras, ve andando, si no, no podré ir contigo.

Caminamos por caminos y veredas, y mientras Black iba de atrás hacia delante husmeando la tierra para descubrir quién sabe qué, y yo olfateaba en el aire frío el olor a musgo y setas, Zenón me hablaba de la gente de la Alta Langa, de las historias y avatares de sus parientes y de otros, remontándose a abuelos y bisabuelos, abuelas y bisabuelas. Escuchaba y pensaba en el abismo que había entre lo que yo había vivido en Londres y la vida de allí, en aquellos parajes.

Cuando nos despedimos, le dije que volveríamos a vernos.

–Quería decirte que hoy, hoy es mi cumpleaños.

–¿Cuántos cumples?

–Treinta y seis.

–Tienes toda una vida por delante.

En cuanto me quedé solo me puse a correr. Black iba delante. Una vez más se comportaba como si supiera de antemano mi destino y conociera los caminos y las encrucijadas para llegar a la meta. Corría y pensaba en mi vida y en mi futuro.

Bosques, prados, algún caserío, una mancha de árboles. Black se detuvo porque allá al fondo pasaban corzos. ¿O eran gamos? No estaba seguro, ¡tenía tanto por aprender de las Langhe! No nos olieron ni a Black ni a mí. Estábamos a sotavento. Nos quedamos inmóviles. Esto me lo enseñó Pietro durante una de nuestras excursiones, que a sotavento los animales salvajes pueden no percibir tu presencia, lo importante es no hacer ruido.

Esperamos y al fin los vimos desaparecer en la espesura.

A media voz, o más bien a voz en grito, a los árboles y a la vegetación y a los animales que no veía y a todo lo que me rodeaba, pronuncié todas las palabras que Giulia me había escrito y que me había aprendido de memoria el día de mi treinta y seis cumpleaños:

Oh, Gran Espíritu, cuya voz oigo en el viento
y cuya respiración da vida a todo el mundo, escúchame.
Vengo ante Ti, uno de tus muchos hijos.
Soy pequeño y débil,
necesito tu fuerza y tu sabiduría.
Déjame caminar entre las cosas bellas y haz que mis ojos admiren
el ocaso rojizo y dorado.
Haz que mis manos respeten lo que Tú has creado
y que mis oídos sean capaces de escuchar Tu voz.
Dame sabiduría, para poder conocer las lecciones que has ocultado en
cada hoja, en cada roca.
Busco fuerza no para ser superior a mis hermanos, sino para ser capaz
de combatir a mi peor enemigo: yo mismo.
Haz que yo esté siempre preparado para ir a Ti,

con las manos limpias y los ojos levantados,
de manera que cuando la vida se desvanezca,
como la luz al anochecer, mi espíritu pueda venir a ti
sin rubor.

No sé cuántas veces a lo largo de todo el recorrido hasta Paroldo repetí esta plegaria: no puedo más que llamarla así.

El banco gigante de Paroldo es de color naranja y se asoma a un paisaje impresionante, de montañas. Se vislumbraba el Monviso y las demás. Y sobre el banco estaba sentado Pietro con su pipa en la mano. Se bajó en cuanto nos vio llegar. Black se abalanzó sobre él moviendo la cola y sin parar de celebrarlo. Él y yo nos sonreímos.

Fuimos a sentarnos en el banco.

–Lo has conseguido.

–Sí. –Y dejé ir un suspiro de alivio.

–Has llegado. Has terminado. ¿Cómo te sientes?

–Bien... –sonreí–, espero caerles bien a las brujas que viven por aquí..., creo que sí.

–Es probable. –Chupó su pipa apagada, y continuó–: ¿Se acordó Zenón de darte el papel que te envió Giulia?

–Sí.

–Lo leí, por supuesto. Giulia ni siquiera lo puso en un sobre. Zenón también lo leyó.

Me miró:

–Te lo digo para ser sincero.

–No pasa nada –le sonreí–, puede que algún día aprenda yo también a meterme en los asuntos de los demás.

–Es posible. –Me devolvió la sonrisa.

Y al cabo de un momento:

–Cuando dice... «Dame sabiduría, para poder conocer las lecciones que has ocultado en cada hoja, en cada roca», yo también me la he aprendido de memoria, ¡es tan acertada!

Hay que repetirse a uno mismo esa plegaria estando en el banco naranja en días como este y mirar el paisaje y las montañas. De alguna manera no vuelves a ser el mismo.

—Ya estoy listo para marcharme. Tengo aquí la furgoneta. Podemos volver a casa.

—Espera, Pietro, quería decirte lo que he pensado y lo que he decidido. Te lo digo en dos palabras. Iré a Londres para vender la casa. Lo dejaré todo organizado. Luego volveré y me estableceré aquí: compraré esa finca de la que me hablaste y los viñedos. Tengo muchas cosas que aprender. ¿Qué opinas?

—¡Que me acabas de hacer el mejor de los presentes! Para mí es un regalo conocer esta decisión que has tomado —asintió con una sonrisa—. Tu regalo de cumpleaños. De ti a mí. Estoy muy contento, Mark.

Permanecimos un rato más juntos admirando el panorama, ese paisaje tan inmenso ante nuestros ojos. También Black se había sentado y estaba mirando al horizonte.

—¿Vamos a comer algo? Después regresamos a casa.

—Ten en cuenta que yo todavía tengo que hacer una subida especial. Entre los árboles. No es una etapa. Sé perfectamente que he concluido mi carrera aquí en Paroldo. Pero debo subir ahí arriba. Es el regalo de cumpleaños que me hago a mí mismo.

—¿Me estás diciendo que quieres subir hasta Mombarcaro? ¿Ahora?

—A Mombarcaro, sí, son apenas diez kilómetros.

—¿Comemos algo antes o no?

Black me señalaba con el hocico moviendo la cola, como diciendo: ¡por supuesto que comemos algo antes del último esfuerzo!

—Lo siento, Black. Si comemos no podremos subir allí. Son nueve kilómetros, ¿entiendes?

Me miró decepcionado. Resopló, avanzó por el sendero y se volvió para esperarme. Pietro y yo nos despedimos junto a su furgoneta y él se puso al volante. No me dijo que me recogería en Mombarcaro y no se lo pedí.

–¿Y eso qué es? –pregunté señalando al monumento cercano.

–Ese monumento conmemora la victoria de los piamonteses sobre las tropas francesas de Napoleón, el 16 de abril, pero no recuerdo de qué año. Está ahí escrito si quieres ir a verlo. Este lugar –me miró divertido–, como podrás comprobar, es un sitio para conmemorar victorias.

Mientras subía entre los árboles del bosque hacia Mombarcaro el viento se llevaba las hojas secas y yo le decía a Black, que caminaba junto a mí ofendido:

–Vamos, ya verás como encontramos una buena comida en algún sitio, no pongas esa cara.

Ese hocico, quería decir.

–Eres un compañero fantástico, Black. Un compañero de viaje en el verdadero sentido de la palabra. Es maravilloso tener un perro como tú. Si no hubiera sido por ti, no creo que hubiera sido capaz de conseguirlo.

Se puso delante y empezó a menear el rabo, señal de que había entendido mis palabras y de que se le había pasado el mal humor. Al poco de dejar los caminos de tierra y tomar la carretera asfaltada, oí un traqueteo acercándose, un desvencijado Apecar frenó justo delante y Nino, sí, el mismo, se asomó haciendo un gran gesto con la cabeza.

–Ya ves que lo he conseguido.

–Cabeza de chorlito, ya me he enterado. Solo quería decirte que te enseñaré a podar las viñas –gritó–. Yo te enseñaré. –Y al pasar junto a él, sin dejar de correr–: Que sepas que es todo un arte, ¿entiendes?

Le hice un gesto. Sí. Había entendido. ¡Gracias, Nino! Se alejó sembrando tras de sí aquel espantoso ruido, como si su Apecar se estuviera desmoronando a pedazos.

EPÍLOGO

Y aquí estoy. Así es como he acabado en Mombarcaro el día de mi cumpleaños. Estoy aquí disfrutando del paisaje, esa promesa de mar al final del horizonte. Sé que estoy esperando algo y confío en no equivocarme.

Y de repente la veo.

Me levanto a toda prisa con el corazón en la boca, me dirijo al dueño del bar:

—No tengo con qué pagarte, no llevo dinero encima cuando corro. Pero volveré, te lo prometo —y mientras pronuncio estas palabras veo que me está esperando.

—Estás invitado, ¿no lo entiendes? ¡Es lo mínimo con alguien que sube hasta aquí corriendo!

Ya no me sorprende que sepa quién soy y que haya oído hablar de la empresa que he acometido, le doy las gracias y abandono el bar con Black, siempre precediéndome, para salir a su encuentro. Se agacha y se funde en un abrazo tierno y alocado. Me mira, se ríe y se atusa el cabello que el viento le ha despeinado sobre la cara. Black se calma y yo me acerco:

—Santo cielo, parece que haya pasado un siglo —le susurro, y ella se apoya en mi pecho y me rodea con sus brazos.

—Hola, ¿cómo sabías que nos encontraríamos aquí tú y yo?

—Vi tu jersey en el asiento de la furgoneta de Pietro. Tu jersey rojo.

Aspiro su aroma y siento su calor en mi cuerpo.

Mi adorable Giulia.

–Pensaba que vendrías al restaurante, ahí abajo en Paroldo, la última etapa. Pero cuando he visto llegar a Pietro solo me lo he imaginado.

Ella señala el furgón aparcado al otro lado de la plaza:

–Pietro ha dicho que vuelve a casa con Nino. Irán los dos en el Apecar. Dice que se las arreglarán.

Me mira y sonríe.

–Tengo tantas cosas que contarte...

–Lo sé, pero ahora no quiero saber nada, a partir de este momento será como comenzar de nuevo, y seremos solamente tú y yo.

Abro la puerta de la furgoneta y Black es el primero en subir:

–Tú, yo y Black –me corrige Giulia riendo.

Cuando nos subimos me giro hacia ella y la miro.

–¿Y qué hacemos ahora? –me pregunta con su luminosa sonrisa.

–Ahora podemos ir a la playa, vamos a ver el mar de cerca.

–¿Ahora?

–Sí, ahora.

Esta primera edición de *La felicidad de correr cuesta arriba*,
de Mark T. James, se terminó de imprimir en Grafica Veneta
S.p.A. di Trebaseleghe en Italia en septiembre de 2023.
Para la composición del texto se ha utilizado la tipografía
FF Celeste diseñada por Chris Burke en 1994
para la fundición FontFont.

Duomo ediciones es una empresa comprometida con el medio
ambiente. El papel utilizado para la impresión de este libro
procede de bosques gestionados sosteniblemente.

PEFC

PEFC/18-31-226

Este libro está impreso con el sol. La energía que ha hecho
posible su impresión procede exclusivamente de paneles
solares. Grafica Veneta es la primera imprenta
en el mundo que no utiliza carbón.